中国古典诗歌研究丛书
朱迪光　总主编

元顺帝词坛编年与考论

彭曙蓉　著

南开大学出版社
天　津

图书在版编目(CIP)数据

元顺帝词坛编年与考论 / 彭曙蓉著. —天津：南开大学出版社，2016.9
(中国古典诗歌研究丛书)
ISBN 978-7-310-05169-4

Ⅰ.①元… Ⅱ.①彭… Ⅲ.①词人－人物研究－中国－元代 Ⅳ.①K825.6

中国版本图书馆 CIP 数据核字(2016)第 169916 号

版权所有　侵权必究

南开大学出版社出版发行
出版人：刘立松
地址：天津市南开区卫津路 94 号　　邮政编码：300071
营销部电话：(022)23508339　23500755
营销部传真：(022)23508542　　邮购部电话：(022)23502200

*

天津泰宇印务有限公司印刷
全国各地新华书店经销

*

2016 年 9 月第 1 版　　2016 年 9 月第 1 次印刷
230×155 毫米　16 开本　20.625 印张　254 千字
定价：46.00 元

如遇图书印装质量问题，请与本社营销部联系调换，电话：(022)23507125

本书为湖南省社会科学基金项目
本书得到湖南省重点学科建设项目资助
本书得到船山学研究基地经费资助

自　序

　　人们对于词的向往,多在宋词的时代,那是中国词史上一个标志性的巅峰。而学界对于词学的探讨,其重点非唐宋词即清词,尤其自清代词学家陈廷焯等起,词学界普遍持有一种"词衰于元"的看法。关于陈廷焯等持有的该命题,当代学者陶然先生在其专著《金元词通论》第四章中已经设专章进行了辩驳。他认为,如果说词衰于元,不如说词衰于南宋,因为正是自南宋起词体的过分雅化开始走上了它的衰落之旅。再者说,元词直承唐宋词血脉而来,虽然精气神有所不及,但因时代背景之不同,亦自有其独具的面貌和气质。兹不赘言。

　　我一直笃爱词学。当我开始准备博士论文选题时,无论去图书馆查找资料还是逛书店寻找信息,都发现有关元代词学的学术著作寥若晨星,于是开始思考这其中的原因。元词果真缺乏价值吗？词到元代果真衰落了吗？元词在词史上的尴尬地位是怎么形成的？我边细读边思考《全金元词》,感到元词固然总体上已经没有了词的美人体态,词的风花雪月之面貌,却透着元代特殊的时代气味和文化气息,透露出元代词人特有的时代和民族心理,这在元初和元末词人词作中表现得尤其突出。最终,我把视野锁定在元顺帝统治时期三十六年间的词史上,这是继宋末元初之后中国词史上的第二个易代时期。而大凡易代之际的文学所蕴含的历史文化内涵最厚重,文学价值也自然随之提升。随着视野越来越开阔,通过纵览《元史》《全元文》《元诗选》及《南村辍耕录》《草木子》等元明笔记,大量的第一手资料及其所蕴藏的文献意义告诉我,我找到了一块可以垦荒的很有价值的学术园地。

在我进行了大量的阅读、收集及整理资料的工作,梳理了属于元顺帝时期词人的全部词作,仔细思考并细化分类了这些词作所蕴含的思想和心理内涵,从总体上把握了元顺帝词坛由建构雅正词风到变风变雅的特点之后,我开始思考如何把博士论文写得既厚重、扎实而又致力于创新的问题。此时,非常感谢我的导师戴建业先生在我写作之初的当头棒喝:一定要打破传统的文学史的写法!如果没有恩师的"警告",如果没有突破传统思维和传统写法的有意识的自警,我怎能真正锻炼出自己的学术思维?

我感到,写论文和炒菜有类似的关系。比方说,我已经买了一大堆做菜的原料回家,接下来更重要的是,我将选取哪些原料和配料,采取什么方法,掌握什么火候,最后炒出一桌怎样色香味美的菜,又怎么取名?我的"满汉全席"必须建立在扎实的文献梳理、考辨和考证的基础上,这是小火炖浓汤的功夫,急不得躁不得。我不仅要在这桌"满汉全席"的主菜和配菜上用足功夫,也要在炒菜的方法上精心构思,见出新意。

在参考了一些优秀的词学著作和博士论文的写法后,我在写作方法上试图做到:用词学与统计学相结合、词学与史学相结合、词学与文献考证相结合、哲学与文学相结合、心理学和文艺学相结合的方法,来展开一幅建立在宏观视野上的宏观与微观并重的研究图景,一幅波澜壮阔的历史与文学并重的立体画卷,一部整体与局部、个体与群体、时间与空间相结合的词坛词人活动史。我的终极目标是,考察元词以词证史、词史互证、词史互补的重要意义,通过研究元顺帝词坛,重新挖掘元词的艺术价值、词史意义及其社会心理内涵,重新确定元词在中国词史上的地位。而这一切构想,必须打好地基,这个地基就是要对元顺帝词坛的全部词人词作进行辨析和编年,并试图在元词的文献辑佚与词人考证方面做些补白工作。于是,有了这本小书——《元顺帝词坛编年与考论》。日后,我的博士论文的主体部分"元顺帝词坛词风的建构与嬗变",将在进一步充实和修改后,再行面世。

  本书今将付梓之时,非常感谢南开大学出版社的编校老师,他们在审稿过程中表现出来的一丝不苟、细致严谨的工作态度,使我深受感动!然而,本书恐怕仍有失误与疏漏之处,需要时间的沉淀与检验,我将虚心接受学界同人的批评和指教。

彭曙蓉

2016 年 2 月 4 日

于锦绣山庄

目　录

上篇　元顺帝时期词人主要活动及词作编年

下篇　考　论

第一章　词人考 /143

第一节　张翥的杭州形迹及杭州词友考 /143
　一、清代词学家对张翥一致性的高度评价 /143
　二、张翥的杭州形迹与杭州词 /146
　三、张翥杭州词友考索 /149

第二节　张翥情词考索与其情爱心理的探析 /156
　一、元顺帝前期词风回归雅正的一个标杆
　　　——张翥情词的定位 /156
　二、张翥情词统计与张翥情事考索 /158
　三、张翥情词情爱心理的求雅表现 /168

第三节　《全金元词》之女真词人兀颜思忠生平、宦游考 /177
　一、当代著作中关于元代兀颜思忠的介绍 /177
　二、兀颜思忠《水调歌头》作年及其生年考 /178
　三、兀颜思忠生平宦迹与交游考 /181
　四、兀颜思忠存世作品考 /192
　五、兀颜思忠家庭考索 /194

第二章　脱脱其人与元顺帝词坛　/197

第一节　脱脱生平·脱脱更化中词人的参与·政局演变　/197

一、青年脱脱　/198

二、脱脱更化与顺帝词坛重要词人的参与　/200

三、脱脱再度主政　/207

第二节　效忠、坚守与激劝忠义
　　　　——脱脱更化之恢复科举与
　　　　顺帝词坛科举词的产生　/218

一、伯颜废除科举与脱脱起而复之　/219

二、科举复兴在科举词中的反映：效忠心态与坚守
　　理想　/222

三、顺帝词坛科举词与"激劝忠义"的国家意志　/230

附：顺帝词坛词人进士身份统计　/233

附　录

附录一　元末已佚词人及词作统计表　/239

附录二　论民、汉文化与民、汉士人关系在元词题序中的反映　/248

一、数量统计所带来的思考　/249

二、从雅集看汉文化对少数民族士人的影响及民、汉文化
　　互动　/254

三、从民、汉士人的交游场所及空间拓展看汉文化对少数民族
　　士人的影响　/258

附录三　元代民、汉士人关系在寿词中的反映　/265

附录四　道教思想对元代寿词创作的影响　/275

一、元代各道教掌教所奠定的道士与士人的友好关系　/276

二、元代道教影响下的寿词词作分析　/278

三、寿词中的道教意象反映了一种人类集体无意识心理　/286

附录五 宋、元寿词兴盛的原因与二者间的关系 /289
    一、元代寿词是宋代寿词的延续与发展 /289
    二、宋、元寿词兴盛的原因 /292
    三、元寿词在类型、形式与创作手法方面对宋寿词的继承与
       发展 /299

参考文献 /305
后　记 /315

上篇

元顺帝时期词人主要活动及词作编年

本书上篇为元顺帝时期词人主要活动及词作编年,按元顺帝时期的年号先后顺序排列,同一年之下的词作编排,如能考知其具体月日,就按其月日先后顺序排列;不可考知具体词作创作时间的,则把该词人的本事及词作放在该年最后进行考辨。每年之下,所有考证过的词作均依次编号,以便查看。同时,词人的生平、交游也是考证的重点。

每一年的开端,将首先简述该年所涉及的词人的活动及其创作。若某年涉及重大社会事件或自然灾害事件,则该年的起始部分也会有所介绍。关于词人生平,只做简介,且生平简介只放在该词人首次出现的年代。凡没有注明创作时间的词作,都会进行或详或简的考辨。最后,收录元末词人入明后注明了创作时间的词作,从而便于研究者观察到元末词人完整的心路历程。

本编年具有重要的文献价值和补充文学史的意义。

元统元年(癸酉,1333)

本年,张翥(46岁)被举荐为金陵博士。在金陵,与李孝光、丁复等人交游。后或去附近的苏州。夏,许有壬(46岁)在湖北江夏青山避暑,并赋词。十月,老一辈词人虞集致仕,告老还乡。王沂在京任职。

张翥(1287—1368),字仲举,晋宁(今山西临汾)人。① 因荐举入朝为官,一生与元朝相终始。元代诗词大家,亦擅文,有《蜕岩词》。当时交游广阔,名气极大。张翥任金陵教官事,见孙炎《午溪集序》:

> 元统癸酉秋,监察御史辟河东张仲举为金陵郡博士,教弟子。……时永嘉李孝光、天台丁仲容(丁复)、僧笑隐(大䜣)咸在,炎(孙炎)以弟子员得从之,游登石头城,坐翠微亭故址。……酒酣,日已没,宿龙翔。方丈仲容困酒先引去,笑隐出烛,中坐,孝光在左,仲举在右,昆仑奴作递书邮。仲举首倡曰:"先皇昔潜邸,梵宫冠东南。遗弓泣父老。"次授笑隐云云。比晓,仲举夺笔走数韵成章。②

据此可知,长诗联句作于张翥之金陵教席任上。当时张翥与李孝光等众人经常游金陵名胜古迹,并留下诗词作品。

七月,武昌。许有壬《清平乐·避暑神山咏桂》:堂前双桂,云泼

---

① 关于张翥籍贯之"晋宁",历来主要存在三种说法:江苏武进说、云南说、山西临汾说。经学者充分考辨,张翥实为今山西临汾市襄汾县人。参见王增斌:《张翥籍贯辨》,《晋阳学刊》,1997年第6期,第102页;施常州:《元代诗词大家张翥生平事迹琐考》,《南京审计学院学报》,2004年第1期,第67—68页;李妍:《张翥年谱》,中南大学中国古典文献专业硕士学位论文,2009年,第2—4页。其中首应推重《张翥年谱》,对于张翥籍贯的考辨,其论据尤为详细而准凿。

② 〔元〕陈镒撰:《午溪集》,《文渊阁四库全书》第1215册,台北:商务印书馆,1983年,第358页。

交加翠。火老金柔花尚未,且爱清阴满地。秋风一旦花开,天香吹散亭台。却被花神见笑,先生未必能来。

考辨:许有壬在湖北武昌胭脂山有别墅,其《太常引·武昌别墅》《踏莎行·赠相士》(黄鹤楼前,胭脂山上)可证。本年七月,许有壬避暑武昌青山高武肃祠。其写诗十首寄赠友人刘光远,欧阳玄为之作跋。许有壬《题刘光远所藏予青山诗》云:"元统癸酉七月,予避暑江夏青山高武肃祠,有十诗,书以遗友人刘君光远。同年欧阳原功既为跋,予京师归,光远又请予自题其后。"①文中提到避暑一事,与该词词题相符。故系该词于本年。

许有壬(1287—1364),字可用,河南汤阴人。延祐二年进士,累官至集贤大学士,兼太子左谕德,阶至光禄大夫。卒年七十八,谥号文忠。著有《至正集》《圭塘小稿》《圭塘欸乃集》。存词176首。许有壬与张翥同年出生,至正初年又同在朝为官,二人有交往。张翥曾为许有壬作序。

十月,虞集致仕,告老还乡。其《渔樵问对序》(庚辰,后至元六年四月十五日)云:"元统癸酉十月,集自禁林告老而归。"②

王沂在京为国子博士。见其《李士晦文集序》。③

元统二年(甲戌,1334)

本年,张翥仍在金陵,间或去苏州、扬州。许有壬随御驾在上京,作《上京十咏》组诗。其序云:"元统甲戌,分台上京,饮马酒而甘,尝为作诗,丁丑分省,日长多暇,因子土产可纪者尚多,又赋九题,并旧作为上京十咏云。"④八月回返大都。

---

① 李修生主编:《全元文》第38册,南京:江苏古籍出版社,2004年,卷1188第154—155页。
② 《全元文》第26册,卷820第118页。
③ 《全元文》第60册,卷1822第51页。
④ 〔清〕顾嗣立编:《元诗选》(初集上),北京:中华书局,1987年,第795页。

1. 正月十五,苏州。张翥作《摸鱼儿》(记苏台、旧时风景),其序云:

> 元夕,吴门姚子章席上,同柯敬仲(即柯九思)赋。敬仲以虞学士书风入松于罗帕作轴,故末语及之。楚芳吴兰二妓名。①

考辨:词序提到虞集曾赠别柯九思《风入松》词,词中又有"倦司马""先生归也"等内容,据此可推知,该词应作于至顺三年壬申(1332)文宗死后,即柯九思被贬后。② 又,词序明言其地点在吴门姚文奂(字子章)席上,则应作于柯九思被贬后第二年即元统二年。元统元年秋,张翥经当朝大臣推荐,任金陵博士。而词序明言所作地点为吴门(今苏州),时间为元宵节,金陵距苏州又很近,则张翥趁闲时去看望苏州老友柯九思应在情理之中,故系该词于本年。

陶宗仪《南村辍耕录》卷14亦载有虞集赠词于柯九思之事,其"风入松"条云:"吾乡柯敬仲先生九思,际遇文宗,起家为奎章阁鉴书博士,以避言路居吴下,时虞邵庵先生在馆阁,赋《风入松》长短句寄博士云:'画堂红袖倚清酣,华发不胜簪。……报道先生归也,杏花春雨江南。'词翰兼美,一时争相传刻,而此曲遂遍满海内矣。"③

张翥序中提到的姚子章,即姚文奂,亦是顾瑛的好友。顾瑛《草堂雅集》为其作小传云:"字子章,昆山人。聪敏好学,过目即成诵,博涉经史,缙绅先生咸加推重。辟浙东帅阃掾,虽公事旁午,不废吟咏。把酒论诗,意气豁如。每过予草堂必有新作,多为录出。家有书声

---

① 唐圭璋主编:《全金元词》(下册),北京:中华书局,1979年,第1001页。
② 杨镰著:《元代文学编年史》,太原:山西教育出版社,2005年,第369页。
③ 〔元〕陶宗仪撰:《南村辍耕录》(元明史料笔记),北京:中华书局,1959年,第172页。

斋、野航亭,自号娄东生云。"①

张翥该词所记本事表明,其主要是虞集赠柯九思《风入松》词引起的余绪,此外也表明了张、柯二人交情之深厚。

关于张翥与柯九思的交情考辨如下:

元文宗至顺元年(1330),柯九思曾向文宗举荐张翥与韩性二人。事见《元诗选》卷五柯九思诗并序云:"至顺初上尝御奎章阁,太禧使明理董阿、中书左承赵世安、大司农卿哈剌八儿侍,上从容询求江南之士,臣九思以翥与韩性二人应诏。上曰:'俟修皇朝《经世大典》毕,卿至江南刊梓时可亲为朕召此二人者来试之。'馆阁臣九思再拜曰:'幸甚。'后有近臣自南使还者,上问此二人,其人亦曰佳士。上颇悦,后竟因循遂隔。今举事,玉山思之泫然流涕。玉山请诗以纪,因为四十字以寄二子云……"②按,顾瑛号"玉山",有玉山草堂。顾、柯二人交情较厚。

顾瑛《草堂雅集》为柯九思一生作小传云:

> 柯九思,字敬仲,天台人。由太学转官,仕至奎章阁鉴书博士。当天历间,与虞李诸公特被恩遇,寻归老江南。与予为忘年交,凡予所藏书画多所题品。其《宫词》尤为得体……议者以为不在王建下。画竹用文湖州墨法,墨花尤出新意。盖游戏出于天资,不与俗工同日语也。③

2. 秋。张翥《声声慢·扬州筝工沈生弹虞学士浣溪沙,求赋》:金銮学士,天上归来、兰舟小驻芜城。供奉新词,几度惯赋鸣筝。相逢沉郎绝艺,为尊前、细写余情。问何似,似秦关雁度,楚树蝉鸣。

---

① 〔元〕顾瑛辑,杨镰、祁学明、张颐青整理:《草堂雅集》(中册),北京:中华书局,2008年,卷8第685页。
② 〔清〕顾嗣立编:《元诗选》(三集),北京:中华书局,1987年,第204—205页。
③ 〔元〕顾瑛辑,杨镰、祁学明、张颐青整理:《草堂雅集》(上册),北京:中华书局,2008年,卷1第1页。

我亦从来多感,但登山临水,慷慨愁生。一曲哀弹,只遣髩变魂惊。行期买花载酒,趁秋高、月明风清。须尽醉,听江头、肠断数声。

考辨:该词应作于虞集在元统元年致仕之后,因首三句明言"金銮学士,天上归来,兰舟小驻芜城。"词中既言明虞集曾"小驻芜城",当知其致仕后曾到江南游历,而暂住扬州,时或在元统二年秋。张翥于元统元年秋至金陵任博士,中间或去扬州游玩,抑或扬州等工来金陵向张翥求词,故我认为该词极可能作于元统二年秋(词中有"趁秋高"三字)。此外,词题明言虞集词在当时是可以弹奏和演唱的,则虞集作词依照音乐谱之填词而非文字谱,又可以明确下来。最后,由乐工弹奏虞集词并求张翥为之赋词可以看出,虞集词在当时影响较大,因其合乐而受到乐工的喜爱。虞集于是年谢病致仕南归,后定居于豫章。

3.张翥《忆旧游·重到金陵》:怅麟残废井,凤去荒台。烟树敧斜。再到登临处,渺秦淮自碧,目断云沙。后庭谩有遗曲,玉树已无花。向宛寺裁诗,江亭把酒,暗换年华。　　双双旧时燕,问巷陌归来,王谢谁家。自昔西州泪,等生存零落,何事兴嗟。庚郎似我憔悴,回首又天涯。但满耳西风,关河冷落凝暮笳。

考辨:词自伤身世,并怀古寄情,从内容看当作于张翥晚年。张翥元统元年才被朝廷用为教官,至正元年又往京师任职,其后在杭州、福建南平等地停留过。没有发现张翥重到金陵的行踪,故其可能在元统元年前就已经客游过金陵,姑且系该词于本年。

4.四月清明。邵亨贞《齐天乐·甲戌清明雨中感春》:离歌一曲江南暮,依稀灞桥回首。立马东风,送人南浦,认得当年杨柳。梨花过后。悄不见邻墙,弄梅纤手。绮陌东头,个人还似旧时否。　　相如近来病久。纵腰围暗减,犹未全瘦。宿酒昏灯,重门夜雨,寒食清明依旧。新愁漫有。第一是伤心,粉销红溜。待约明朝,问舟官渡口。

该词题标明作于本年。从内容看,应作于词人家乡松江,其写法神似周邦彦词。

5. 九月重阳节,许有壬在大都,次韵欧阳玄作《南乡子》三首。

其一《南乡子·和欧阳玄之韵》:高论听悬河。先知新诗问老坡。手冷不甘寒气早,谁呵。更被黄花笑鬓蟠。风竹乱婆娑。老我衰颜借酒酡。佳节重逢真可赏,赓歌。陶令壶觞旨且多。

其二《南乡子》:健笔挽银河。公直銮坡我谏坡。只好老来供一笑,呵呵。喜怒从人愧国蟠。花月共婆娑。劝饮随君学邵酡。松菊有盟休冷落,哦歌。我辈同年甚不多。

其三《南乡子·夜寒无寐仍就韵凑来粗语,以供一粲》:乌鹊欲填河。蝘蝂多持更上坡。虫鸟无知徒自苦,谁呵。恰似贪人少已蟠。市也好婆娑。要染先生面色酡。有口难言今只可,狂歌。终岁陶陶不是多。

考辨:欧阳玄之即欧阳玄(1273—1357)①,字原功,号圭斋,又号平心老人。一代文宗儒臣。他与许有壬是挚友,同为延祐二年(1315)进士。这三首词都是许有壬次韵欧阳玄而作,三词内容连贯,韵脚字完全一致。考察欧阳、许二人同在大都为官时期,共有如下四次。

其一:欧阳玄泰定元年(1324)始入京,被召为国子博士,时年51岁。泰定四年(1327),欧阳玄升国子监丞。天历二年(1329),文宗亲署为艺文少监。而泰定元年许有壬在京任中书左司员外郎。泰定三年(1326)六月,许有壬升右司郎中,时年39岁。天历三年(1330),许有壬任两淮都转运盐司使,去往扬州。如此,则可推知,两人第一次同在大都为官时期为泰定元年至天历二年。而天历二年,许有壬42

---

① "欧阳玄之"的"之"或为衍文。元顺帝朝官员中有"欧阳玄",而无"欧阳玄之"。许有壬一生挚友也只有欧阳玄而并无"欧阳玄之"。另,许有壬《南乡子》(健笔换银河)末句所云"我辈同年甚不多",其"同年"指许氏与欧阳玄均为延祐二年(1315)进士。《元史》卷182《欧阳玄传》《许有壬传》明载二人延祐二年中第。因此,本人认为"之"或为衍文。

岁,与《南乡子·和欧阳玄之韵》中所云"老我衰颜",年龄背景不符。故二人第一次同朝为官时期可排除在外。

其二:元统元年(1333),朝廷复以参议中书省事召许有壬入京。元统二年九月,许有壬任中书参知政事知经筵事。后至元四年(1338),因韩公溥家藏兵器遂起大狱之事,许有壬辞官回乡并陆续游江夏、湘岳一带。而元统元年,欧阳玄任中顺大夫,佥太常礼仪院事。元统二年,欧阳玄任翰林直学士、中宪大夫。元统三年(1335)春,欧阳玄兼国子祭酒,进阶中奉大夫,召赴中都议事,诏为侍讲学士。据此可知,二人第二次同朝为官时期在元统元年至后至元三年(1337)。其时,欧阳玄年龄段为50岁到54岁。许有壬年龄段为46岁到50岁。而这段时期,也正是伯颜独揽朝廷大政的时期,其贪婪与丑陋,人尽皆知。许有壬《南乡子·夜寒无寐仍就韵凑来粗语,以供一粲》中所讽贪官词句,所谓"蝜蝂多持更上坡。虫鸟无知徒自苦,谁呵。恰似贪人少已皤。……"与该时期政治背景相符。并且,许有壬《南乡子》其二中"公直銮坡我谏坡",为一重要佐证。所谓"銮坡"即翰林院的别称。叶梦得《石林燕语》卷五云:"俗称翰林学士为'坡',盖唐德宗时尝移学士院至金銮坡上,故亦称'銮坡'。……谏议大夫亦称'坡',此乃出唐人之语。"①而元统二年,欧阳玄任翰林直学士,正与许有壬词中所谓"公直銮坡"相符。故我认为,许有壬、欧阳玄相唱和的《南乡子》词,应作于元统二年。因元统三年春,欧阳玄升职进阶被召赴中都。

其三:后至元六年(1340)三四月间,许有壬又被召入中书任参知政事。至正元年(1341)四月拜中书左丞,但至正三年正月再因逸言罢官回乡。而后至元六年二月,欧阳玄任翰林学士、资善大夫,知制诰同修国史。据此可知,两人第三次同朝为官时间在后至元六年至

---

① 〔宋〕叶梦得撰,宇文绍奕考异,侯忠义点校:《石林燕语》(唐宋史料笔记丛刊)卷5,北京:中华书局,1984年,第71页。

至正二年（1342）。其时，欧阳玄年龄段为57岁到59岁。许有壬年龄段为53岁到55岁。这段时期，朝廷改元，任用脱脱为右相，实行一系列政治革新，史称"脱脱更化"。联系许有壬次韵《南乡子》其三中讥讽当朝贪官之意，与"有口难言"的政治苦闷，二人唱和的《南乡子》组词可被排除作于该段时期。

其四：至正六年（1346），欧阳玄被任命为福建闽海道肃政廉访使，中途在浙西，欧阳玄旧疾发作，于是隐居山水间，谢绝世务。直到至正十年秋，朝廷复授其翰林学士承旨一职而回京。此后，到至正十七年十二月卒于大都寓所前，欧阳玄一直在大都。而许有壬至正六年闰十月入京为官，至至正七年夏秋之际即因病辞官回乡，其后直到至正十五年（1355）春，才以集贤大学士被召入京。至正十七年，许有壬请求致仕，归返安阳。据此可知，欧阳玄、许有壬第四次也是最后一次同朝为官时期为至正十五年至至正十七年。这时，欧阳玄身体状况已很糟糕，即使与许有壬饮酒，也难"染先生面色酡"。故可认为，许有壬《南乡子》组词不可能作于这段时期。

综上所述，本人认为，许有壬《南乡子》组词及欧阳玄已亡佚的原唱均作于元统二年。至于具体创作时间，《南乡子》其一中有所暗示，即"手冷""寒气""黄花""佳节重逢"等，统一起来则指向本年的重阳节。

许有壬次韵欧阳玄词，还有《太常引·用同年欧阳原功韵，赠相师陈壶秋》，因原唱已佚，内容亦无提示，已难考证作于何时何地。姑系于后。

元统三年//后至元元年（乙亥，1335）

张翥在扬州，与王士熙交游，并赋词。

张翥《春从天上来·同王继学宪使赋》：十里红楼。问声价如今，谁满扬州。白发书记，此日重游。听取席上名讴。拥冰弦斜仁，更为我、敛笑凝眸。觅黄骝。看端端怎比,楚楚风流。　　殷勤砑绫小草,写不尽宫妆,一段春柔。淡水疏花,知谁消受,几度帘卷香收。怕巫娥归去,空惆怅、梦断情留。把离愁。付行云行雨,楚尾吴头。

考辨:词中有"扬州""红楼"等词语,应作于扬州。词题中的"王继学宪使"是关键线索。张翥与时任廉访使的王继学的交游当在扬州。先考王继学其人。

张翥有诗《王继学廉使迁南台侍史诗以贺之》云:"广陵此去金陵近,拟拂尘埃望节旄。"从题目和内容看,当为张翥祝贺王继学升任江南行台御史而作。①

据元张铉撰《至大金陵新志》可知,王士熙,字继学,东平人。该书卷六下《官守志》题名"行御史台"之"侍御史"后,有王士熙名字。查《至大金陵新志》,后至元二年(1336),王士熙已任江南行御史台侍御史,为从二品官(据《元史·百官志二》),文散官为正奉大夫,从六品(据《元史·百官志七》),则张翥诗题所云"王继学廉使迁南台侍史",当为王士熙后至元二年升任南台侍御史之前的事迹。南台,即江南行御史台的简称。

又,《元音》卷七载:"王士熙字继学,东平人。浙东廉使。"②"浙东"即浙东海右道廉访司,隶江南行台,在婺州路(在今浙江金华)置司。廉访使为正三品官。通过比对官阶大小可知,王士熙至少在后至元元年已任浙东海右道肃政廉访司廉访使,从正三品官的浙东廉访使,升至二品官的行台侍御史,官阶升迁非常合理。

王士熙在浙东廉访使任上,间或去游访过扬州,且与寓居当地名士张翥交游唱和。因其后至元二年已升任南台侍御史,故该词应作于本年。

又,据四库《元音提要》可知,该书虽不著编辑者名氏,但为明初

---

① 〔元〕张翥撰:《蜕庵集》卷4,《文渊阁四库全书》第1215册。
② 〔明〕孙原理汇辑:《元音》,《文渊阁四库全书本》第1370册。

本,其成书距元亡不远,其说法当可信。

后至元二年(丙子,1336)

本年,老一代词人蒲道源逝世。黄溍为其文集作序。张翥在扬州,与熊梦祥(号松云子,或松云道人)讨论音乐,作词寄情。许有壬在大都,任中书参知政事。

黄溍为蒲道源作《顺斋文集序》:

> 故赠秘书少监顺斋蒲公既殁,仲子御史君机裒辑遗文,曰《闲居丛稿》者,为二十有六卷,以授某,俾序之。……按公行状,公生而巉岐。卯岁就学,强记过人,未成童已通经大义。弱冠,文声藉甚,诸老多折行辈与之交。逮乎立年,复以濂洛诸儒之说倡于汉中,而汉中之士知有道德性命之学。……而于名物度数,下至阴阳医学,无不究其精微。教人具有师法,大抵以行检为先,而穷经则使之存心静定,而参透于言语文字之外。郡县长吏或有所取正,亦必引以当道,而使之行其所无事。临终却药弗御,饮酒赋诗,夷然而逝。由是观之,则公之为人可知也。粤自国家统一宇内,治化休明,士俗醇美。一时鸿生硕儒,为文皆雄深浑厚,而无靡丽之习。承平滋久,流风未坠。皇庆、延祐间,公入通朝籍,以性理之学施于台阁之文,而其文益粹。……时上新即位,方向用儒术,设科目以网罗四方之贤俊。……论其世,则太平极盛之际也。……公讳道源,字德之,系出汉蒲将军。……公尝为郡学正,终更绝口不言仕进。晚以遗逸征诣京师,编摩史馆,供奉词林,寻以博士教园子。居岁余,辄自引去。诏起公提举陕西儒学,讫不就。后用御史君贵,以有今赠。其年寿卒葬与言行之详,圹有志,神道有碑,兹不

赘述焉。①

该文不仅是一篇序言,也是考察蒲道源生平的重要文献资料,而且反映了顺帝后至元初"治化休明"的国家政治局面、"承平滋久"的社会氛围,与"醇美"的士俗、振拔的士气。

许有壬《送陈季和序》:"大德辛丑(1301),有壬侍先公官衡阳,邻安仁陈君季和馆,见其学,与之交。……乙巳(1305),余随侍湘潭,别焉。……丙子岁,始会京师,俯仰之间,三十二年矣,人生能堪几别哉!而三十二年中,江湖风雨,悲欢得失,不知季和有诗几千百首能尽述之也。"②

1. 正月,张翥作自寿词《鹊桥仙》,序云:

丙子岁,予年五十,酒边戏作。

词云:

功名一饷。风波千丈。已与闲居认状。平生一步一崎岖,也趱到、盘山顶上。　梅花解笑,青禽能唱。容我尊前疏放。从今甘老醉乡侯,算不是、麒麟画像。③

2. 八月,吴镇作题画词《渔父》四首。其词《渔父》(目断烟波青有无)后载词人自注云:"至元二年秋八月,梅花道人戏作渔父四幅并题,见清《辛丑销夏记》卷四。"④

吴镇(1280—1354),字仲圭,号梅花道人或梅道人,嘉兴魏塘(今浙江省嘉善县)人。卒年75岁。元末四大画家之一。

3. 十月三日夜,扬州。张翥与熊梦祥论乐,作《春从天上来》。其

---

① 《全元文》第29册,卷940第93—94页。
② 《全元文》第38册,卷1185第66页。
③ 《全金元词》(下册),第1019页。
④ 《全金元词》(下册),第939页。

序云：

> 广陵冬夜，与松云子论五音二变十二调，且品簫以定之。清浊高下，还相为宫，犁然律吕之均，雅俗之应也。不觉漏下，月满霜空，神情爽发。松云子吹春从天上来曲，音韵凄远。予亦飘然作霞外飞仙想，因倚歌和之，用纪客次胜趣。是夕丙子孟冬十又三夕也。

张翥作于扬州的词还有：《沁园春·广陵九日，与刘士干成元璋泛舟邗沟》《水龙吟·广陵送客，次郑兰玉赋蓼花韵》《喜迁莺·琼花》《水龙吟·次韵王本中赋楼子芍药》等，因难以考知创作时间，故系于后，以便学人再行考察。

后至元三年(丁丑,1337)

五月，许有壬在上京，诸生李冕辑录许有壬诗一百二十首，有壬题曰《文过集》。八月，回大都。约年底罢官回家乡安阳。张翥在扬州。

许有壬《文过集序》云：

> 丁丑分省，予以五月二日发京师，八日达上京。……日长始退，恒兀兀独坐，间得朋友歌诗，率尔赓和，心有感触，亦形咏歌，乘兴有至一二十首，而无心营度，一字亦复动涉旬日。七月十七日，奏归日定，有司次第治行，予亦谕僮仆橐衣以俟。诸生李冕掇拾谬作得百二十首，予视而叹曰："夫士之穷者乃工于诗，予窃禄逾涯，人不谓穷也。谓予不穷，则昔人以道不行为穷，方今玄象示儆，獠夷弄兵，浙人号饥，中州告水，官瘝民疲，财殚粟耗，而余腼颜执政，道果行乎！悲夫，予盖穷者也。穷者诗宜工而复不工，何哉？……彼之穷，敛其心力，一寓于诗；予之穷，虽疲精竭神于所当

为,而识浅才劣,卒不能为。至于辞章小技,亦遂俱废。彼之穷犹有诗,予之穷并诗而无,有而不工犹无也。予其穷之尤者也。而不工之语,时托箴讽,腾口谠谠者,又小人之文过也,因题曰《文过集》,以识予过,因以见小人之志,又有不在于诗者焉。"①

1. 早春,大都。许有壬作《望月婆罗门引》(紫宸朝罢),序云:

> 偕王仁甫左丞、贾伯坚左司、朝罢过李廷秀参议,因观盆梅,遂成欢酌。廷秀求词,醉中赋此。

考辨:序中的王仁甫左丞,许有壬又有诗相赠。其《出京寄王仁甫左丞》云:"六龙清暑去,万骑景从时。顾我何为者,怀恩欲报之。计功惭传食,美盛有歌诗。却忆高唐老,清风擅凤池。"②元朝皇帝每年四月都会依惯例准备巡幸上京,于八月返回大都。该诗前四句,写的就是许有壬在该年随帝前往上京避暑之事。诗题与内容相一致。而王仁甫时为左丞,留守大都。因许、王二人有私交,故许有壬出京后作诗寄赠。王仁甫寄诗酬和后,许有壬又作其《再用前韵答王仁甫左丞二首》,内容与前诗一致。

许有壬又有《文过集序》记其随驾前往上京之事,见上引文。诗文对照,即可知许诗中所写往上京之事在后至元三年,是年王仁甫任左丞。许氏该词咏早春盆梅,词中写到一干同僚友人赏梅之事。则可进一步推知,《望月婆罗门引》作于后至元三年早春。

2. 许有壬《沁园春》:弱冠离家,浪走人间,馀三十年。奈救时才短,虚尘政府,读书功少,深负经筵。风月西清,冰霜柏署,一岁中间漫几迁。君恩重,便不教覆𫗧,直许归田。　丰碑高表洹阡。又飞上吴头万里船。把家传图史,拂除尘蠹,旧栽松竹,收贮云烟。大别

---

① 《全元文》第38册,卷1187第122页。
② 〔元〕许有壬撰:《至正集》卷13,《文渊阁四库全书》第1211册。

嵯峨,鹄逢缥缈,尽在先生几案前。闲人事,但登楼小酌,闭户高眠。

考辨:本年年底,许有壬回到安阳。首句"弱冠离家",指有壬离乡之时年方二十。由"浪走人间,馀三十年"推算起来,则作于本年,时许有壬五十左右。而后至元三年,也正是许有壬因韩公溥家藏兵器事被罢官回乡之时。(见《元史》本传)词中内容与史事尽合,故该词应作于本年。

3. 四月寒食节,宋褧伤悼其兄宋本,作《满庭芳·寒食伤先兄正献公》。

考辨:据《元史》卷182《宋本传》可知,宋本字诚夫,大都人。至治元年进士第一。卒于顺帝元统二年(1334)十一月二十五日,时年54岁。谥正献。而该词首句云:"魂黯雪山,泪零风野,转头三度清明。"元统二年之后三年,即后至元三年。故该词作于本年无疑。词写兄弟情,忆科举事,抒发了深浓的伤悼情怀。

宋褧,字显夫,宛平(今北京)人。泰定元年进士。谥文清。有《燕石集》。顺帝前期词坛词人。

后至元四年(戊寅,1338)

许有壬先在武昌别墅,后归故里安阳,九月与监郡西域人苟和叔同登家乡林虑山,并赋词。张翥在扬州。宋褧七月在大都,十一月巡行河南。

许有壬《筠斋记》:"戊寅,予得请归,请记其斋曰'筠'者。"①其《跋雷天益所藏先公诗》亦云:"至元戊寅,有壬得请归乡里,其子志天益者出先公手书诗一首,乃岭南和先生所寄之作也。"②二者均可证其本年在安阳。

1. 早春,武昌。许有壬作《太常引·武昌别墅》。

---

① 《全元文》第38册,卷1191第223页。
② 《全元文》第38册,卷1188第145页。

词题提示,该词作于武昌,又据词首句"胭脂山下老农家"可知,许有壬在武昌的别墅,位于胭脂山下。按:武昌今仍存胭脂山地名和景点。

2. 早春,武昌。许有壬作《踏莎行·赠相士》。词首句云:"黄鹤楼前,胭脂山上。"可知,该词亦作于武昌别墅。

考辨:据傅瑛《许有壬年表》,泰定四年(1327)二月癸酉,许有壬父载熙卒于大都。许有壬在汤阴丁父忧,俄赴鄂。文宗天历元年(1328),有壬丁父忧,侨居武昌。天历二年(1329)二月,有壬兄有恒卒于鄂。是年九月许有壬妻赵定卒于鄂,时年34岁。天历三年至顺元年(1330)三月,有壬服除,擢两淮都转运盐司使。

后至元四年,许有壬也曾居于武昌别业。许有壬《送马明初教授南归二十韵并序》云:"后至元戊寅(四年,1338),予得请归江夏别业。明年(后至元五年)冬游长沙,又明年(后至元六年,1340)二月,安仁马君明初来见于琅璃山。……同游南岳,更唱迭和,遂同归江夏。"

综上来看,许有壬在武昌共两个时期:泰定四年(1327)三四月间至至顺元年(1330)三月;后至元四年至六年三月。许有壬这两首武昌词应作于此两段时间中的一段。之后,他便出任两淮都转运盐司使,去往扬州。考虑到许有壬的亲人在第一段时期内接二连三地去世,其服丧期间的心情定然恶劣,与这两首词所表达的旷达情怀不符,故我认为,该二词盖作于后至元四年或五年。又因后至元五年冬至次年二月,许有壬都在湖南旅游,而《太常引·武昌别墅》中所写"雪树"透翠、幽兰放花之景为早春景象,与许有壬后至元五年之冬出行事不符,则该二词盖作于后至元四年早春。且存疑。

3. 七月二十二日,大都。宋褧作《风流子》,庆贺苏天爵生子。其序云:

> 至元四年七月廿又二日,苏伯修侍郎举一儿子。以予同治久交……乃求仿吾儿制名,遂命之曰来云。继征词以

纪事,赋此以赠。儿已满弥月矣,侍郎作汤饼会,并书呈席上诸公。①

按:苏天爵(1294—1352),字伯修。河北真定人。后至元三年,任礼部侍郎。一代文儒。其所编《国朝文类》(亦名《元文类》),是元朝第一部元人编选的本朝诗文总集。还撰有《国朝名臣事略》《滋溪文稿》《春风亭笔记》等。

4. 九月三日,安阳。许有壬作《南乡子》,上片云:"波漾石粼粼。浮罄依稀类泗滨。回首林虑千万丈,嶙峋。不效修蛾一点颦。"

考辨:词中"林虑"为安阳一名山。许有壬《记游》云:"宋柳仲涂居荡阴,闻桂林僧惟深言,林虑天平山泉石过衡岳远甚,及同游,始信不妄。余幼读书江南,既服役,狂走中外,虽两归乡里,而忧患荒迷,世故萦绕,望西山如天上,不得至也。至元四年戊寅岁得谪归,九月三日甲子,暨监郡西域苟公和叔始为林虑之行。"②文中明确提到,词人在本年九月三日与苟和叔同登林虑山。故该词作于本年无疑。

5. 十一月,宋褧在河南卫州道中,作《菩萨蛮》。序云:

卫州道中。至元四年十一月,与八儿思不花御史同行,按行河南四道。

后至元五年(己卯,1339)

五月一日,李孝光在杭州,其学生朱右持其《白云稿》前来请老师作序。张翥在扬州。许有壬在武昌,冬游湖南长沙。

李孝光《白云稿序》曰:

临海朱伯贤好学而敏,尝从吾甥叔夏游,又从于林景和

---

① 《全金元词》(下册),第1056页。
② 《全元文》第38册,卷1192第235—239页。

氏三年,二氏之徒皆称之。今年过余钱塘,出其所著《白云稿》请于余。……至元五年五月一日永嘉李孝光序。①

关于张翥在扬州时间的说明:

在张翥诗、词集中,虽未发现其标有后至元三年至五年之甲子的作品,但从其后至元元年、二年,乃至六年(考见下)都寓居扬州的形迹看,从其前后行踪的一致性与稳定性看,后至元中间这三年,张翥也应在扬州。清顾嗣立在《元诗选》之张翥诗前就谈到,其"以诗文知名,薄游扬州者久之,以隐逸荐。……初在扬州,众素闻其名,争延致之。"②因此,张翥对扬州的感情很深。红巾军起义后,张翥在大都作《七忆》组诗,其《忆维扬》云:"蜀冈东畔竹西楼,十五年前烂漫游。岂意繁华今劫火,空怀歌吹古扬州。"故在后至元三年至五年的编年中,本人把张翥的形迹定在扬州。

1. 正月十五。张翥在扬州,作《风入松·广陵元夜,病中有感》:东风巷陌暮寒骄。灯火闹河桥。胜游忆遍钱塘夜,青鸾远、信断难招。蕙草情随雪尽,梨花梦与云销。　　客怀先自病无聊。绿酒负金蕉。下帷独拥香篝睡,春城外、玉漏声遥。可惜满阶明月,更无人为吹箫。

考辨:首先,可以排除该词为后至元二年所作,因作者病中孤独之情怀与丙子岁自寿词《鹊桥仙·丙子岁,予年五十,酒边戏作》的情调大不相同。自寿词欢愉戏谑中透露着一点倔强的精神,该词则情怀萧条落寞,情绪低沉"无聊"。又因后至元六年张翥有诗《中秋广陵对月》,自述其正月在扬州度过53岁生日,次年至正元年正月张翥已在大都。从张翥扬州形迹的一贯性角度看,姑系该词于本年。并存疑。

---

① 《全元文》第36册,卷1137第2页。
② 〔清〕顾嗣立编:《元诗选》(初集中),北京:中华书局,1987年,第1332页。

2. 秋,汉阳。许有壬《金菊对芙蓉·宿程松壑月香亭次韵》:晓梦初回,余醒未解,月明犹挂疏桐。在月香绝顶,稳驾天风。乔松劲竹高寒地,还容得、几朵芙蓉。霜空放眼、水痕褪碧,山色添浓。　　休问衰老诗穷。把烟岚夺取,也是豪雄。问今来古往,谁异谁同。老怀陶写惟丝竹,有捧觞、林下丰容。傍人任笑,疏狂不减,我辈情钟。

3. 秋,汉阳。许有壬《南乡子·醉书月香亭桂几》:老子分渔樵。说着登山气更豪。天外长江流不尽,迢迢。脚底青云步渐高。两手敢辞劳。右有深杯左有螯。我似渊明多一字,陶陶。明日黄花笑二毛。

考辨:词中"疏桐""霜空""黄花",均提示这两首词作于秋天。另一个关键是程松壑及其月香亭。与二词同时,许有壬又有诗写留宿程松壑月香亭之事。其一《宿程松壑月香亭》云:"秋兴亭前秋已清,月香亭上月分明。人间台榭如三岛,山顶笙歌彻五更。醉客日中犹未起,归舟风急不容行。新凉渐到平津阁,谁信长江隔两城。"[1]其二《淡香亭散,复饮月香亭,因宿焉》云:"一日天叫四美并,淡香亭罢月香亭。风高汉水翻秋碧,云尽淮山送晚青。"[2]

综合许氏有关程氏月香亭的诗、词来看,发现其中有一系列地理风物指示:"长江""汉水""淮山""平津阁""秋兴亭""淡香亭"。经查雍正十年《湖广通志》,可知"秋兴亭"在湖北汉阳。《湖广通志》卷五云:"汉阳府。《禹贡》:江汉朝宗于海。《元和郡志》:前枕蜀江,北带汉水。唐贾至《秋兴亭记》:仰眠大别之固,俯眺沧浪之浸。《通鉴》:路通荆雍,控引秦梁。宋蔡纯臣《寥廓台记》:山光水色四环交映。"卷七十七"汉阳县"记:"秋兴亭在凤栖山巅,唐贾至记。刺史贾载建宋元祐初,郡守吴处厚新之。明景泰四年重修。"而许有壬诗云:"秋兴亭前秋已清,月香亭上月分明"。二句为对举形式,则二亭应在同地,

---

[1] 〔元〕许有壬撰:《至正集》卷16,《文渊阁四库全书》第1211册。
[2] 《至正集》卷16。

相距不远。诗词中其他风物如"长江""汉水"所指,也与秋兴亭所在位置相一致。因此,程松壑月香亭的位置应在湖北汉阳县。而月香亭之所以不见方志记载,或与其为程氏私宅景点有关。则该词作于湖北汉阳无疑。

再考许有壬一生至武昌、汉阳时间,目前可知共两次。一次为文宗天历元年(1328)至至顺元年(1330)。据傅瑛《许有壬年表》,泰定四年(1327)二月癸酉,许有壬父载熙卒于大都。许有壬丁父忧在汤阴,俄赴鄂。文宗天历元年,有壬丁父忧,侨居武昌。天历二年(1329)二月,有壬兄有恒卒于鄂,许有壬43岁。是年九月许有壬妻赵定卒于鄂,时年34岁。天历三年并至顺元年三月,有壬服除,擢两淮都转运盐司使。应该说,古人为父母丁忧时期是非常严肃的,并禁止酒肉。而许有壬有关月香亭这两首词,均有饮酒的内容,还有丝竹唱和,与古人守丧的文化背景是相悖的。故该二词不可能作于这段时期。另一次即后至元四年至六年,时许有壬辞官归里,行踪不定,先后住过安阳、武昌,游历过长沙、岳阳等地。又据许有壬诗《送马明初教授南归二十韵并序》:"后至元戊寅(四年),予得请归江夏别业。明年冬游长沙,又明年(后至元六年)二月,安仁马君明初来见于琅璃山。……同游南岳,更唱迭和,遂同归江夏。"则许有壬在江夏即武昌确有别业,故曾来小住。

又,许有壬《记游》云:"余幼读书江南,既服役,狂走中外,虽两归乡里,而忧患荒迷,世故萦绕,望西山如天上,不得至也。至元四年戊寅岁得谪归,九月三日甲子,暨监郡西域苟公和叔始为林虑之行。"则后至元四年秋九月,许有壬在家乡安阳,即不可能同时分身前往汉阳程家月香亭。《元史》本传,又记后至元六年,朝廷召许有壬任中书参知政事。① 而许有壬关于该年的文章均表明,其二三月间还与友人在湖南游历。故回京当在春季后。

---

① 〔明〕宋濂等撰:《元史·许有壬传》,北京:中华书局,1976年,卷182第4202页。

综上可推知,许有壬后至元五年秋居于江夏别业,并往汉阳程松 壑家作客,与其饮酒月香亭,醉酒后夜宿亭中,并赋诗词。

4. 七月十一日,词人吴景奎作《满庭芳·己卯七月十一日得颖》。

吴景奎(1292—1355),字文可,浙江兰溪人。顺帝词坛前期词人,有集《药房樵唱》。

5. 深秋,宋褧至湖北应城县,作《行香子·暮抵应城宿县斋后园》:槲叶风干。柏叶霜殷。浅坡陀、路径回环。喜投公馆,暂卸征鞍。对竹萧森,松夭娇,菊斓斑。　　岁宴天寒。谁共清欢。过黄昏、愁恨多端。烛花渐暗,炉火将残。更雁声哀,砧声急,雨声繁。

考辨:词题中"应城"在今湖北。① 后至元六年正月,宋褧因赴任山南湖北道肃政廉访司佥事一职,已在应城。其所作《春从天上来》之序为明证:"至元六年庚辰元日立春,将为山南金宪,按部至应城县……"词人后至元六年元旦日既已在应城,则其到应城之日,必在之前。结合该词中所描绘之深秋景象,如雁哀、雨繁、菊放、残火,故系该词于本年深秋时节。

后至元六年(庚辰,1340)

本年正月,宋褧赴山南湖北道肃政廉访司任职,在湖北应城、安陆等地。二三月间,许有壬在长沙,先后游历南岳、洞庭湖、君山、岳阳楼等风景名胜之地,后回大都。邵亨贞在松江,与挚友钱应庚分题赋词,又多次在曹知白之曹园饮宴、赏梅并赋词。七夕节,邵亨贞与卫立礼用《八归》同题赋词。十月,李孝光游金陵,居城东青溪观。张翥在九月前一直在扬州。

八月中秋节,张翥作诗《中秋广陵对月》云:"此生五十三回见,只

---

① 据宋濂等撰《元史》卷59《地理二》第1419页,应城县属湖北德安府,今为湖北省孝感市辖县。

遣嫦娥笑秃翁。"①张翥在诗中自称"五十三回",其生年为世祖至元二十四年(1287)正月二十七日,②由此下延,则该诗应作于其53岁时。又据《元史·张翥传》"至正初,召为国子助教",可知至正元年正月张翥已抵达大都,即其已离开广陵,故可排除,则该诗当作于本年中秋节。

1. 正月初一立春,宋褧在湖北应城县(在今孝感辖境),赴任山南湖北道肃政廉访司佥事,作词寄赠许有壬与陈景议。宋褧《春从天上来》序云:

> 至元六年庚辰元日立春,将为山南佥宪,按部至应城县,作此词奉寄许可用大参,陈景议宪副(按:许可用即许有壬,字可用)。

2. 月日不详。宋褧在湖北应山县,作《鹧鸪天》。序云:

> 题应山县城南渡蚁桥,桥东数步法兴寺,即二宋读书处。

考辨:该词序中应山县(今广水市),与词人《春从天上来》序中应城县,元时属德安府,今同属湖北孝感市。二地距离很近,从词人本年所任官职与所处地理位置考虑,当作于本年。故附于《春从天上来》之后。

本月重点考索者,为邵亨贞的词友钱应庚,以及邵亨贞的外从祖父(即邵氏外祖父的堂兄弟)曹知白。

邵亨贞(1309—1401),字复孺,号清溪,云间(今上海松江区)人。著有《蚁术诗选》《蚁术词选》。邵亨贞的大部分词都反映了元末动乱的现实,具有鲜明的纪实性,可作词史看,对于了解元末士人的思想

---

① 〔清〕顾嗣立编:《元诗选》(初集中),第1359页。
② 施常州:《元代诗词大家张翥生平事迹琐考》,《南京审计学院学报》,2004年第1期。关于张翥生日,参见作者在该文中的考证。

动态、生活和交游,具有重要的文献价值。

3. 正月某日,松江。邵亨贞作《东风第一枝》,序云:

> 年来逆境驱驰,不知岁序之有游赏,忽忽春风,徒起浩叹。庚辰新正,与南金翦灯小酌,分题写怀。追念古人乐事,今无一在眼,时于文字中见其一二,遂各想象旧事为之。然心之所好,亦寂寞中一乐也,予得此调,南金得春从天上来。

考辨:庚辰年在邵亨贞生平有两个,或为后至元六年,或为明惠帝建文二年(1400)年。从题序内容和另一首《东风第一枝》词序判断,该词应作于后至元六年。其时,词人与挚友钱应庚,因为"逆境驱驰"而忘记游春赏景,待有所觉醒时,二人决定各自想象其所珍爱的往事,并作词留存。

4. 正月二十二日,松江曹知白府。邵亨贞作《东风第一枝》。序云:

> 春来兼旬,寒气不减。旧腊正月二十二日,曹云翁(曹知白)招饮,听雨西窗。南金偶道及前作,翁欣然命笔次韵,故又口占为谢。

词云:乱雨敲窗,深灯晕壁,孤屏相对吟影。醉余梦蝶难寻,起来睡鸳较冷。东风急处,又卷得残云催暝。奈暗愁、忽到梅边,夜半粉香熏醒。　　门正掩、暮帘仁静。花未闹,小军预整。斗茶尚忆分曹,赋诗更联古鼎。春衫慵试,怕误了金鞍相并。待小桃、开满前溪,且踏武陵渔艇。

考辨:该词与前词都作于本年,后者为前者的次韵之作,二词韵脚字完全一样。是年二月四日伯颜倒台,脱脱接替伯颜走上政治舞台,而后开始一系列新政,为朝野上下带来一片新的气象。从词序和词中内容看,后至元末年,词人经常参加曹云翁家的饮宴,并常与挚友以词唱和。该词下片表明了当时雅集的内容,有斗茶、分曹的游戏,有赋诗写词等文学活动,有与友人并马奔驰之快意,有踏舟游春赏桃之美景。这些活动均表明,当时词人的生活大体是安定适意的。随后来考证邵亨贞这两首词序中提到的钱南金其人。

邵亨贞挚友钱应庚考:

钱应庚,字南金,钱霖之弟。钱霖,字子云,后出家为道士,更名为钱抱素,号素庵,又号泰窝道人。钱氏兄弟均是顺帝词坛词人,现存词虽不多,但据相关记载和考证看,二人曾佚词不少。二钱与邵亨贞都是松江人。上述钱南金与邵亨贞的分题之作《春从天上来》已佚。钱南金现存词6首,其中4首为次韵邵亨贞词。二人交情颇深。查邵亨贞全部词作之词序,经初步统计,邵氏与钱南金唱和词共15首,其中6首为钱应庚首唱,邵亨贞步韵;1首为邵、钱二人分韵之作,2首为二人分题之作(其中一首即作于本年)。则南金现可发现的佚词,共9首。为方便计,兹列邵亨贞与钱应庚唱酬词如下:

《春从天上来·次南金早春韵》;

《塥花游·春晚次南金韵》;

《阮郎归·次韵南金早秋夜思》;

《南浦·次韵答南金见寄》;

《隔溪梅令·和南金鸳湖舟中韵》;

《霜叶飞·小溪岁晚,与南金夜坐分韵》;

《东风第一枝》(年来逆境驱驰……庚辰新正,与南金蓟灯小酌,分题写怀……予得此调,南金得春从天上来);

《西江月》(酒阑,与南金徜徉村巷,各信意小述);

《春草碧》(南金契兄始托交时,与仆俱未弱冠,今乃百年过半矣……敬借前韵,述怀如左)。

至正十六年,邵亨贞作《一枝安记》,记载了钱应庚家族在松江的历史,也是考察钱氏兄弟生平的重要文献。其云:

> 云间遗族有三钱焉……又其一居城西,为南渡宦家,支蔓最衍,风流文采间有存者。予识其子孙四人:复堂先生为宋季该博老儒,予尝受业门下;太初先生为承平文物君子,托迹浮屠氏以终;皆典刑士也。素庵子善诗词清谈,卒为老子之徒。今之存者惟南金君,以明经教授,为钱氏文脉所在。南金幼失父,侍其祖,长于异县。弱冠祖没,赘居三泖之上,与予同里闬,以文字交三十余岁。既乃更世,故皆操舣出游。南金问舍他乡,不相周旋者又过半矣。岁丙申(1356),浙右大乱,悉婴兵燹,乃扁舟载妻子还泖上,其门人曹幼文辟室馆之……①

据此可知,钱应庚幼年丧父,跟随其祖父长大,20 岁左右,其祖父去世,后入赘华亭县泖湖人家,与邵亨贞居于同一乡里,二人遂结成三十多年的文字交情。至正十一年红巾军起义爆发后,钱应庚避难于东吴一带。至正十六年,张士诚据吴后,松江战乱平息,钱应庚返乡,借寓于其学生曹幼文(曹知白孙)家中,号其室为"一枝安"。

5. 正月二十四日,曹知白梅园。邵亨贞作《角招》,序云:

> 故园旧有老梅数树,自庚午(1330)至庚辰,十载之间六遭巨浸,无一存者。年来惟起步月前村之叹。辛巳正月二十四日,曹云翁以红萼一枝见予,风度绝韵,旧感横生,念之不置,因缀此阕为解,并以谢翁焉。

曹云翁考:

曹云翁即曹知白,是邵亨贞的外从祖父(即其外祖父的堂兄弟)。邵亨贞《祭曹云翁文》云:"维年月日,外从孙某谨以家馔牲酒之奠,祭于外从祖贞素先生之灵。……藐焉寒微,异姓诸孙,半生相依于闾里

---

① 《全元文》第 60 册,卷 1846,第 486—487 页。

者,赖祖父之情好,为肺腑之胭联。虽恒处于累累子姓之列,公不以其年之幼稚,独能振拔以导前。故凡获亲炙于公者,非徒讲翰墨,论文艺,与于觞咏游观之事而已。"①据此可知,邵亨贞自小跟随曹知白长大,独得其青睐和"振拔",成人后蒙祖父赐其婚姻。在邵亨贞的青壮年时代,他常在曹园走动,与曹知白游于文艺,亦常参加"觞咏游观"的雅集。

邵亨贞还有《题素庵所藏曹云翁手书龙眠述古图序文》云:"追思翁康强时,幅巾野褐,扶短筇竹,招邀文人胜士,终逍遥于嘉花美木、清泉翠石间。论文赋诗,挥麈谈玄,援琴雅歌,觞咏无算,风流文采,不减古人。其有得于文字间者,未易臆计也。"②可知,曹知白能文能诗,创作数量相当大,可惜现留存极少,应亡佚于元末战乱之中。

曹知白去世后,元贡师泰所作《贞素先生墓志铭》,亦是研究其人生平的重要资料。其云:

> 至正十五年春二月五日壬戌,贞素先生曹氏卒。……先生讳知白,字又玄,号云西。……先生生于咸淳壬申三月廿八日丙戌,蚤孤,鞠于母谢氏。……尝游京师,王侯巨公多折节与之交,章辟屡上,先生悉辞谢,曰:"吾闻燕赵多奇士,庶几见之,岂龊龊求官者比耶?"即日南归长谷中,隐居读《易》,终日不出庭户。……晚益治圃,种花竹,日与宾客故人以诗酒相娱乐,醉即漫歌江左诸贤诗词,或放笔图画,掀髯长啸,人莫窥其际也。四方士大夫闻其风者,争内屦愿交。……学者尊之曰:"贞素先生"。有歌诗凡若干卷,浦城杨公仲弘为之序……③

---

① 《全元文》第60册,卷1847第512页。
② 《全元文》第60册,卷1846第483—484页。
③ 《全元文》第45册,卷1406第339—341页。

综上材料可知：曹知白(1272—1355)，字又玄，号云西，学者尊为贞素先生。松江人，元末画家，著名士绅，喜读书，乐交游，除画以外，诗、文、词兼长。其为人鄙弃功名，乐善好施，人品、画品俱为当时文人名士所推重。曹知白是邵亨贞的外从祖父（即其外祖父的堂兄弟），他对邵氏的成长和教育，出力甚大，其人品才学对邵氏的影响也甚深。邵亨贞词中有8首涉及其外从祖父的词作，其中一首为寿词（《法曲献仙音·寄寿云西老人……》），三首为次韵曹知白词。可知，曹知白亦能作词，是顺帝词坛前期词人。现从邵亨贞词作发现其佚词三首，为：《祝英台近·秋怀》（邵氏原作《祝英台近·和云西老人秋怀韵》）、《齐天乐》（邵亨贞《齐天乐·戊子清明，次曹云翁韵》）、《恋绣衾》。

据邵亨贞《恋绣衾》序："曹幼文以庚午(1330)岁，太初老禅、泊云西居竹二翁，灯夕所赋旧稿见示，求予追和。屈指三十余年，三老仙去久矣，今昔之感，不能已于言也。时至正辛丑(1361)上元日。"其中提到太初、曹知白、居竹三人在文宗至顺元年时都作有元宵词。三十一年后，曹知白孙曹幼文请求邵亨贞追和前辈之作。据此又可推想，曹知白生前应有一定数量的词作，但具体数字，由于缺乏资料，现在难以统计。

曹幼文为曹知白孙，见邵亨贞《贺新郎》序："曹园红梅数种十余树，云西老人手植也。时殊事异，残枝存者无几。其孙幼文命客饮于其下……"曹幼文也是钱应庚的学生。而《恋绣衾》中提到"太初老禅"，指钱应庚的二兄长。邵亨贞《一枝安记》中谈道："云间遗族有三钱焉……予识其子孙四人：复堂先生为宋季该博老儒，予尝受业门下；太初先生为承平文物君子，托迹浮屠氏以终"。"太初"或为其称号。而"居竹"，即曹居竹，乃曹知白的弟弟。见释惟则写给曹知白的《答云西曹道录》："去年令弟居竹翁惠顾小隐，松阴待茶，谈及所书

6. 二月十六日,宋褧在湖北安陆,登白云楼,作《摸鱼子》。其序云:

> 至元六年二月望日,登安陆白云楼,楼今为分宪公廨。城中有楚大夫宋玉故宅与池,其井名琉璃,并有兰台故基。

早春,许有壬在湖南长沙结识友人马熙。事见许氏《务本斋记》。马熙字明初,湖南衡阳人,为许有壬好友兼词友,二人曾多次以词唱和,并留下词作。

春二三月间,许有壬先后游历长沙、南岳、洞庭湖、君山、岳阳楼等名胜景地。

7. 早春,长沙。许有壬《望月婆罗门引·雪夜宴长沙班良辅家,时为湖南宣慰使》:人家十万,春风先到使君家。天公更着芳华。尽把楼台粉泽,琼树映横斜。要歌宦白雪,暖借流霞。　吴姬赵娃。乱银烛、影交加。不放行云归去,敲碎红牙。可怜杜老,肯飞送、江头只岸花。争似我、夜醉长沙。②

8. 早春,长沙。许有壬作《临江仙》,小序云:

> 璃江万梅方吐,而予来长沙,风雪十日,晴复大霜,有怀而作。

词云:十日恶风三尺雪,繁霜又满人间。梅花谁与问平安。玉肌清似削,争奈许多寒。　梦绕琅璃江上路,竹篱茅舍青山。莫教芳酒滞归鞍。黄昏无限月,待我倚阑干。

考辨:二词写长沙早春风雪之景。许有壬诗《送马明初教授南归二十韵并序》云:"后至元戊寅,予得请归江夏别业。明年(后至元五

---

① 《全元文》第51册,卷1582第589页。
② 《全金元词》(下册),第972页。

年)冬游长沙,又明年二月,安仁马君明初来见于琅璃山。……同游南岳,更唱迭和,遂同归江夏。"据此可知,后至元五年冬,许有壬前往长沙,后一直在长沙璃江等地。但据二词所写内容,其中"春风""万梅"实提示为早春景象。且许诗序中云,本年二月许有壬在长沙琅璃山,马熙前来探访,后二人同游南岳。其中亦当包括同游长沙。《临江仙》中的"璃江""琅璃江",亦与许有壬送马熙序中的琅璃山相呼应,盖此山周围之江。则可知,该二词所写雪景,并非属于冬景,而是早春料峭景象。故系二词于本年早春。

9. 早春,长沙。许有壬《渔家傲·访华雪岩不遇》:水落寒林山骨瘦。湘江风细波纹皱。何处携琴何处酒。惆怅久。乱鸦啼断烟中柳。　茅屋萧萧连瓮牖。半檐寒旭闲清昼。归路梅花香满袖。诗未就。青山笑我云回首。

考辨:词中明言"湘江",则应作于长沙。又云"归路梅花香满袖",则时节当在早春。该词与许有壬上二词,所描绘的时节与风物均可联系,故系该词于本年。

10. 或三月,岳阳楼。许有壬作《沁园春·飞吟亭,和白玉蟾韵》:少日飞腾,湖海奇胸,风云壮图。把人间远道,看为咫尺,眼前实地,认作虚无。醽酒中天,振衣千仞,尘世烟霞有几区。君山下,见洞庭清浅,欲问麻姑。　故吾只是今吾。已深愧当年大丈夫。怅川流不息,直如逝者,天风高举,更有谁欤。鼎鼐何功,江山多幸,长铗归来食有鱼。神仙事,笑临邛道士,还在洪都。

11. 或三月,洞庭湖连天楼。许有壬作《摸鱼子·登洞庭湖连天楼,和刘光远韵》。

考辨:据傅瑛考证,本年二三月间,许有壬与李文达、马熙、杨廷镇、董仲达等入长沙,游南岳衡山。又和刘光远登洞庭湖连天楼。[①]则该词应作于此时。从中又可知,刘光远亦为词人,佚词可知者为一

---

① 傅瑛:《许有壬年表》,《信阳师范学院学报》,1998年第2期,第75页。

首。许有壬还有诗《游君山,岳州经历善原道学正、潘彦斌、黄文复、刘光远同行》①,亦可证该年之行。关于刘光远生平,考之如下。

刘光远考:

许有壬现存多篇关于刘光远的文章。从中可探知刘光远生平一二。

许有壬《送刘光远赴江西省掾序》云:"泰定戊辰(1328),始识刘君光远于鄂,时教授汉阳。"②则可知,泰定五年,许有壬与刘光远初相识于湖北。后二人同游湖南岳阳洞庭湖与君山并以词唱和。

许有壬《送刘光远从右丞朝京序》云:

> 今天子即位,湖广省臣以典故请,右丞以上命行,掾刘嗛光远以选从。且行,请曰:"嗛昔计协而黜,虽入京,犹未也。幸今从右丞公入,励不敏。"光远,进士,除教授汉阳。三年,省臣才之,罗致幕下,尤为右丞知,拔行辈中以自随。……光远是行,观朝廷之盛,历山河之雄,亦必充然有得,措之事业。③

可知,刘光远,进士出身,曾为汉阳教官,三年后,任湖广行省右臣的掾吏,并随其进京。

许有壬《江汉集序》云:

> 《江汉集》者,鄂省理幕湘浏刘君光远之所作也。初,光远以硕学俊才得解湖广,俄奏除汉阳郡博士。一时有不及光远远甚,乃得过之,得而弃其业如蓬庐。而光远职师一郡,既以教人,又以自益,其文遂昌于江汉,又能脱去科业气

---

① 〔元〕许有壬撰:《至正集》卷9,《文渊阁四库全书》第1211册。
② 《全元文》第38册,卷1185第72页。
③ 《全元文》第38册,卷1185第69页。

习,炳炳琅琅,卒泽于理而能粹且洁也。①

可知,刘光远,为湖南浏阳人,在湖北,曾任汉阳郡博士,后在行省幕下。作有《江汉集》。

至正三年十月,苏天爵作《题刘光远文稿后》,也是考察刘光远生平的文献之一。其云:

> 其人浏阳刘光远也。是后历掾洪鄂两省,佐理问幕凡十二年。持其文稿,后见予于鄂省旬宣堂。予读其文,体正而气完,辞洁而义密。夫湖湘之南,山水峻清,而人之生得其秀丽、精英之气者居多,故奇才异人,往往间出,若今翰林欧阳公(欧阳玄),颖然拔萃者也。光远与翰林同里,又相继应乡贡进士举,独淹留沉滞于小官簿领之中二十余年,无少芥蒂。……方今朝廷撰述前代遗史,征车四驰,收召文学才识之士,惟恐有遗,若光远者,文华之富,叙述之工,绝出伦辈,惜余速在外藩,弗克荐达也。②

苏天爵的记载更详细一点。结合许、苏二人关于刘光远的文章,综合其人信息如后:刘光远,生卒年不详,约与许有壬年岁相当,湖南浏阳人,中乡举,三年后任湖北汉阳郡学博士。其后历任江西、湖北两行省幕府掾吏,沉沦下僚二十余年。至正三年,刘光远为自己编好《江汉集》,并请许有壬、苏天爵作序。刘光远富有才学,诗文兼擅并能作词,但不受重视,未能施展抱负。

本年,许有壬也曾在家乡安阳居住过一段时间,并作《题刘光远所藏予青山诗》。其云:

> 元统癸酉七月,予避暑江夏青山高武肃祠,有十诗,书

---

① 《全元文》第 38 册,卷 1186 第 105—106 页。
② 《全元文》第 40 册,卷 1254 第 106 页。

以遗友人刘君光远。同年欧阳原功(欧阳玄)既为跋,予京师归,光远又请予自题其后。癸酉距今七年(公元1340年),年非甚远,而予中间待罪政府最久,上负圣天子,下不能推毫发利泽于人,又不能自安其身于伴食之地。当其斗横议而孤立也,若乘小舟而涉大海,若抱漏瓮而沃焦釜,踩拂百至,气奄奄靳属者屡矣。原功学士,议事常在列,盖亲见者也。当是时也,思青山之游,其可得哉!赖天子明圣,大臣包荒,不加以罪,释之使归,得见旧迹,为幸多矣。既以自幸,又因以自励焉。诗非佳也,光远不投之江,为我藏丑……昔约原功游衡、湘,原功归而予在政府,今予归而原功在翰林。光远其里人,见当为我申之,约苟践,诗当百倍青山矣。姑书此以俟。①

该序是了解许有壬在顺帝前期仕宦、行踪和心路历程的重要资料。不久后,许有壬应朝廷征召,赴京任职。

12. 七月七日七夕节,邵亨贞与卫立礼唱和,作《八归·庚辰七夕,与卫立礼同用此调》。词上片应景写节气,抒发感旧心绪,下片怀人叹老。邵亨贞词中涉及卫立礼的共4首,卫立礼佚词也为4首。如下。

卫立礼原唱二首:《八归》(与邵氏分题同调)、《南柯子·春街蹋月》(邵亨贞《南柯子·次韵卫立礼春街蹋月》)。另从邵亨贞词序中,可知卫立礼还有和韵他人之词三首:《花心动》《沁园春》。

邵亨贞《花心动》序:"黄伯阳岁晚见梅,适遇旧赋以赠别,持行卷来,求孙果翁、卫立礼泪予皆和。"则魏立礼曾和韵黄伯阳《花心动》一首。

邵亨贞《沁园春》序:"龙洲先生以此词咏指甲小脚,为绝代脍炙。

---

① 《全元文》第38册,卷1188第154—155页。

继其后者,独未之见。彦强庚兄(王立中,见后文考证)示我眉目二作,真能追逐古人于百岁之上,不既难矣。暇日偶于卫立礼座上,以告孙季野丈,为之击节不已。因约相与同赋,翼日而成什焉。"词序中明言王立中作有咏眉目二首词,则卫立礼和邵亨贞各酬和《沁园春》二首。

13. 九月十四日,宋褧在湖北应城县,为山南湖北道肃政廉访司廉访副使李重山祝寿,作《南乡子》。其序云:

> 至元六年九月十四日,李重山宪副寿日。是日,适台使赍玺书,奖谕风宪至山南,遂大宴合乐。重山号梅庭主人,所居官舍,即旧水犀亭,久扁香宇。

十月,李孝光游金陵,在城东青溪观为丁复作《桧亭集序》。其云:

> 论诗至于宋南,几于无诗。迨其末年,士之避世居永嘉、临海二州,乃始复为诗,力追古人。……仲容既老,买宅建业之城北,南户故有两桧树,醉倚树而呻唔,因自名其什曰《双桧亭诗》云。至元六年,岁在庚辰十月辛丑,永嘉李孝光季和甫,在建业城东青溪观题。①

丁复,亦为顾瑛友人,其《草堂雅集》卷八为其作小传云:"丁复,字仲容,天台人。有盛名。往年予访虚一赵真士于白鹤观,时公在座间。后数年,君去世,《桧亭集》始行,然多所遗落。今所辑录,皆补其缺。其出处见《桧亭集》中。"②

---

① 《全元文》第36册,卷1137第3—4页。
② 〔元〕顾瑛辑,杨镰、祁学明、张颐青整理:《草堂雅集》(上册),卷3第315页。

至正元年(辛巳,1341)

本年正月,张翥从江南应召到大都任国子助教,寻即分教上都。许有壬继室在大都逝世。邵亨贞在松江,与曹知白唱和。四月十三日,许有壬进任中书左丞。九月,李孝光与杨维桢在苏州论诗,作乐府。虞集在家乡崇仁和鄱阳湖上,相继作成十首《苏武慢》组词。

《元史》卷186《张翥传》载:

> 至元末,同郡傅岩起居中书,荐翥隐逸。至正初,召为国子助教,分教上都生。寻退居淮东。会朝廷修辽、金、宋三史,起为翰林国史院编修官。史成,历应奉、修撰,迁太常博士,升礼仪院判官,又迁翰林,历直学士、侍讲学士,乃以侍读兼祭酒。

许有壬有长诗记其被任命为中书左丞事,为:《至正改元四月十三日戊子,皇帝御龙舟幸护圣寺。中书右丞臣帖木尔达实、参知政事臣阿鲁臣、有壬扈行。乐三奏,命右丞前,特授平章政事。参政进右丞。臣有壬进左丞。……悚惧之,余为二十韵以献》。①

本年正月二十一日,许有壬继室赵鸾逝世于大都,四月归葬安阳先茔。陈旅为之作《故鲁郡夫人赵氏墓志铭》,是研究许有壬家世的重要资料。其云:

> 中书参知政事安阳许公有壬之夫人赵氏,讳鸾,字善应,征行大元帅、赠开府仪同三司、封秦国公、谥忠宁讳按竺尔之曾孙女,蒙古汉军元帅、赠太尉、银青荣禄大夫、封梁国公、谥忠宪讳黑梓之孙女,奎章阁大学士、翰林学士承旨、银青荣禄大夫、知制诰兼修国史、中书平章政事、封鲁国公讳世延之女。母刘氏,封益国鲁国夫人。鲁公本雍古部人,縣

---

① 〔清〕顾嗣立编:《元诗选》(初集上),第803页。

公业儒,始氏赵氏,外祖氏也。夫人朗惠而厚静,幼时古文歌诗入耳辄能记。七岁倍(背)诵《周易》,善属对。……生长将相家,而服食绚素,遇亲旧,不择贵贱,一巽抑若寒门女,其善行盖有不可殚言者。初封高阳郡夫人,后封鲁郡夫人。至正元年正月廿一日卒于京师,年三十四。生二女一子,皆不育。发引之日,天子赐赙中统钞万五千贯,公卿大夫士咸送之郭外。是年四月甲申,葬安阳武官原,从舅姑之兆。参政以旅为鲁公门生,使为铭,将以纳诸幽。①

本年春,欧阳玄之子欧阳达老归葬其家乡浏阳先茔。许有壬为其子作哀辞。后欧阳玄寓居江南僧舍一年。许有壬《欧阳生哀辞》并序云:

> 欧阳达老年十九,侍父翰林学士原功入京为内舍生,学已有成。越三年,以疾卒,至正改元春,归葬浏阳先茔。原功以书来曰:"儿旅衬行,幸哀而辞之,使与闽詹同不朽,存没可无憾。"予方悼亡不暇自哀,而忍重达老之哀邪?……予于原功为同年,情义尤笃。在江南,闻其恸至于伤,弃官挈柩归,有诏止之,遂蕆僧舍一年。今年治行有日,又有诏不得行。不得已遣家人护之归,其哀不能释也。予忍悼亡之哀,为之辞以释其哭子之哀。于此不用吾情,恶乎用吾情!②

本年四月十九日,杭州发生重大火灾,损失惨重。杨瑀《山居新语》有详细记载。其卷三云:

> 至正元年四月十九日,杭州火灾。总计烧官民房屋、公

---

① 《全元文》第 37 册,卷 1177 第 398—399 页。
② 《全元文》第 38 册,卷 1202 第 501 页。

廨、寺观一万五千七百五十五间六所七披,民房计一万三千一百八间,官房一千四百二十四间六所七披,寺观一千一百三十间,功臣祠堂九十三间。被灾人户一万七百九十七户,大小三万八千一百一十六口,可以自赡者一千一十三户,大小四千六十七口。烧死人口七十四口,每口给钞一定,计七十四定。实合赈济者计九千七百八十四户。……时江浙行省只力瓦歹平章移咨都省云:"光禄大夫江浙平章政事切念当职荷国荣恩……到任之初,适值阙官,独员署事一月有余,政事未修,天变遽至。乃四月十九日丑寅之交,灾起杭城,自东南延上西北,近二十里,官民闾舍焚荡迨半,遂使繁华之地鞠为蓁芜之墟。言之痛心,孰甚其咎。衰老之余,甘就废弃……"明年四月一日又复火灾。①

相关记载亦见《南村辍耕录·火灾》:

至正辛巳暮春之初,江浙行省平章政事只理瓦台入城之任之日,衣红。儿童谣曰:"火殃来矣。"至四月十九日,杭州灾,毁官民房屋公廨寺观一万五千七百五十五间,烧死七十四人。明年壬午四月一日,又灾,尤甚于先,自昔所未有也。数百年浩繁之地,日就凋弊,实基于此。②

本年秋九月,李孝光与杨维桢在苏州,论诗饮酒,杨维桢即题创作古乐府。杨维桢《琴操并引》曰:

余与永嘉李季和在吴下,论古今人诗,季和酒酣,歌退之羑里操。举酒属予曰:"杨廉夫崛强,作汉魏人古乐府,亦能作昌黎伯琴操乎?"余激其挑,亟领曰:"请题。"季和遂命

---

① 〔元〕杨瑀撰,余大钧点校:《山居新语》,北京:中华书局,2006年,卷3第223—224页。

② 〔元〕陶宗仪撰:《南村辍耕录》,卷9第116页。

精卫而下凡九题。余明日赋毕,又明日复补退之履霜残形二操。季和读之拍几三叫曰:"杨廉夫铁龙精也!人欲和之,谁敢谁敢!"至正辛巳秋九月,会稽杨维桢录以为序。①

本年,王沂在大都。其《送郑希道之杭府幕官序》云:"至元二年,余识郑君以道于金翰林直学士揭君坐中。……后四年(至正元年),以道之弟希道来京师,亦出其文示余。"②

本年可考词人虞集、张翥、邵亨贞的词作。

虞集(1272—1348),字伯生,号道园,又号邵庵,崇仁(今江西崇仁县)人。累官至翰林直学士,兼国子祭酒,后任奎章阁侍书学士。谥文靖。有《道园类稿》。元诗四大家之一,也是著名书法家。

1. 正月二十四日,邵亨贞在松江曹知白曹园赏梅,作《角招》(梦云杳)。其序云:

> 故园旧有老梅数树,自庚午(1330)至庚辰(1340),十载之间六遭巨浸,无一存者。年来惟起步月前村之叹。辛巳正月二十四日,曹云翁以红萼一枝见予,风度绝韵,旧感横生,念之不置,因缀此阕为解,并以谢翁焉。

2. 正月二十七日,大都。张翥生日,作《洞仙歌·辛巳岁燕城初度》:功名利达,任纷纷奔竞。纵使得来也侥幸。老眼看多时,钟鼎山林,须信道、造物安排有命。人生行乐耳,对月临风,一咏一觞且乘兴。　五十五年春,南北东西,自笑萍踪久无定。好学取、渊明赋归来,但种柳栽花,便成三径。

考辨:据《元史·张翥传》,时翥在大都。《张翥传》云:"至正初,召为国子助教,分教上都生。"词题中"燕城"指大都。该词为自寿词,词人时年55岁,感叹身世漂泊无定,表达了本心淡泊名利与及时行

---

① 〔元〕杨维桢撰:《复古诗集》卷1,《文渊阁四库全书》第1222册。
② 《全元文》第60册,卷1823第52—53页。

乐的人生态度,抒发了欲学渊明"三径就荒"归隐田园、颐养天年的最终心愿。考其于半百之后才步入仕途,不仅没有贪竞之心,反而从容淡定,实为难得。该词也彰显出脱脱更化之始的一种安定平和的时代背景和社会情绪。

张翥共 6 首寿词,其中 5 首为自寿词,而又有两首提及其生年月日。一首为:《水调歌头·己丑初度,是岁闰正月戏以自寿》,可知其生于正月。该词作于泰定二年乙丑(1325)。一首为:《鹊桥仙·予生丁亥岁戊子日,今戊戌岁初度亦戊子日,偶作》(按:戊戌为甲申之误,考辨详见后至正四年)。张翥生日,经施常州查《中国史历日和中西历日对照表》,世祖至元二十四年丁亥正月初一为壬戌,戊子即正月二十七日(公历 2 月 10 日),则张翥生日为该年农历正月二十七日,公历 2 月 10 日。①

3. 冬,虞集在江西鄱阳湖,作《苏武慢》组词十二首。序云:

全真冯尊师,本燕赵书生……所赋歌曲,高洁雄畅,最传者《苏武慢》二十篇。前十篇道遗世之乐,后十篇论修仙之事。会稽费无隐独善歌之,闻者有凌云之思,无复流连光景者矣。予山居每登高望远,则与无隐歌而和之。无隐曰,公当为我更作十篇。居两年,得两篇半,殊未快意也。昭阳协洽之年,当嘉平之月,长儿之官罗浮。予与客清江赵伯友,临川黄观我、陈可立游。东叔吴文明,平阳李平幼子翁归,泛舟送之。水涸,转鄱阳湖,上豫章,遇风雪,十五六日不能达三百里。清夜秉烛,危坐高唱,二三夕间,得七篇半。每一篇成,无隐即歌之。……明春,舟中又得二篇,并《无俗念》一首。后三年,仙游山彭致中取而刊之,与瓢笠高明共

---

① 施常州:《元代诗词大家张翥生平事迹琐考》,《南京审计学院学报》,2004 年第 1 期,第 67—69 页。

一笑之乐也。道园道人虞集伯生记。①

考辨:关于该组词的创作时间,据《苏武慢》其十首句所云"六十归来,今过七十",可以推算如后。词人生年为至元九年(1272),元统元年(1333)致仕,正好六十出头,词中举成数而言之,符合事实。再从虞集生年往后推七十年,则该词作于至正二年(1342)年。此外,该词序云《苏武慢》组词乃词人"山居"时作,亦可肯定为致仕后,又云"居两年,得两篇半"和"明春,舟中又得二篇",则可以至正二年为基点,往前推二年,往后推一年,可知该组词作于至正初年至三年(1341—1343)之间。具体而言,该组词中的前十首,前两篇半作于至正初年,后七篇半作于至正二年冬鄱阳湖上风雪之中。这十首作成后,到第二年春天即至正三年,词人又续写二首《苏武慢》及一首《无俗念》。词序最后还注明了组词问世后第三年(即至正六年,虞集去世前两年),即由彭致中刊刻传世。故该组词在当时就造成了一定影响,前有张雨于至正八年追和一首,后有凌云翰亦作《苏武慢》组词十二首及《无俗念》一首全部追和之。

又,序中明言,虞集《苏武慢》前十首是应歌之作,每一首作成后,都有歌者费无隐歌之,可以想见其声音之美。亦可知元末一些词乐尚存,且顺帝至正年间(虞集元统元年致仕),一些知音、懂乐的词人,如虞集、张翥、许有壬、邵亨贞等,还是依词之乐谱来填词的。

附冯尊师其人其词介绍。冯尊师,生平不详,存词23首,其中《苏武慢》组词为20首。② 兹列二首如下。

其三:识破尘寰,樊笼跳出,飘荡幸无拘束。萍踪自在,雅操孤高,还若野云麋鹿。遇坎乘流,混俗和光,知止有何荣辱。恣陶陶、海上人间,不管岁华催促。　　从此后、笔砚生尘,蝇蜗绝念,安分翠微

---

① 《全金元词》(下册),第864页。
② 《全金元词》(下册),第1239—1244页。

云屋。般般放下,事事都休,静对小轩梅竹。一味疏慵,万古淳风,便是真常清福。任群情昼夜,世路奔波,竞争蛮触。

其四:梦断槐宫,倚天长啸,勘破物情今古。担簦映雪,射虎诛龙,曾把少年身误。金谷繁华,汉苑秦宫,空有落花飞絮。叹浮生、终日茫茫,谁肯死前回顾。　　争似我、玉麈清谈,金徽雅弄,高卧洞天门户。逍遥畎畎,肆任情怀,闲伴蓼汀鸥鹭。收拾生涯,紫蟹黄柑,江上一蓑烟雨。醉归来、依旧芦花深处,月明幽浦。

冯尊师《苏武慢》组词前十首间有佳作,但也表现出浓厚的末世情怀与人生虚无观。从第十一首到第二十首,内容基本上都是对道教教旨的宣扬,及对其教义教理的阐释。其中大多数谈的是练内、外丹的好处与其所能达到的玄妙境界。他抨击"贪念荣华"者,"误了赫赫神丹";赞美道教修为高深者的人生境界,认为人人都可以炼内丹修道,可惜世人愚昧不悟。他言说修道炼丹可以"通微入妙,起死回生",赞美炼丹成功后的仙人境界。最后点明要修道,就要先了解道家和道教的宗旨和源流,即"这天机逆顺,学流不晓,岂能分别"(其二十)。总之,这十首属于说教性质的道教词,文学色彩很弱。

凌云翰追和虞集《苏武慢·鸣鹤余音》序云:

> 世传全真冯尊师《苏武慢》二十篇,前十篇道遗世之情,后十篇论学仙之事。道园先生谓费无隐独善歌之,则能知者亦罕矣。及观先生所作,非惟足以追配尊师,而使世之汩没尘埃流连光景者闻之,而有遗世独立羽化登仙之想,则是篇于世,其可少乎。著雍阉茂之岁,灯夕后三日,偶阅道园遗稿,欲尽和之,甫成一篇,辄为韵拘,笔弗得骋。于是行思坐维,或得一句一韵,索纸书之。越三日又成四篇,尚少大半,意殊闷闷。二十三日城南醉归,拥炉孤咏,连得四篇半,兴未已而夜寒手龟,不能足也。明日更成二篇半,并无俗念

一篇,凡十又三篇,览者幸为正焉。①

凌云翰《苏武慢》十二首与《无俗念》一首,如序所言,乃追和虞集原词所作,全部用原韵脚字。之前至正八年时,张雨亦有一首追和虞集《苏武慢》的词作,见后。于此可见虞集该组词对当时人的影响。而整个唱和创作的缘起,冯尊师实为始作俑者。由此亦可见,道教词对士人的影响。因凌云翰该组词创作时间不可考,姑系于此。

至正二年(壬午,1342)

本年,许有壬仍在大都任中书左丞。三月十四日,中书右丞相脱脱等朝奏纂修《宋》《辽》《金》三史。张翥九月前在大都,九月后回到淮东,可能在扬州故居。

《南村辍耕录·正统辨》载有修史之过程,从中可了解到当时撰史者有关宋、辽、金何者为"正统"问题的激烈之争。其云:

> 至正二年壬午春三月十有四日,上御咸宁殿,中书右丞相脱脱等奏命史臣纂修宋、辽、金三史,制曰可。越二年甲申(1344),春三月,进《辽史》……冬十一月,进《金史》……又明年乙酉(1345),冬十一月,进《宋史》……初,会稽杨维祯尝进《正统辨》,可谓一洗天下纷纭之论,公万世而为心者也。惜三史已成,其言终不见用。后之秉史笔而续通鉴纲目者,必以是为本矣……②

本年可考邵亨贞、张翥、虞集的词作,并涉及对钱抱素佚词的梳理和考证。

1. 二月,邵亨贞作《河传·拟古十首》。其序云:

---

① 《全金元词》(下册),第1149页。
② 〔元〕陶宗仪撰:《南村辍耕录》,卷3第32页。

乐府十拟,弁阳老人为古人所未为。素庵先生复尽弁阳所未尽,可谓一出新意矣。暇日先生以词稿寄示,且征予作,既又获见檇李诸俊秀所拟,益切奇出,阅诵累日无厌。因悟古人作长短句,若慢则音节气概,人各不类,往往自成一家。至于令则律调步武句语,若无大相远者,间有奇语,不过命以新意,亦未见其各成一家也。所以令之拟为尤难,强欲逼真,不无蹈袭,稍涉己见,辄复违背。由是未易苟措,兹重以先生之请,思索且得十解,未知其实能似古人与否,惟先生有以教焉。至正二年(1342)二月甲子序。弁阳周草窗号,素庵钱子云号。①

从序中可知,钱抱素在邵亨贞之先作有《河传·拟古十首》。而序中所云"檇李诸俊秀所拟"之作,因无线索,现已无法考知。

钱抱素(钱霖)考:

钱霖,又名抱素,号素庵,又号泰窝道人。有集《醉边余兴》《渔樵谱》,均佚。邵亨贞《一枝安记》云:"云间遗族有三钱焉……又其一居城西,为南渡宦家……予识其子孙四人……素庵子善诗词清谈,卒为老子之徒。"据此可知,钱抱素善作诗词,惜其词曲集皆佚。查邵亨贞全部词作,与钱霖唱和的共 16 首,其中,钱素庵首倡的有 15 首,也即邵亨贞次韵素庵词亦为 15 首。钱氏和韵邵氏为一首。

兹列邵亨贞相关词作于下:

《河传·拟古十首》《氐州第一·丙申初冬次钱素庵韵》《红林檎近·水村冬景,次钱素庵韵》《春草碧·次韵素庵遣怀》《春草碧》("儒冠不解明韬略……",其序:"仆一节从军吴秀间,近始谒告还家,首辱素翁老师叙劳兵后间怀,既又调《春草碧》词见遗,以识会合之意……")、《江城梅花引》(陆壶天、钱素庵二老相会,皆有感怀承平故

---

① 《全金元词》(下册),第 1093—1094 页。

家之作,索予次韵,而不及当道作者,盖俯念草木之味也)①、《齐天乐·乙未春暮,钱素庵见和前韵,再歌以谢之》。

这15首钱氏首倡之词,现仅存《春草碧·遣怀》一首②,也即钱抱素可知佚词为14首,而现存词包括《青草碧》共3首。抱素词散佚情况由此可见一斑。

由该词序可知:一,邵亨贞作此拟古十首是受钱霖之邀请,而钱先于邵氏作有十首拟古《河传》,惜这些词随同其词集亡佚于元末战乱中,钱霖现存词也仅有三首;二,词序中表达了词人对于创作慢词和小令的自身体悟,有一定见解;三,该组词作于至正二年,其时多地虽有小规模的造反和动荡,但天下尚未呈现出大规模的乱象,况当时脱脱正在实行更化新政,重开科举,并修三史,减免赋税,对于士人精神上的鼓舞是比较大的。一方面,增加士人对国家的信心,使他们忠于元廷;另一方面,也使得他们有较优裕闲适的心情,可以创作如拟古、戏效之类游戏性词作。这种创作行为的本身,表明顺帝前期的时代背景有利于士人的风雅生活,故邵亨贞等人才能有此平和的心境与生活。

2. 春某月,邵亨贞《河传·戏效花间体》:庭院。春浅。重门深掩。寂寞东风。睡浓。起来绣窗花影重。娇慵。宿妆凝澹红。待把眉山临镜画。还又罢。却放翠帘下。画楼间。楼外山。倚阑。只愁相见难。

3. 邵亨贞《河传》:春昼。倦绣。轻揎罗褎。背倚秋千。杜鹃。年年恼人三月天。锦笺。空将心事传。 小玉偷移筝上雁。弦索断。惊起睡鸳散。粉墙西。杨柳堤。马嘶。谁家游子归。

考辨:从创作背景看,这两首《河传》无论从相同词牌、拟作风格

---

① 钱素庵之"素"字,《全金元词》(下册)第1109页误作"索",查《宛委别藏》清抄本《蚁术词选》卷二,该字为"素"。应以"素"为准。

② 参见《全金元词》(下册),第1122页。

和表现情调来看,都与《河传·拟古十首》十分相近。且《河传·拟古十首》其一即为"拟花间"。因此,本人将其二词暂系于至正二年,并存疑。此外,就词中所写光景看,作于本年春较合适。

4. 四月,大都。牡丹开放时节,许有壬与郭子敬赏花作词。郭为原唱,其词已佚。许有壬作《摸鱼子·次郭子敬祭酒同赏牡丹韵》。

考辨:词题中"祭酒"即国子监祭酒的简称。以官名称呼同僚,是古人的规矩。故该词当作于大都。词云:"记花王旧时名品,共传姚魏黄紫。洛阳种植雄天下,何日移根来此。"其中"移根"二字,表明洛阳牡丹名品在元时已出现在大都。同时也可证,该词作于大都。

又,许有壬与郭子敬还是诗友。其《一百五日简郭子敬祭酒》云:"但寻祭酒时饮酒,莫似左丞徒负丞。提壶多情日唤我,我耳不聋难不应。"①许有壬称郭子敬为祭酒,而自称"左丞",则表明二人当时同朝为官。考许有壬一生,曾两任中书左丞。第一次在至正元年四月,有诗《至正改元四月十三日戊子……》可证。一次在至正十五年,见《元史》本传。体味词中与诗中的情调,不似作于至正十五年到至正十七年致仕期间。因其时天下大乱,许有壬又处于衰病之年,理应没有心情赏花听歌。此外,许有壬至正元年四月十三日才任中书左丞,时牡丹花期已过。而至正三年正月,许有壬又因遭馋受谤辞官回乡。②《顺帝本纪四》云:"三年春正月丙子,中书左丞许有壬辞职。"故系该词于本年四月。

许有壬次韵郭子敬词,还有《如梦令·次郭子敬韵四首》。郭氏原唱已佚。

5. 夏某月,大都。许有壬在斡克庄、杜德常寓所饮酒赏松,作《太常引》。小序云:

---

① 〔元〕许有壬撰:《至正集》卷 11,《文渊阁四库全书》第 1211 册。
② 《元史·顺帝本纪四》,卷 41 第 867 页。

斡克庄、杜德常寓所二松可爱,醉中赋此,以赠二君。

词云:二松如盖偃中庭。向朱夏、作秋声。摇影动疏棂。掩映得、苔痕转青。　　西清博士,西台御史,相对又双清。咫尺到蓬瀛。休认作、蓝田县丞。

考辨:词中所谓"西清博士,西台御史",都指杜德常曾所任官职,即代指杜氏。虞集有诗《次韵杜德常博士万岁山》①,傅若金有诗《送杜德常西台御史》②,均可证。

据王力春考证,杜秉彝,字德常。今河南安阳人。至顺元年(1330)任奎章阁典签,至顺二年(1331)五月前迁鉴书博士,不久,拜陕西行台监察御史。"杜秉彝由奎章阁典签迁鉴书博士,直到外调,前后不过一年左右的时间,但却增加了他与奎章阁诸彦硕接触的机会。除……与侍书学士许有壬为世交,同侍书学士虞集、鉴书博士柯九思有唱和之外,他和授经郎苏天爵、鉴书博士王守诚以及与奎章阁艺文大监宋本并称'大小宋'的宋褧亦有交往。"③王力春认为,许有壬《太常引》该词所云"西清博士"即鉴书博士。而"'西清'意为西堂清静之所,与'秘阁沈沈便殿西'(按:虞集《次韵杜德常博士万岁山》诗首句)近同"。

又据虞集《广铸禅师塔铭》云:"至大二年(1309),珍之弟子广铸应请以来大有,建立凡廿二年(即至顺二年,1331)而殁,藏舍利于县之青阳坪。其弟子福佑自其寺如京师,介奎章阁学士典签乌克章,请用皓公故事来求塔铭。"④可知,至顺二年,乌克章(即斡克章)在杜秉彝后继任奎章阁典签,时杜秉彝升鉴书博士。二人同在奎章阁为官。

---

① 〔清〕顾嗣立编:《元诗选》(二集上),第884页。
② 《元诗选》(二集上),第469页。
③ 王力春:《元代奎章阁鉴书博士杜秉彝考》,《社会科学辑刊》,2004年第3期,第101页。
④ 〔元〕虞集撰:《道园学古录》卷49,王云五主编,上海:商务印书馆,1937年(民国二十六年)初版,第813页。

而至顺二年二月,朝廷召许有壬任参议中书省事。接着,该年五月至六月,有壬母及大妹、小妹相继病逝于扬州。许有壬旋即离京往安阳汤阴丁母忧。直到顺帝元统元年七月,许有壬才复以参议中书省事被从武汉江夏青山避暑地召回京。据此可推知,该词或作于至顺二年二月至五月间。但词中有"向朱夏、作秋声"之语,则显然作于夏季。如此,便不可能作于至顺二年五月。因此时许有壬已赴扬州奔丧。

此外,许有壬还有《司狱杜君墓志铭》一文记其曾为杜秉彝弟秉钧作墓志铭。其云:"至正壬午(二年)九月丙戌,秉彝弟秉钧卒于京师,秉彝哭之几绝。……兄两拜御史,四迁司宪,今中书左司都事,为时闻人。"①该文明示,杜秉彝是安阳人,许有壬居乡时曾与其父亲"交谊尤笃"。而至正二年许有壬与杜秉彝同朝为官,故系该词于本年夏季。

6.九月重阳节,张翥告别京城,前往淮东。行途中,作《水调歌头·御河舟中》:中夜正无寐,何处橹声来。河声不堪强聒,更听雁声哀。月色依依偏照,霜气萧萧渐紧,何似解离怀。明发吾无策,惟有快衔杯。　　过重阳,都未见,菊花开。遥知数丛篱下,破蕊映书斋。三十六陂烟水,二十四桥风月,天遣几时回。传语闲鸥鹭,相望莫惊猜。

考辨:据词题之"御河"应作于大都附近,又据词中所云"明发吾无策""过重阳"和"二十四桥风月"等关键句,可知,词人正在告别大都前往扬州的途中。据《元史·张翥传》,至正初张翥分教上都后不久即退居淮东;至正三年,朝廷又任命其为翰林国史院编修官。张翥《蜕庵集》卷二有《九日谒告归阻风御河齐家堰》诗,其中"谒告"二字不仅与《元史》本传所记相符,其御河阻风的内容也与该词相合。又据"御河"可知,张翥本年乘船回江南,刚出发不久,在御河就遭遇大

---

① 《全元文》第38册,卷1198第419—420页。

风,故不得已泊岸,并写下这一诗一词。从至正三年张翥重返大都来看,该词应作于至正二年重阳节后。

7. 秋某月,陆行直作《清平乐·重题碧梧苍石图》。序云:

"候蛩凄断。人语西风岸。月落沙平流水漫。惊见芦花来雁。可怜瘦损兰成。多情因为卿卿。只有一枝梧叶,不知多少秋声。"此友人张叔夏赠余之作也。余不能记忆,于至治元年仲夏二十四日,戏作碧梧苍石,与冶仙西窗夜坐,因语及此。转瞬二十一载,今卿卿、叔夏皆成故人,恍然如隔世事,遂书于卷首,以记一时之感慨云。季道陆行直题。①

考辨:通过序中所记年月推断,《碧梧苍石图》作于至治元年(1321)年,二十一年后,词人感怀张炎与卿卿,写下该词。

8. 某月某日,虞集作《苏武慢》(六十归来)。

考辨:虞集生于至元九年(1272),卒于至正八年(1348)。词中首句自道"六十归来,今过七十",七十岁则为至正二年(1342)。词受散曲影响,口语化特色明显。故系该词于本年。

9. 邵亨贞作三首拟古词《花间诉衷情》,因与本年二月所作《河传·拟古》之一情调相近,亦与《河传·戏效花间体》相近,姑系于本年,存疑。兹列于下。

《花间诉衷情·拟古》:江路。风雨。春又去。掩重门。楼上暮山翠,锁愁痕。烟草弄黄昏。王孙。好怀谁与论。暗消魂。

《花间诉衷情》:昼永。人静。花弄影。小红妆。斜倚画阑畔,看鸳鸯。风暖思悠扬。横塘。桃花流水香。盼刘郎。

《花间诉衷情·追配曹居竹翁旧作》:深院。人倦。春去远。绿阴寒。宿酒睡初醒,凭阑干。梅子翠团团。小鬟。试攀荐雕盘。爱

---

① 《全金元词》(下册),第903页。

微酸。

　　按：据邵亨贞"追配"曹知白弟曹居竹旧作，可知曹居竹佚词一首。

　　10.大都南城。许有壬作《贺新郎·次吕叔泰南城怀古》。

　　考辨：词题中"南城"特指大都之南城。如，顺帝时胡助有诗《朝贺退赴南城试院三首》，其一云："天子龙飞朝会罢，即开贡院到南城。"贡师泰有诗《南城试院和张仲举博士》（张仲举即张翥）。故可知该词作于大都。① 再联系许有壬生平。至正二年三月，许有壬在大都知贡举考试。许有壬诗《早起观诸公考卷》云："有幸逢今日，天开第八科。"从仁宗延祐二年正式恢复科举算起，到至正二年正是第八科。至于吕叔泰其人，已不可考。只知吕叔泰还是张养浩的友人，张有诗《夜雨寄吕叔泰》。② 因此，该词是否作于本年，仍存疑。

　　许有壬次韵吕叔泰共二首词：《点绛唇·次吕叔泰韵》《贺新郎·次吕叔泰南城怀古》。据此可知，吕叔泰佚词2首。

至正三年（癸未，1343）

　　本年正月，许有壬辞去中书左丞一职。《元史·顺帝本纪四》卷四十一载："三年春正月丙子，中书左丞许有壬辞职。"其随后退居安阳乡里。三月，由脱脱主持，揭傒斯等一干史学家在京开始修辽、金、宋三史。九月，马熙来访许有壬，为其祝寿。随后二人同游河北三台。这段时间内，二人多次以词唱和。

　　《元史·张翥传》："会朝廷修辽、金、宋三史，起为翰林国史院编修官。"修史起于至正三年，故可知张翥本年被任为翰林国史院编修官。张翥九月中旬回到大都，其诗《至通州》序云：

---

① 〔元〕贡师泰撰：《玩斋集》卷4，《文渊阁四库全书》第1215册。
② 〔清〕顾嗣立编：《元诗选》（初集上），第752页。

去岁南归,以九月十二日发通州。今年召入,亦以是月日至通州云。①

1. 九月,许有壬与马熙偕游河北临漳县三台,二人以《水龙吟》词牌唱和。许有壬现存《水龙吟·游三台》一词。

考辨:许有壬有《三台赋》云:"至正三年九月二十四日,有壬偕明初马征君游三台,明初有长短句,既次其韵,永歌不足,又作是赋。其辞曰:……乃渡清洹,税驾乎邺。览山川之形胜,吊陈迹之未灭。"②据此可知,马熙曾作《水龙吟》,今已佚。

约九月,刘光远自编文集,许有壬、苏天爵等为之作文以记。刘光远是元代词史上所遗漏的词人,曾与许有壬唱和,参见许氏词序。

2. 八月,许有壬在安阳,马熙前来探望并为其祝寿(张翥生日在正月,其自述长许有壬七月,则许有壬生日在八月),许有壬次韵其寿词,作《摸鱼子·次明初为寿韵》。

考辨:许有壬至正元年(1341)与马熙相识。许有壬延祐二年进士及第,时年28岁,任同知辽州事。词云:"算驱驰三十余岁,只将光景虚度。野云本是无心物,办得几多霖雨。"如以此时走上仕途为起点,则许氏在官场"驱驰三十余岁"后,应为至正三年。而本年许有壬遭谗罢官归里,九月又与马熙同游三台。时间与该词首句吻合,故系该词于本年。至正八年,马熙又客居许有壬圭塘别墅,与许氏兄弟、父子相与酬唱,但内容主要围绕着圭塘风物,是特定环境下的宴集唱和。

3. 秋,许有壬在安阳,作《满庭芳·偕訾士安马明初登荀和叔广思楼》:沙路无泥,柳风如水,嫩凉偏入吟鞍。广思楼上,雨后看西山。回首炎氛千丈,便长啸、跳出尘寰。青天外,斜阳淡淡,倦鸟正飞还。

---

① 〔清〕顾嗣立编:《元诗选》(初集中),第1353页。
② 《全元文》第38册,卷1180第8—10页。

郊原秋色里,望穷霄壤,倚遍阑干。问神仙何处,独占高寒。楼下悠悠洹水,为底事、不暂休闲。吾衰矣,休将旧手,遮日上长安。

纠误并考辨:按,唐圭璋《全金元词》载该词词题为《偕詧士安马明初登荀和叔广思楼》①,其中"和叔"姓"荀",实乃流传中因字体相似而造成的讹误。荀和叔实为苟和叔,乃西域人,后至元四年为安阳监郡。许有壬《记游》云:"宋柳仲涂居荡阴,闻桂林僧惟深言,林虑天平山泉石过衡岳远甚,及同游,始信不妄。余幼读书江南,既服役,狂走中外,虽两归乡里,而忧患荒迷,世故萦绕,望西山如天上,不得至也。至元四年戊寅岁得谪归,九月三日甲子,暨监郡西域苟公和叔始为林虑之行。"②据此可知,许有壬家乡有林虑太平山,西山为其中的一座山。后至元四年(1338)九月,许有壬曾与安阳监郡西域人苟和叔前往同游。如此,则可明辨,"荀"乃"苟"之讹。

词中"西山"为安阳之西山,又有词中洹水为证。词写新秋季节,当在九月,所谓"嫩凉""秋色"是也。

据许有壬《务本斋记》,后至元六年许有壬与马熙始相识于长沙。《务本斋记》云:"务本斋者,宋故衡安仁马亨复先生书室也。……后至元丁丑(1337),孙熙明初即故基作屋……庚辰(1340)始识之长沙,道同气合,遂辱留不忍去。"③后至元六年后,至正三年,马熙曾与许有壬同游三台(见许有壬《三台赋》)。至正八九年间,马熙曾客居许有壬在安阳的圭塘别墅,从彼时马熙与许氏兄弟、父子的活动和唱酬来看,似乎未离开过圭塘别墅。故该词当作于至正三年秋,如此,才与《三台赋》所记时节相符。

4. 秋,许有壬在安阳。作《木兰花慢·次韵马廷彦山居》:羡山人结屋,腰碧涧,面丹崖。问桂有余香,槐多拥翠,谁种谁栽。几年力田

---

① 《全金元词》(下册),第971页。
② 《全元文》第38册,卷1192第235—239页。
③ 《全元文》第38册,卷1192第245—246页。

勤学,是庆源先世有人开。乐地夏弦春诵,浮云暮省朝台。　半生奔走负山斋。何地不尘埃。叹老病才归,乡邻幸恕,不忍挤排。白眉故人多事,似东门偏更道贤哉。但有黄鸡白酒,老夫不倦频来。

考辨:首句即云"羡山人结屋",则其时许有壬尚未建成圭塘别墅(详见至正八年许氏一门《摸鱼子》组词考),就可把该词下限定在至正八年之前。词中又云"半生奔走","叹老病才归",则其时许有壬年当半百之后。顺帝至正三年正月,许有壬因谗罢官归乡,时年五十六岁。至正七年夏秋之际,许有壬又因病告退回乡,时年六十。至于马廷彦其人,乃许有壬同乡,有山居号为"独乐台"。许有壬曾两携友人及同乡游马廷彦独乐台,有诗为证:一为《独乐台马廷彦席上,次明初韵》①(按:明初,即马熙),一为《偕杜叔愚、王仲武、章君锡、可行,游马廷彦独乐台山居。廷彦出素屏求诗,为书二首,时九月二日甲子,久雨初霁》二首(《至正集》卷21)。三首诗中所显示的节气都在九月,与该词中"桂有余香"相符。应作于同一时期。而其中一首,提示有马熙的参与。而马熙与许有壬在安阳的交游,只有至正三年与至正八年(延及到九年)这两次。考索词中"叹老病才归,乡邻幸恕,不忍挤排"之深意,与至正三年许有壬被诬陷和排挤出朝是相呼应的。故系该词于至正三年秋。且存疑。

5. 许有壬次韵马熙,作《摸鱼子·赋玉簪,用明初韵》:笑人间衮珪何物,此花良贵天与。倚阑瘦立亭亭玉,刻画一生清苦。人有语。道不出蓝田,岂是真才具。山人告汝。正蓬鬓萧疏,不胜冠冕,真者亦投去。　洹溪水,洗尽眼中尘土。天葩静看齐吐。冰壶凉月天如水,尘柄肯论夷甫。翁醉舞。任蕞尔寰区,共讶山中许。搔风沐雨。且受用清香,古今多少,富贵草头露。

考辨:玉簪,是一种花名。词中云:"正蓬鬓萧疏,不胜冠冕,真者亦投去。　洹溪水,洗尽眼中尘土。……且受用清香,古今多少,

---

① 〔元〕许有壬撰:《至正集》卷6,《文渊阁四库全书》第1211册。

富贵草头露。"有抒发牢骚之意,与词人本年因逸言而辞职的背景相符合。又写到安阳风物,如"洹溪水",则作于安阳无疑。马熙,字明初。许有壬与马熙后至元六年相识于长沙。其后,本年许有壬罢官回乡后,马熙曾追随其一段时间,二人曾同游河北三台。后至正八年秋,许有壬在安阳营建了圭塘别墅,马熙曾客居许家,与许氏兄弟、父子常相唱和。但许氏一门与马熙的唱和作品,均收入《圭塘欸乃集》。而集中不收该词,则应为至正三年许有壬归乡时,马熙前来探望时所作。目前我所见资料,二人一生中只有至正三年和至正八年这两次唱和。故系该词于本年。

6. 许有壬《沁园春·赋酪,次明初韵》。

7. 许有壬《摸鱼子·赋鸡冠花,用明初韵》。

考辨:这两首词与《摸鱼子·赋玉簪,用明初韵》,均为许有壬次韵马熙词,可惜马熙的原词(包括所有许有壬次韵马熙之词)均已佚失。这三首词的共同特点有二:一,咏物词;二,次韵同一人之词。故应作于同一时期与同一地点。又如前对《摸鱼子·赋玉簪,用明初韵》的分析,因此我认为,这三首词都是至正三年马熙前来安阳探望许有壬时,二人唱和之作。

许有壬与马熙交游并马熙佚词考:

许有壬《务本斋记》云:"务本斋者,宋故衡安仁马亨复先生书室也。……至元丙子毁于兵,字若说皆丧。后至元丁丑,孙熙明初即故基作屋,介其友乞余书京师,而明初未识也。庚辰始识之长沙,道同气合,遂辱留不忍去。"①由此可知,后至元六年(1340),许有壬、马熙始相识于长沙,并成为知己。

许有壬《送马明初教授南归二十韵并序》云:"后至元戊寅(1338),予得请归江夏别业。明年(1339)冬游长沙,又明年(1340)二月,安仁马君明初来见于琅璃山。其人温醇,其文粹精,倾盖如平生。

---

① 《全元文》第38册,卷1192第245—246页。

同游南岳,更唱迭和,遂同归江夏。"①据此,马熙与许有壬在长沙相识当在后至元六年正月,故本年二月,马熙前往访许有壬,其后二人又一同前往湖南游历。

许有壬《三台赋》序云:"至正三年九月二十四日,有壬偕明初马征君游三台,明初有长短句,既次其韵,永歌不足,又作是赋。"可证至正三年九月,许有壬偕马熙同游河北临漳三台,二人有长短句唱和,许有壬并作此赋。

许有壬《涅阳侯传序》云:

> 《涅阳侯传》,衡阳马熙明初之所作也。……余投劾归,明初不以余不能有所成而见弃也,方且相从教予子,时出杰作以自乐,予愧于明初多矣。序其传而表之,俾世之见者,知明初有史才而不试,又以见夫人物之遇不遇,有幸不幸焉。古今不幸而不遇者多矣,枚有幸而遇明初,明初不幸犹未遇也。虽然,是传之出,识者见之,明初其亦有遇矣。②

文中云"余投劾归,明初不以余不能有所成而见弃也",必在改元至正后。因许、马始相识于后至元六年。而至正三年正月,许有壬遭谗罢官回乡后,马熙即前往探慰,并留在安阳许宅教授许有壬子许桢。二人常相唱和。马熙在安阳作《涅阳侯传》。许有壬为之作序,认为其有"史才",可惜不遇于时。

许有壬《名马氏三子说》云:"予友马明初请名其三子说。明初名熙,从火,其考讳从木,祖从水,取五行终始相生之义。次当从土,故名其孟曰墼,字以世完。仲曰塾,字以世修。季曰垦,字以世勤。"③由此可知,许有壬曾为马熙三子取名字。

---

① 〔清〕顾嗣立编:《元诗选》(初集上),第798页。
② 《全元文》第38册,卷1187第121—122页。
③ 《全元文》第38册,卷1190第185—186页。

马熙《圭塘补和序》云:"欸乃既歌(《圭塘欸乃集》成于至正九年)之明年(至正十年),熙如京师,可行泊桢日侍安阳公,觞咏圭塘,更唱迭和,诗词凡二百四十有九。又明年(至正十一年),桢来京师,熙始得伏读全集……勉强补和,得诗七十八、词八……"由此可知,马熙约至正十年年初离开安阳圭塘别墅,前往大都。至正十一年,仍在大都,并补和许有壬8首词。

综合以上材料,可以认为:马熙,字明初,湖南衡阳人。其人性格温醇,富有才学,却不为时世所用。后至元六年正月,许有壬、马熙相识于长沙,从此成为知交。二月,马熙至琅璃山访许有壬,后二人同游南岳,"更唱迭和",十分欢洽,最后一起回到江夏。至正三年,许有壬退居家乡安阳。马熙即前往探访并在许宅教授许桢。九月,二人同游河北临漳三台,其后,马熙以词首唱,许有壬次韵多首。可惜马熙这些词均已亡佚。至正八年,许有壬又从朝廷告老还乡,建圭塘别墅。马熙再次前来探访,在圭塘与许氏一门觞咏游宴,相交甚欢,直到至正十年才告别许门,前往大都。马熙有三子,许有壬为其作名字说。

关于马熙佚词,经查许有壬现存全部词作,与马熙有关者共21首,其中马熙首唱21首。查马熙现存词,其次韵许有壬为8首,《太常引》与《渔家傲》各4首。然而,在许有壬词中所反映的马熙首唱之作,除《摸鱼子》十首外,其余21首皆亡佚。据此可推知,马熙至少佚词21首。兹列许有壬关涉马熙词作如下:

《摸鱼子·次明初为寿韵》(算驱驰三十余岁);

《六州歌头·次明初为寿韵》(避贤解组);

《六州歌头·次马明初韵书所见》;

《摸鱼子·赋玉簪,用明初韵》;

《摸鱼子·赋鸡冠花,用明初韵》;

《沁园春·赋酪,次明初韵》;

《南乡子·和明初鹤饥韵四首》；

《沁园春·赋鹤奴,次马明初韵》；

《摸鱼子》十首(序:明初赋摸鱼子寿予,既次其韵,而可行塘成,和之成什,衰病技痒,亦足为十首)。

8.月日不详,虞集续《苏武慢》再作二首,为《苏武慢》(一径通幽)、《苏武慢》(云淡风轻),并作《无俗念》(十年窗下)一首。参见至正元年考证。

9.许有壬残缺词《沁园春》:采诗洹水,清秋兴来,不暇求工。致行云流水,虽违高古,亦无浮丽,更有佳人。韶音同韵,芝兰同气,笑高山□□□中。宰相倡酬,余力判酒,政兼花事。　休教阮家三品,但身闲便……(下缺)

考辨:词中有"采诗洹水"句,作于安阳无疑。又有"宰相倡酬,余力判酒"之说,可知当作于至正三年后。许有壬曾两拜中书左丞,一在至正元年四月十三日,一在至正十五年二月(《元史》本传)。细味该词情调,更可能作于至正三年许有壬罢官归乡后。姑系于此。

至正四年(甲申,1344)

本年,张翥在京都参与修三史。见其本传。三月,许有壬辞去中书左丞一职。《元史》卷四十一《顺帝本纪四》云:"三年春正月丙子,中书左丞许有壬辞职。"随后返乡居于安阳。

本年春,李孝光至昆山州,作《昆山州重修学宫记》。[①]

七月,许有壬与乡友王居仁在洹堂用《水龙吟》唱和,许氏次韵王居仁二首词。

十一月,吴镇在嘉禾县(即嘉兴)"橡林旧隐"之寓所,作《嘉禾八景图》,并作题画词《酒泉子》八首。[②]

---

① 《全元文》第36册,卷1137第9页。
② 《全金元词》(下册),第936页。

1. 正月二十七日,张翥作自寿词《鹊桥仙》,其序云:

予生丁亥岁戊子日,今戊戌岁初度,亦戊子日,偶作。

词云:生朝戊子。今朝戊子。五十八年还是。头童齿豁可怜人,也召入、词林修史。　　前生偶尔。后生偶尔。但喜心头无事。从来不解学神仙,怎会得、长生不死。"

考辨:唐圭璋先生《全金元词》(下册)在该词题目后考辨曰:"强村丛书本校记引钱衎石曰,考仲举本传卒于至正二十八年戊申,年八十二,是生于至元二十四年丁亥也。而戊戌为七十二岁,与词中称五十八年不合,疑戊戌为甲申之误,盖至正四年也。"唐先生的思路和辨析是准确的。此外,关于该词作于是年,还有一个强有力的佐证。即词中明言词人被召入朝廷修史,而至正四年正是朝廷修《宋》《辽》《金》三史的时段。三史从至正三年三月起修,到至正五年十月全部修完,为时共两年零七个月。张翥时任翰林编修。

《元史·张翥传》曰:"至正初,召为国子助教……会朝廷修辽、金、宋三史,起为翰林国史院编修官。"故词序中所言"戊戌"正是"甲申"之误。该词不仅记录了词人一生中最重要的大事之一——修史,也洋溢着一种发自内心的愉悦,表达了一种通脱、乐观、旷达的生命观。而词人的这些变化,与脱脱更化,与他参与修史是密切相关的。当时参与修史者皆为朝野上下的精英,修史又是利于千秋万代的大事,故参与修史,其自豪感、荣誉感、成就感、被社会认同感,也会自然伴生。

2. 七月,安阳。许有壬作《水龙吟·甲申七月二十六日,偕王居仁仲武小酌洹堂》:洹堂半月三来,小庭日见添佳致。苍稂疏瘦,黄葵高洁,玉簪清丽。林影波光,新晴景物,嫩凉天气。对溪山如此,田园归去,除诗酒、浑无事。　　烂漫乡邻鸡黍,比当年、鼎烹加味。古今都说,浮云春梦,功名富贵。何事迷途,直临老境,才寻平地。把尘寰休问,菊花行绽,请重来醉。

词内容写归田园居之乐,也抒发了迷途知返的觉悟。词题中"洹堂"从名字看,与安阳的洹水有关。关于王居仁,则考于下。

王居仁(王桓)考:

王居仁,又名桓,字仲武。安阳人。词题中的"王仲武",与许有壬《沁园春·次王仲武为寿韵》中王氏,乃同一人。见许有壬《王濯缨集序》。

许有壬《王濯缨集序》,是考察其乡人兼友人王仲武的重要文章。其云:

> 濯缨王先生,颖悟力学,声华充溢,拜南台御史、佥江东道按察司事,投绂而归,读书讲道,发为文章,盖资之有源者也。先生殁,子桓仲武索遗稿,得古律诗若长短句若干首,走书属序,将寿诸梓。……诗之雄浑而清健,长短句之婉丽而飘逸,皆可传者也。……有壬喜吾乡文教之有素,而又喜是集之出,吾乡之后进,益有所取法矣。然非一乡所得而私也,有壬辱后进,窃愿附名集中,是区区之私也。先生讳可与,字晋卿,濯缨其自号云。①

据文章可知,王可与,字晋卿,号濯缨,乃王仲武父亲。王桓(从《水龙吟·甲申七月二十六日,偕王居仁仲武小酌洹堂》可知其又名居仁),字仲武。文中之"父母之邦"与"吾乡",则明确表明了王氏父子乃许有壬家乡安阳人。王可与及其子王桓均能作词,可惜父子之词均佚失。文中更明确提到王可与当时有"长短句"即词传世,特点则为"婉丽飘逸"。王仲武亦能作词,许有壬的几首词序和词题中对其都有所反映。

许有壬当日与王居仁在洹堂所作《水龙吟》,并不止一首,其词集中还有二首《水龙吟》,从词牌、韵脚、内容看,皆与《水龙吟·甲申七

---

① 《全元文》第38册,卷1186第102—103页。

月二十六日,偕王居仁仲武小酌洹堂》一致,应是许有壬次韵王居仁之作。此外,许有壬还有二首次韵词:《沁园春·次王仲武为寿韵》和《太常引·次王居仁为寿韵》,则可推知王居仁至少佚词4首,且都为原唱。兹列许氏本年另二首《水龙吟》如下。

3.秋,安阳。许有壬《水龙吟·次前韵二首》其一:此身就健宜闲,莫教七十才休致。招谗贾怨,声名煊赫,文章雄丽。三纪红尘,一簪华发,消磨豪气。有清泉白石,实闻吾语,吾衰矣、毋多事。　　世故真如嚼蜡,数年来、已知无味。寻常有句,人为宰相,闲方是贵。洹水秋清,无边风月,无穷天地。看奋髯箕踞,苍苔浊酒,为青山醉。

其二:半生人海风波,谤书盈箧从文致。归来结构,且图跧伏,敢求华丽。朝暮娱人,水声山色,柳阴花气。笑彤闱紫闼,浮沉十载,更几载、成何事。　　好是西成咫尺,秋田风、已飘香味。安排小瓮,从今不怕,邻翁酒贵。更筑诗坛,陪君游刃,周旋余地。但有人来问,金銮旧话,便昏昏醉。

这两首词既抒发了词人退隐田园后的愉悦心情,亦不忘总结其大半生所经历的宦海风波。词人最后戏谑地设想,如果有人来探望自己,谈到金銮殿旧事,自己就昏昏大醉,而绝口不提。

考辨:二词亦作于本年。词人直抒胸臆,回顾至正三年遭谗之事,坦言自己正是因为正直敢言而导致了"招谗贾怨"和"谤书盈箧"。该词旨在宣扬人生宜健宜闲,即使身为宰相,还是以闲为贵。全词基本写实,是对词人七十年人生和仕宦经历的总结,所谓"招谗贾怨"和"谤书盈箧",表明了词人由于为官刚正不阿而得罪了不少权臣,又因为"文章雄丽"而"声名煊赫",致使其几番沉浮终又振起。据《元史》本传,许有壬"历事七朝",从政近五十年,即所谓"三纪红尘",对官场丑恶已经彻底看清和厌倦,因此愈到最后愈觉得世故味如嚼蜡,生命已经衰老,还是以闲为贵,不理世事,归隐田园为好。

从至正三年正月到至正七年夏,许有壬一直退居安阳。《元史》

卷182《许有壬传》明载此事过程。其云："[至正三年]有壬之父熙载仕长沙日，设义学，训诸生。既殁，而诸生思之，为立东冈书院，朝廷赐额设官，以为育才之地。南台监察御史木八剌沙，缘睚眦怨，言书院不当立，并构浮辞，诬蔑有壬，并其二弟有仪、有孚，有壬遂称病归。四年，改江浙行省左丞，辞。六年，召为翰林学士，既上，又辞。监察御史累章辨其诬。俄拜浙西廉访使，未上，复以翰林学士承旨召，仍知经筵事。明年（七年）夏，授御史中丞，赐白玉束带及御衣一袭，未几，复以病归。监察御史答兰不花衔有壬，时短长之，奏劾甚力，事寻白。"从至正三年至七年，因为朝中政敌木八剌沙等人接连诬陷诽谤，许有壬辞去一切职务，归乡家居，并屡次拒绝朝廷授予的各种官职。以上许有壬与王居仁唱和三词即写于这样的背景下。

4. 十一月，浙江嘉兴。吴镇作《酒泉子》八首。其序云：

> 胜景者，独潇湘八景得其名，广其传，惟洞庭秋月、潇湘夜雨，余六景皆出于潇湘之接壤，信乎其为真八景者矣。嘉禾吾乡也，岂独无可揽可采之景欤。闲阅图经，得胜景八，亦足以梯潇湘之趣，笔而成之图，拾俚语，倚钱唐潘阆仙（即潘阆）《酒泉子》曲子寓题云。至正四年岁甲申冬十一月阳生日，画于橡林旧隐。①

吴镇所命名"嘉禾八景"的名称为：空翠风烟、龙潭暮云、鸳湖春晓、春波烟雨、月波秋霁、三闸北湍、胥山松涛、武水幽澜。八首全写景，故略。

至正五年（乙酉，1345）

本年，陶宗仪跟随李孝光去杭州新门之东里，结识王思善。王思善为李孝光作小像，李喜之而作文。《南村辍耕录·写像诀》记曰：

---

① 《全金元词》（下册），第936页。

> 王思善绎,自号痴绝生,其先睦人,居杭之新门,笃志好学,雅有才思。至正乙酉间,携李叶居仲广居,寓思善之东里,教授,余从永嘉李五峰先生孝光往访之。时思善在诸生中,年方十二三,已能丹青,亦解写真。先生即俾作一圆光小像,面部仅大如钱,而宛然无毫发异。先生喜,作文以华之。①

张翥在大都参与修史。

许有壬在安阳西山,其《拔实彦卿四咏轩诗序》云:"至正乙酉,皇上轸念黎元,遣使者行天下。予时僻居安阳西山……"②

十二月十六日,女真族词人兀颜思忠任河南肃政廉访司宪佥,曾到尉氏县题《水调歌头》一词。尉氏县今属河南开封市。后至正十年,河南宪佥白云山翁与其宪掾田文焕各追和其词一首。

兀颜思忠考:

关于兀颜思忠作《水调歌头》,及其后白云山翁与田文焕追和之事,嘉靖《尉氏县志》对于事情始末有详细的记载。通过这段材料,不仅可考兀颜思忠生年,且辑佚一首。《尉氏县志》卷五云:

> 《水调歌头》三首,序并前后岁月、名氏,依原刻石录之。序:"至正乙酉(五年,1345)十二月既望,余偕宪掾刘耀卿、王敬忠、江朝彦,分宪至邑。偶得子敬弟家信及友人李仁仲见寄招隐《水调歌头》,倚歌奉和,用写怀,以纪岁月。鲁人兀颜思忠子中父书。"③

其后,便首列兀颜思忠的原唱《水调歌头》:

---

① 〔元〕陶宗仪撰:《南村辍耕录》,卷11第131页。
② 《全元文》第38册,卷1187第126—127页
③ 〔明〕汪心等纂修:《尉氏县志》(天一阁藏明代方志选刊),上海古籍书店影印明嘉靖刻本(嘉靖二十七年十二月),1963年。

>　　白云渺何处,目断楚江天。省【悲】风大江南北,跋涉几山川。手线征衫尘暗,雁足帛书天阔,恨入短长篇。青镜晓慵看,华发早盈颠。　　叹流光,真逝水,自堪怜。明年屈指半百,勋业愧前贤。霄汉骖鸾无梦,桑梓归耕有计,醉且付高眠。寄谢鹿门老,待我共谈玄【元】。(按:黑方括号内为《全金元词》中该词用字,下同。)

兀颜思忠作该词后的第五年,河南宪佥白云山翁与其宪掾田文焕,各追和其词一首。为便于参看,并列于下。

白云山翁《水调歌头》序云:

>　　至正庚寅春(十年,1350)二月既望,备员河南宪佥白云山翁,按治郡分司,偕宪掾田文焕、李元亨、刘汉臣分司至邑,奉和前宪副兀颜子中《水调歌头》韵。
>
>　　忆分司时节,秋雨正连天。官路满篙流水,舟楫渡前【驶】【如】川。陌上漫漫泥潦,陟【徒】远马瘏人倦,堪赋去来篇。雪冷梅花萼,春早绿杨颠。　　问东君,春几许,为君怜。浮生恍如蝶梦,栩栩美高贤。客里渐磨岁月,两眼青山图画,松翠看云眠。安得王乔术,飞鸟颇通元。
>
>　　文焕亦和云:清秋开宪府,忽到仲春天。叨侍绣衣使节,延历越山川。遍览荒城形势,畴昔英雄,都付短长篇。揽镜伤华发,不觉雪盈颠。　　宦情疏,羁思苦,正堪怜,仰慕高风千古,屈指数前贤。自笑老淹刀笔,终日劳形案牍,安得枕书眠。尘缘何日了,静听老庄玄。
>
>　　儒学教谕李克诚书丹,进义副尉氏县主簿大悲奴,至正十年仲春吉日立。

《全金元词》载有兀颜思忠《水调歌头》,与白云山翁之和作,但二词中的个别文字与《尉氏县志》所载有出入,已如上引所标记。且,

《全金元词》在引词后只注明出自《河南通志》卷七十四,并未说明版本情况。至于田文焕词则失收。同时,因为唐先生当时没有见到本人所阅这段材料,对于兀颜思忠的生平也完全没有说明。

关于兀颜思忠,本人已写有专门的考证文章,兹不赘述。这里,仅介绍兀颜思忠生平情况如下。

兀颜思忠(1296—?),字子中,女真族,山东人,能诗词、擅长书法,大字尤好。至正元年至二年任奉议大夫、江南诸道行御史台监察御史,至正五年任河南宪佥(曾到尉氏县题词,尉氏县今属河南开封市)。至正六年至浙江,任职不详。至正十二年到十三年任宝庆路总管。其后经历不详。《道光宝庆府志》卷一百十三云,兀颜思忠和湖南元帅副使小云失海牙在收复宝庆路后"不知所终"。估计卒年当在60岁左右。除该词外,顾嗣立《元诗选》(癸集下)、《康熙宝庆府志》及《道光宝庆府志》诸书中,都录有兀颜思忠诗《双清秋月》二首。

至正六年(丙戌,1346)

本年春,张翥在大都,后奉朝廷之命往杭州刊刻《宋》《金》二史。有诗《有旨翥领宋史刊于江浙次东阿站》。最迟七月已达杭州。其《婆罗门引》序云:"七月望,西湖舟中观水灯,一鼓归宴杨山居山楼达曙。"

许有壬在大都。四月,许有壬应朝廷翰林学士之召,从安阳至大都,玄教大宗师吴全节为之接风洗尘。许有壬对官场失望,旋即离京。闰十月,朝廷再宣召许有壬进京。十月七日,吴全节卒于大都崇真万寿宫承庆堂。吴乃许有壬交游三十年的方外好友。许氏至京,吴全节已殡于岳祠光岳堂。许为之作《特进大宗师闲闲吴公挽诗序》。

许有壬《特进大宗师闲闲吴公挽诗序》云:

至正六年十月七日,特进、上卿、玄教大宗师闲闲吴公薨于大都崇真万寿宫承庆堂。……有壬交游三十年,昔在政府,尝奉敕赞公像,有"人以为仙,我以为儒"之语,士论不谓过也。得请归,公遗云林小影,曰:"我不能去,以我像行,是我从公于迈也。"今年四月,赴翰林学士召,甫入京,公即率其徒,治具相劳旅馆中。既陛见,将归,造承庆堂,不告以故,但酒至为引满。公曰:"快意若是,岂欲去而留别邪?"有壬明日遂行。闰十月,再赴承旨召,至京,则公已殡于岳祠光岳堂矣。呜呼,惜哉![①]

吴全节,字成季,号闲闲,又号看云道人,饶州(今江西鄱阳)人。元代全真教著名道士,获得殊荣较多。有《看云集》。

本年三月,词人宋褧逝世,卒年53岁。后友人许有壬、苏天爵为其《燕石集》作序,是研究宋褧生平的重要资料。

宋褧卒年考:

关于宋褧卒年,唐圭璋先生所编《全金元词》定其为至正四年。而杨镰先生《元代文学编年史》定其为至正六年,但无考证。其实,宋褧的卒年,可以通过其生前好友许有壬和苏天爵的文章考知。录如下。

许有壬《特进大宗师闲闲吴公挽诗序》云:

> 至正六年十月七日,特进、上卿、玄教大宗师闲闲吴公薨于大都……今年四月,赴翰林学士召,甫入京,公即率其徒,治具相劳旅馆中。……闰十月,再赴承旨召,至京,则公已殡于岳祠光岳堂矣。[②]

由此可知,本年许有壬先后两次赴召入大都,对于大都人事相当清楚。而其第一次入京时间在至正六年四月。

---

① 《全元文》第38册,卷1187第127—128页。
② 《全元文》第38册,卷1187第127—128页。

苏天爵《宋翰林文集序》云：

[宋褧]至正丙戌之春，年五十三以卒，谥曰文清。诚夫（宋本）累官至礼部尚书、国子祭酒，谥曰正献。始者诚夫之卒，显夫属予序其文后，今显夫之亡，其子国子生吁复汇其稿，征序于予。……显夫学识持守，迥与流俗不同，斯其兄弟平昔讲于家庭，而世人或不能尽识也。予以交游之久，故深知之，知之深则其哀之也切。是则国家承平百年，德泽涵濡，而庠序乐育多士之功，岂第求其文章言语之工而已？显夫家本京师，故题其集曰《燕石》云。至正六年冬十月朔，集贤侍讲学士、通奉大夫兼国子祭酒赵郡苏天爵序。①

据苏文，宋褧卒于本年春天。后宋褧子宋吁汇集乃父文稿，于本年十月请苏天爵为其文集作序。苏天爵是宋褧的好友，言当无疑。

许有壬《宋显夫文集序》云：

余卧病田庐，有禁近之擢。迫命就道，惶汗无措，而复窃自喜，幸故人宋君显夫实直学士，协恭侍从，自公论文，亦一乐也。比予入京前十五日（至正六年三月），而显夫卒矣。予病亟归，不得省其孤。承诏复来（至正六年闰十月），显夫已赠国子祭酒，谥文清。思而不可见，惜哉！孤吁奉《燕石集》拜且泣曰："此先子所遗，兄矿编次者也。世父《至治集》公实序之，敢援例以请。"予序诚夫文不一纪，又序其弟，人之生世其可悲也夫！昔显夫兄弟入京，首与予游，尽眠予所著。睽离，有作必寄，故知其长益且悉也。及阅显夫稿，则未相识时，歌诗已尝及予，重以三十年分谊之笃，序可辞乎！……显夫登甲子科，考其作，未有贡举前已汩汩矣。视

---

① 《全元文》第40册，卷1253第69—70页。

诱利禄而重失得,忽于播而急于获者,不有闲乎! 人知其才而不究其积储造诣之有素也,不竭不柅而又有进焉。故予序其集而原其得,俾后之观者有激焉。集凡若干卷,文若诗乐府若干首,自名《燕石》,然世皆信其为玉也。圹由奉礼郎为丞相东曹掾,汇从父之文,不使遗逸,不愧显夫之于诚夫矣。吁甫襄事,即谋刻父文,宋之后其益昌矣哉!①

宋褧既逝世于春天,而许文明言,在许有壬进京前十五日宋褧即去世。结合许有壬《特进大宗师闲闲吴公挽诗序》,可知,许氏本次进京时间在四月,则宋褧卒于至正六年三月,不言而明。许有壬是宋本、宋褧兄弟的好友,与宋褧更有三十年之交情,又亲历宋褧去世之事,其言可信无疑。则《全金元词》下册关于宋褧生平介绍之卒年定为至正四年,确为错误。

本年十一月晨,松江府华亭县起火,火灾蔓延至几千家,损失惨重。邵亨贞、陶宗仪等文中皆有记述。邵亨贞《蒸溪邻居禳火醮词》云:"至正丙戌岁十一月旦,华亭城中遗漏,延燎几二千家。溪上众建斋坛二昼夜以禳之。"②

1. 六月初一,大都。许有壬《太常引》序云:

> 至正辛未春,环枢堂海棠开,偕冯公励参议,陪紫清夏真人饮其下。今年花发,事务方殷,欲寻旧盟,跬步牵縶,堂西漱芳亭甃方池种芙蕖,连岁约观,而皆不果。六月初日,祷雨一过,则红衣落尽,翠房森矗矣。口占长短句,奉紫清一笑。

纠误与创作时间考:词序首先提到词人曾于至正辛未春,与冯公励陪夏紫清真人,在环枢堂赏海棠花。后连续几年因为事务繁忙,而

---

① 《全元文》第 38 册,卷 1187 第 125—126 页。
② 《全元文》第 60 册,卷 1848 第 522 页。

没法与旧友再续前盟同游花下。关于年号,这里有错误。辛未为至顺二年(1331),至正无辛未年,错误原因不明。词首句云:"漱芳亭下小方塘。清散水芝香。"查"漱芳亭"所在,据陶宗仪《南村辍耕录》与张雨小传,可知该亭乃全真教吴全节所建。吴全节因曾见大都无梅花,故携江南之梅移植于此,并建亭护之。故该词作于大都当无疑。

在《全金元词》许有壬词中,该词后紧接着两首同词牌、同韵脚字的词,其标题为"丙戌旧韵寄紫清真人",即可推知这两首《太常引》是前词的次韵之作。而丙戌为至正六年,于是可知,《太常引》(漱芳亭下小方塘)的创作时间定为至正六年。再下一首为《太常引·再用旧韵,寄紫清》。三首词的写赠对象都是紫清真人,后二首再用"丙戌旧韵"的词作,定作于至正六年之后。而《太常引·再用旧韵,寄紫清》有"吾老且吾乡"之语,则应作于安阳。许有壬至正六年闰十月至至正七年夏秋之际因病离京回乡。其后到至正十三年才重起任河南行省左丞。后二词用至正六年《太常引》旧韵,按常理则两者之间相距时间不会太长。姑系于至正七年或八年。

为方便查看对照,兹列于下。

至正七或八年,安阳。《太常引·丙戌旧韵,寄紫清真人》:道宫城市胜林塘。松竹满、芰荷香。煮酒出丹房。记相见、匆匆一觞。

云萍飘忽,仙凡悬绝,翻手又殊乡。何日漱余芳。看华发、诗人许棠。

至正七或八年,安阳。《太常引·再用旧韵,寄紫清》:诗成春草梦池塘。相忆托玄香。常记饮仙房。笑一举、曾蒙十觞。　百年行止,几番离合,吾老且吾乡。聊与领群芳。渐开到、江头野棠。

2. 七月十五日,杭州。张翥作《婆罗门引》,序云:

七月望,西湖舟中观水灯,一鼓归宴杨山居山楼达曙。

考辨:据词序,该词应作于杭州。据《六艺之一录》卷一百十"翻经台摩崖"条载:"至正六年秋九月,朔太史杨瑀、翰林张翥谒福初上人,因登莲花峰,留名崖石。从游者施维才、郊韶。"①据此可知,本年九月张翥已在杭州,并与杨瑀等人同登莲花峰。杨瑀是杭州人,曾是顺帝所信任的官员。据《元史》卷一百三十八《脱脱传》,后至元年间,杨瑀时任奎章阁广成局副使,常参与顺帝及其心腹商议打倒伯颜之事,故能自由出入禁中。后致仕回杭,著有笔记《山居新语》。

又据《婆罗门引》序所言之西湖放灯事,可知,张翥到杭实在七月半鬼节前,故节日当天才能在杨瑀山楼参加宴饮达曙。张翥在杭时,与杨瑀等相交甚欢,先后为其作词三首,其词序表明张翥常在杨瑀宅园参加宴饮雅集和赏花。其中两首为本年所作,一首为下年作。

3.八月,杭州。张翥《桂枝香·赏桂杨氏山园,夜饮花下有作》:

天香万斛。尽贮入魏台,辟寒金粟。谁唤仙娥睡起,露妆烟沐。翠云裙袖黄云袜,倚秋风、乍惊郎目。恨无明月,高烧蜡炬,分阴丛绿。

深照见、凉禽并宿。爱摇滟琼杯,花影堪掬。寸梦丝缘旧约,尚堪重续。何时卜隐西湖上,葺缃荷、芳杜为屋。小山人远,魂招不来,漫歌遗曲。

考辨:该词作于杨瑀山园(即前词之山楼),为咏桂词,当作于农历八月。词人表达了自己想要归隐西湖和保持高洁人格的愿望。就词中内容和时间背景看,当为张翥在七月半观灯后所作,故系于此。

关于杨瑀及其号"山居",与杨氏宅园山楼、山园的来历:

《新元史》卷二百四载:"杨瑀,字元诚,杭州钱塘人。……二十年,迁中奉大夫、浙东道宣慰使都元帅,瑀以年七十,累请老。……瑀谢事去,卒于家。"

周巽《性情集》卷五云:"前御史杨元诚辞官归第,御书'山居'二字赐之。公卿大夫赋诗以荣其归。余访旧万松山,拜观宸翰及诸吟

---

① 〔清〕倪涛撰:《六艺之一录》(影印本,第7函)卷110,上海:商务印书馆,1935年,第47页。

卷。"①这段记载非常重要,不仅可证张翥多首词序中出现的"杨山居"即指杨瑀,亦可证杨瑀"山居"之名在当时已广为人知,甚至传到顺帝耳中,故杨瑀辞官之时,顺帝亲笔题字"山居"赐之。而"山楼"应是山居之楼的别称。更可证顺帝擅长汉字书法,且达到相当水平。这表明,到元后期,蒙古帝王已经相当喜爱和学习汉文化(文宗亦擅汉民族书法,且迷恋字画,精于鉴赏),这对于汉族士人们来说,确实能在一定程度上起到鼓舞人心的作用。

周巽,字巽亨,号巽泉。亦为顺帝词坛词人。

关于本年张翥至杭州的时间考辨:

据李妍硕士论文《张翥年谱》考,是年,翥奉命至杭州监制宋、金二史刻板,历时半年。②李妍引陈红彦《元本》,说明书前有牒文记至正六年江浙、江西二行省奉命刻《宋史》四百九十六卷、《目录》三卷。本人没有查到这个文献。但发现莫友芝《藏园订补郘亭知见传本书目》与张元济《校史随笔》载有此事。《藏园订补郘亭知见传本书目》云:"《宋史》以至正五年十月进表,即于六年十月咨浙江行省差史官翰林应奉张翥弛赍净稿前去,选匠依式镂版。"③《校史随笔》之"《宋史》元至正本"后记说:"五年十月,表进《宋史》。……翌年下杭州路雕版。……清末整理档案,移归北京图书馆。世人始获见之。"④据张元济考,《金史》元刻本卷首有江浙等处行中书省所受中书省咨文等字,应与《宋史》至正六年同刻于杭州。综合二书所提及的刻书的时间,可知,张翥至正六年确在杭州。又,李祁《书郝氏紫芝亭卷后》云:"至正丁亥(1347),予忝司江浙儒学,仲举奉朝廷命来镂刻宋、金二史于杭,且命儒司官佐董其事,故予得与仲举同砚席起处者半

---

① 〔元〕周巽撰:《性情集》卷5,《文渊阁四库全书》第1221册。
② 李妍:《张翥年谱》,中南大学硕士学位论文,2009年,第33页。
③ 〔清〕莫友芝撰:《藏园订补郘亭知见传本书目》,北京:中华书局,2009年。
④ 张元济著:《校史随笔》(影印民国本),北京:商务印书馆,1990年,第96页。

年。"① 则可知张翥至正七年仍在杭州。但李妍认为张翥是至正七年才奉命来杭刻书,非周全之考。如上引有关至正六年夏秋时节的各条资料与词作,都可证实,至正六年春以后,张翥就奉命前往杭州,且从夏秋之际开始不断与当地文人雅士如杨瑀等交游唱酬。而李祁所言之"至正丁亥",应是就他本人本年任江浙儒学(副提举)而言。如此可明,张翥从至正六年夏秋到七年,一年多时间都待在杭州。

4.闰十月,大都。许有壬作《鹊桥仙·宴胡安常侍御家》:清香华屋,黄葵红叶。正是新凉时节。文园多病不胜杯,孤负杀、一庭秋色。　　珍殽纷错,玉醑芳烈。醉倒江湖狂客。凉天佳月即中秋,更有个、今年闰月。

考辨:词题中"胡安常侍御"是个线索。唐代称殿中侍御史、监察御史为侍御。后世因沿袭此称。据许有壬《特进大宗师闲闲吴公挽诗序》:"至正六年十月七日,特进、上卿、玄教大宗师闲闲吴公薨于大都……闰十月,再赴承旨召,至京……"。则本年有闰十月,当时许有壬应朝廷之召,由安阳赴大都任翰林学士承旨。词中所写时节与十月节气相符。故系该词于本年。

5.杭州。张雨次韵张翥,作《贺新郎·戏次仲举韵》。

考辨:从词上片所云"金屋书中有。为钱塘佳丽,待寻欢偶"看,该词当作于钱塘。张雨卒于至正十年(1350),则该词应作于此前。词上阕云:"记得朝云前日梦,伏事东坡最久。且不是、郡无官守。日日湖中公事了,更成围、妓女随车后。"把张翥比为曾为官杭州通判的苏轼,又云其公事之余,身边常有妓女伴随。张翥至正元年入朝为官,至正六年奉命赴杭刊印《宋史》,至正七年春才辞杭回京。其在杭免不了常与友人宴游酬唱,这种情形恰与该词上阕所写之事相符。此外,上阕末所云"翁两鬓,秃如帚",也与张翥其时60岁的年龄十分相符。下阕云:"老来莫负簪花手。比佳人难得,灵芝三秀。此夕灯

---

① 《全元文》第45册,卷1411第456页。

花何太喜,便用买红缠酒。催看个、肩舆迎取。有子平生千万足,看明年、堕地于菟走。"乃张雨针对张翥老来在杭之"艳遇"的调侃之语,但也从侧面透露了张翥老年无子的事实。因此,张雨作为张翥多年的老友,主张其应该趁机"迎取"某位佳人,为其留后。又从"看明年、堕地于菟走"的设想来看,张翥与这位杭州歌妓的关系已非一般。故系该词于本年。

至正七年(丁亥,1347)

本年,张翥回朝。其诗《丁亥元日》云:"还喜驿书催上路,寸心长在日华东。"①词题表明正月张翥尚在杭州。同年,朝廷征诏隐士,李孝光被召至大都任秘书监著作郎。《元史·儒学二》云:"至正七年,诏征隐士,以秘书监著作郎召(李孝光),与完者图、执礼哈琅、董立,同应诏赴京师,见帝于宣文阁,进《孝经图说》,帝大悦,赐上尊。"②许有壬夏季仍在大都,后再次辞官归里。

1.正月十三日,京都。许有壬《蝶恋花·丁亥正月十三日亲朋治具,醉中赋此》:老子行年过耳顺。蓬鬓萧疏,人道犹风韵。领略风光元有分。赏心又喜烧灯近。　　薄雪初消寒欲尽。词馆多闲,时得陪英俊。莫讶连朝为酒困。东君已是传花信。

据《元史》许有壬本传,"明年(即至正七年)夏,授御史中丞……未几,复以病归。"则许有壬本年夏季前都在京都。该词表明即将花甲之年的词人,已经厌倦了官场,而渴望平静、闲适的生活。

2.正月十三日,吴景奎为友人晖东阳祝寿,作《念奴娇》,其序云:

寿晖东阳丁亥正月十三日生,推命者丙戌(至正六年)算,因戏及之。

---

① 〔元〕张翥撰:《蜕庵集》,《文渊阁四库全书》第1215册,第40页。
② 〔明〕宋濂等撰:《元史·儒学二》,卷190第4348页。

3. 春,杭州。张翥作《齐天乐》,其序云:

> 夜宴杨元诚山楼,送陈子敬之三山,瞿子诚之吴门。

词云:阑干十二东风外,春藏画楼鸳瑣。蜡炬光浓,氍毹坐软,宝鼎旋培沉火。玻璃盏大。但有酒须倾,有歌须和。剧饮淋浪,万金良夜虚过。　　中年情绪易恶,风流青镜里,销减些个。闽雨程赊,吴云驿远,别恨料应如我。先拼醉卧。任杨柳烟销,海棠月堕。明日江头,倩谁留画舸。

考辨:首先可以确定,该词最不可能作于杨瑀至正二十年致仕回杭后,因为据各项资料显示,张翥自至正十年年底从闽浙祭庙返归大都后(至正九年,张翥奉命去江浙福建代祀天妃庙),就再没有离开过大都。词中明言"中年情绪易恶",是用《世说》王羲之典,也表明其作词的年龄。考虑到词中所云"中年情绪……闽雨程赊,吴云驿远,别恨料应如我",再联系词中所写光景来看,所谓"东风""杨柳""春藏画楼",都表明作于仲春时分。至正六年春张翥尚在大都,故该词不应写于至正六年,而该年七月后词人一直在杭州,仅该年所作二词透露之信息,他就在杨瑀宅园参加过两次雅集,故我认为该词极可能作于至正七年春在杭时。且其诗《丁亥元日》末句云"还喜驿书催上路,寸心长在日华东"。这便表明本年正月张翥还在杭州。故系该词于本年。

4. 夏,安阳。许有壬《满江红·和郭子敬夏日村居韵》:一曲清溪,收拾尽、风声月色。还自笑、六旬将近,数椽方葺。已分封侯非燕颔,尽教有地争蜗角。算人生、难得是清闲,吾今得。　　离离黍,芃芃麦。观此景,皆真乐。更葵花未谢,藕花仍发。烦剧只因诗有债,迂疏却喜门无客。问小亭、盛暑不容人,今秋月。

考辨:据词中所云"六旬将近",题中所言时当夏季,则许氏该年约59岁(其生辰在秋季),病居在家,符合《元史》本传记载。因政敌构陷,许有壬从至正三年辞去一切职务告病归家,直到至正六年夏朝廷以翰林学士承旨召回并知经筵事,才重返京都。但至正七年夏,邵氏被授予御史中丞不久即告病归乡,其时又遭到监察御史答兰不花的诽谤。考虑到至正六年夏,许有壬回到大都并作有《太常引》等词,即不可能同时又在该年夏"村居"写怀(如词题所言),故暂系该词于本年,当作于家乡安阳宅邸。

5. 李孝光《水调歌头》:伯仲见伊吕,前日补天归。平生盖世勋业,何用藉群儿。出领绣衣龙节,入拥绣裳赤舄,名字在金闺。磊落正如此,焉学古人为。　　济川舟,调羹手,看当时。功成便引身去,大不负书诗。两鬓萧萧华发,总为爱君忧国,臣老系安危。天子方好老,领取帝王师。

考辨:从内容看,该词应作于至正七年词人被征召至朝廷时。上片描述了词人的磊落情怀,下片申明了词人强烈的济世安民的儒家情怀和功成身退的道家人格。其中,"功成便引身去"及"总为爱君忧国"是词中重点,也是词人出山为官的初衷。姑系于此,存疑。

至正八年(戊子,1348)

本年,浙江台州方国珍反,其后直到元末,方氏兄弟时反时降,不断与元廷做交易,最终在朱元璋大军的进攻战中纳款投降。

本年虞集逝世。张雨追和虞集《苏武慢》一首。张翥在大都,许有壬在安阳得康氏废园,建成圭塘别墅。邵亨贞在松江,时年40岁。王沂在大都,作词送别王冕。

邵亨贞《送傅明学序》云:

> 至正壬午,子初参军登第奉常,得其文而诵之……又六年(1348),参军以浙闽较文,来游云间,始得相识,以奉周旋。其从子明学实从之来。……予与明学皆宋旧家出也。予自弱冠,以徭役、旱涝、世故相屈抑,堂播之弗绩,弓冶之俱弃,浮湛里闾,所幸气节不遂以泯。今年既四十,视明学

之所为,能不愧且悔、悔且莫及矣。①

邵亨贞序中明言,本年其在松江("云间"为别称),且与傅子初相识。

1. 二月初一,回纥词人偰玉立与同僚登蒙嵩山,作《菩萨蛮·蒙嵩石刻》。其后注云:

> 至正戊子二月朔,偕宪掾戴仲治、奏差刘右卿祝厘来游。时山桃烂漫,烟雨冥濛,恍隔尘世。汲泉煮茗,清话移时,为赋菩萨蛮一阕云。通议大夫宪佥偰世玉题。

按:蒙嵩山,元代在何处,现已难考知。偰玉立,字世玉。延祐五年进士。顾嗣立《元诗选》收有其《世玉集》。至正中任泉州达鲁花赤。偰氏一门出九位进士,是当时有名的儒学世家,汉化程度极高。关于偰氏家族,详见陈垣先生在《元西域人华化考》卷二"摩尼教世家之儒学"的专门考证。②

2. 四月清明节,松江。邵亨贞与曹知白游,次韵其词作《齐天乐·戊子清明,次曹云翁韵》。

3. 夏季某月,张雨追和虞集《苏武慢》,作《苏武慢·至正八年夏和虞道园》。

张雨(1277—1350),字伯雨,一名天雨,号贞居。钱塘人。自号句曲外史。有《贞居先生诗集》。著名道士文人,与当时朝野名士交游广阔。

4. 六月,安阳,许有壬作《摸鱼子》。序云:

> 洹堂盆池红日莲开,予适卧病城居,六月一日始往一观,落暗多,开者方未已,喜而赋此。

---

① 《全元文》第 60 册,卷 1846 第 478—479 页。
② 陈垣撰:《元西域人华化考》,上海:上海世纪出版集团、上海古籍出版社,2008 年,第 27—31 页。

词云:笑当年柏台兰省,四时风景孤负。归来幸得身无事,底又匆匆朝暮。心口语。是传癖诗膗,常把芳辰误。夜来风雨。早练帨云飘,红衣霞卷,香滴翠杯露。　　司花手,无限芳妍留住。凝妆为我延伫。姑仙绰约如冰雪,次第相从微步。天不妒。便失却东隅,尽有桑榆路。人间尘土。看太华峰头,花开十丈,吾老尚能去。

考辨:许有壬家乡在安阳,洹堂盖与洹水有关。词首句中"柏台"即御史台。盖词人回忆自己曾在御史台任职之事。《元史·许有壬传》云:"(至治)二年,转江南行台监察御史,行部广东,以贪墨劾罢廉访副使哈只蔡衍。……召拜监察御史。"至治三年,英宗驾崩。其后,许有壬历泰定帝、文宗和顺帝,在朝廷先后担任过不少官职,也曾因朝廷斗争和被人诬陷而两度辞官,直到至正六年(1346),顺帝反复任命欲起用许有壬,使他难以再推辞。然而,"明年(1347)夏,授御史中丞……未几,复以病归。"则至正七年夏,许有壬尚在大都,其时间与该词序所云"六月一日始往一观"不合。故系该词于本年。

5.秋八月某日,安阳。许有壬寿诞。许有孚作《摸鱼子》组词,其引云:

> 至正戊子秋,吾兄中丞公以赐金得康氏废园于相城之西。池埋亭圮,垣塌卉木伐,惟双古桧在庭。徒具畚锸,从事疏凿,池广袤千余步,深一仞,形如桓圭。西椭二洲,东规一岛,带以平堤,缭以周垣,渠于乾艮,以时启闭。台于坤维,高可数丈,西山岩麓,近在目睫,百里之景可揽而有。视亭之罅漏堨葺而户牖之,南为道,中为桥。十一月五日,导水入池,纵鱼数千尾,作乐合宾友落成。将桥于二洲,舫于水,莲于池,柳于堤,果于亭侧,松竹花草于池南,次第而莳植焉。昔人平泉绿野,吾不知其何如。若是园者,亦城西之佳地矣。公杖履,或氅衣,或宫锦,招佳宾,挈子弟,觞咏其间,香山独乐,不是过也。公尝谓池成,当用晁补之《摸鱼

子》首句"买陂塘旋栽杨柳"为乐府。未几,明初马先生(马熙)摭此以为公寿。公欢然,即席和之,命有孚同赋,得二首。池既成,载赓八韵,通为十阕,以成初意,且以为同声唱和张本。公因题之曰《圭塘欸乃》,是池得佳名矣。然园石亭台,命名纪实,则必待公为记焉。

考辨:张翥有诗《寿许集贤可用》,题后自注云:"予同年少七月。"则可知二人同生于元世祖至元二十四年(1287),许有壬小张翥七月,张翥生日为正月二十七日,则可知许有壬生辰月份在八月。又,词引所云,至正八年顺帝赐金给许有壬,后其购康氏庄园之事,为《元史》本传所无,可补许氏生平之缺。引言所谓"同声唱和",不仅指同一词牌和韵脚,还可理解为三人实际上是以祝寿与和寿为名,在组词中抒发了共同的心声。这篇词引,是研究许有壬晚年家居实情的重要文献资料。

6. 八月,安阳。马熙《摸鱼子》十首词序中说法与许有孚的一致。

马熙,字明初,衡州(今湖南省衡阳市)人。他是许有壬、许有孚兄弟的挚友。其《摸鱼子》序云:

> 中执法安阳公(许有壬)初度之辰熙赋乐府为寿,以"买陂塘旋栽杨柳"为首句,为新得园池,成公志也。公洎可行(许有孚)都司各和二首,桢(许有壬之子)和二首。既而可行、董浚筑之役,竣事,复八赓公韵,公亦和之,愈出而愈奇,有本者如是夫。公命熙复赓,而鼯技穷矣,搜枯得九首,并倡为十阕,谨录以呈,优希指教。

7. 八月,安阳。许有壬《摸鱼子》序曰:

> 明初赋摸鱼子寿予,既次其韵,而可行塘成,和之成什,衰病技痒,亦足为十首。

许有壬词序虽简单明了,但与其弟有孚和马熙所写的意思一致。

考辨:本年许氏兄弟、许桢(有壬子)、马熙共作32首大型唱和组词,其首倡为马熙,起自为许有壬祝寿。综观三人词序,马熙序明言,其在许有壬生辰这天,作寿词一首奉赠有壬。而许有壬、许有孚、许桢均当即各和词二首。马熙其后的九首,是在池成之后,奉许有壬之请而作。许有壬词序亦言,是由马熙首倡寿词。此外,据三人词序,许有壬庄园水池竣工之后,即十一月五日后,三人才各自续写完十首之数。也即,许家三人的各八首与马熙的九首《摸鱼子》,作于本年冬。此处只列本月之作,之后三人的唱和词,限于篇幅,不列于此。

8. 农历十月(孟冬),嘉兴。词人吴瓘作《柳梢青》。序云:

　　至正戊子孟冬,竹庄梅已蓓蕾,因赋《柳梢青》词。而明远适来索予作,故写梅就书之。瓘竹庄人。

考辨:《崇祯嘉兴县志》卷14介绍吴瓘生平云:"吴瓘,字莹之,嘉兴人。多藏法书名画,能作槊石墨梅,学杨补之颇有清趣。"①
《光绪重修嘉兴县志》对吴瓘生平的介绍更详细,其云:"隐于魏塘,购竹庄居之,自号竹庄人。善画梅,吴镇尝题曰:'吾乡达竹庄人,得逃禅鼎中。一脔咀之嚼之深有所得写竹外一枝,索拙作继和,余不能追古人万一。自笑东邻之效颦丑矣。其称赏如此。'"②则可知,吴瓘与吴镇是好友,二人都是元顺帝前期的画家兼词人,都曾居于浙江嘉兴魏塘。

9. 十一月,安阳。许有壬、许有孚、许桢、马熙,续作《摸鱼子》,各足十首。

10. 月日不详。王沂在大都送别著名画家王冕,作《御街行·送

---

① 〔明〕黄承昊撰:《崇祯嘉兴县志》(日本藏中国罕见地方志丛刊),北京:书目文献出版社,1991年,第612页。
② 〔清〕江峰青修,顾福仁撰:《光绪重修嘉兴县志》,清光绪二十年刊本。

王君冕二首》。

王沂《御街行·送王君冕二首》创作时间考：

王沂，生卒年不详，字思鲁，先世云中人，后徙河北真定。延祐二年(1315)进士，曾为临淮县尹，至顺三年(1332)，为国史院编修官。元统三年(1335)，为国子学博士。至元六年(1346)，为翰林待制。至正三年起参与修《辽史》《金史》《宋史》，是《辽史》的纂修官，事见《辽史》附录之《进辽史表》①，王沂时为翰林直学士。王沂还是《金史》和《宋史》的总裁官之一，事见《金史》之《进金史表》②，与欧阳玄《圭斋文集》卷十三《进宋史表》③，时任礼部尚书。至正四年十一月《金史》成，至正五年十月《宋史》成。著有《伊滨集》。存词七首。《全金元词》下册中，唐圭璋先生对其生卒年考证不详，只云："至正二年尚转侧兵戈间，计其年当过七十。"④实际上，他至少活到至正八年。考证详述于后。

王沂《御街行·送王君冕二首》，经本人考论，应作于至正八年。《明文海》卷四百四宋濂《王冕》一文乃王冕平生传记，其云：

王冕者，诸暨人。……安阳韩性闻而异之，录为弟子。学遂为通儒。……著作郎李孝光欲荐之为府吏，冕骂曰："吾有田可耕，有书可读，肯朝夕抱案立庭下，备奴使哉？"……冕屡应进士举不中，叹曰："此童子羞为者！吾可溺是哉！"竟弃去。买舟下东吴，渡江入淮楚，历览名山川……慷慨悲吟，人斥为狂奴。北游燕都，馆秘书卿泰不华家。泰不华荐以馆职。冕曰："公诚愚人哉！不满十年，此

---

① 欧阳玄撰《进辽史表》，见《全元文》第34册，卷1089第393页。
② 欧阳玄撰《进金史表》，见《全元文》第34册，卷1089第394页。
③ 欧阳玄撰《进宋史表》，见《全元文》第34册，卷1089第396页。
④ 《全金元词》(下册)，第833页。

中狐兔游矣！何以禄仕为？"①

这段文字中值得注意的有两点：一是"著作郎李孝光欲荐之为府吏"；二是王冕"北游燕都"。

先看第一点。据《元史》卷190《李孝光传》载："李孝光，字季和，温州乐清人。少博学，笃志复古，隐居雁荡山五峰下，四方之士，远来受学，名誉日闻，泰不华以师事之，南行台监察御史阁辞屡荐居馆阁。至正七年，诏征隐士，以秘书监著作郎召，与完者图、执礼哈琅、董立同应诏赴京师，见帝于宣文阁，进《孝经图说》，帝大悦，赐上尊。明年，升文林郎、秘书监丞。"②又据《元史·顺帝本纪四》载："秋七月甲寅，召隐士完者图、执礼哈琅为翰林待制，张枢、董立为翰林修撰，李孝光为著作郎。"③可知，至正七年七月，李孝光应朝廷征隐士诏，从家乡温州乐清县雁荡山出发，到朝廷时任职秘书监著作郎。《王冕》文中所记，正是著作郎李孝光，想要荐举王冕为府吏，却遭到了王冕的斥骂。实际上，李孝光当时只是刚刚入朝为官，对于王冕本是一番好心。而李孝光则是由太平荐举入朝的。

又据《元史·太平传》："举隐士完者笃、执礼哈郎、董立、张枢、李孝光。是时，天下无事，朝廷稽古礼文之典，有坠必举。平生好访问人才，不问南北，必记录于册，至是多进用之。"④

再看第二点。王冕在拒绝了李孝光的推荐后，因为屡应进士而不中，便开始了一段漫游的生涯，最后来到大都，住在李孝光的学生泰不华家。至正八年三月，大都举行了进士考试。王冕所在的江浙乡试应在前一年。故其漫游应始于至正七年秋冬时分。而泰不华至正九年已离开大都外任江东廉访使，不久又出为都水庸田使（见《元

---

① 〔清〕黄宗羲编：《明文海》（第4册），北京：中华书局，1987年影印本，第4207—4208页。
② 〔明〕宋濂等撰：《元史》，卷190第4348页。
③ 〔明〕宋濂等撰：《元史》，卷41第878页。
④ 〔明〕宋濂等撰：《元史》，卷140第3367—3368页。

史》卷143《泰不华传》)。故我认为王沂送别王冕的两首词,应该作于至正八年。杨镰先生的《元代文学编年史》,把王冕北游燕都一事也系于至正八年,但无考证。

11.安阳。许有壬《鹊桥仙》:心闲胜贵,身闲胜富。已往而今始悟。来言精力未宜闲,此俗子、便宜推去。　秋风鸡黍,春山杖屦。尽是幽人乐处。尽教须鬓雪飘萧,总不碍、衔杯琢句。

考辨:词中的核心思想是:"心闲胜贵,身闲胜富",与至正八年许氏兄弟、父子所写《摸鱼子》组词中对"闲官"的认识一致,如许有壬《摸鱼子》其二所云"闲官宜治闲务"。该词内容则写老迈之乡居生活,当作于安阳无疑。故该词当作于至正八年,或九年。

12.李孝光《水龙吟》:倚阑遥见江南,狒狸前度愁风雨。英雄安在,龙颠虎倒,空悲朝露。落日荒宫,北风过雁,奈何蹄伫。见行人指点,战场犹说,三城下,西州路。　有客登高长啸,访诸君、旧游无处。麒麟何物,累累谁者,消沉千古。北海人豪,骆驼坡下,而今黄土。算无过何逊风流,便拟赋,官梅去。

考辨:据词中首二句意思,盖指浙江台州方国珍造反事。此外,该词借历史上的乱世英雄,表达了深浓的伤时感世之意,同时也表达了淡看世事和自我珍视保重的心境。词中充满了一种对国家未来的忧虑之情。李孝光卒于至正十年,故系该词于至正八年,且存疑。

至正九年(己丑,1349)

本年四月,顺帝命脱脱为太傅,提调宫傅,综理东宫之事。随后,脱脱再次被任命为中书右丞相,兼任太傅,顺帝"赐上尊、名马、袭衣、玉带。脱脱既复入中书,恩怨无不报。时开端本堂,皇太子学于其中,命脱脱领端本堂事"。[①] 脱脱尽管被公认为一代贤相,但其因气

---

① 〔明〕宋濂等撰:《元史·脱脱传》,卷138第3344页。

量小而造成的报复行为,为他再次主政埋下了隐患,致使后来他被哈麻等诬陷,竟无人为其鸣冤辩解。

本年秋,张翥奉命由大都前往闽浙沿海一带代祀天妃庙。许有壬在安阳圭塘别墅。

秋,词人梁寅在金陵。其《崔照磨审狱诗后序》云:"南台掾崔君文翼前为江西宪司照磨,常代其上官审郡县狱,能持法平允,宅心忠恕,驱驰朝夕,不避烦苦。……至正九年秋,寅始识君于金陵。既而君俾其婿陶温受经于寅。"①

1. 四月,福建南平。张翥作《花心动·剑浦有感》。

考辨:从词题可知,该词作于词人在福建祀庙时。剑浦,今福建南平。其中所提"禁烟时节",暗示该词的创作时间为本年四月清明前后。

张翥《寄题玉山诗》序云:

> 至正九年秋,海道粮舶毕达京师,皇上嘉天妃之灵,封香命祀。中书以翥载直省舍人彰实,遍礼祠所。卒事于漳,还次泉南,卧疾度岁。乃仲春至杭,遂以驿符送上官,而往卜山于武康,克襄先藏。秋过吴门,顾君仲瑛留(宴)燕,草堂之宾客十有二人,分题昆墅诸景。诗皆十韵,尽欢而别。舟中笔砚少暇,因叙事述怀,累成百韵。语繁则易疵,聊以记行役耳。录寄仲瑛洎席上诸君子,他日或游昆墅,当为一亭一馆赋之也。②

据此可知,至正九年秋张翥奉命出京,前往闽浙一带代祀天妃庙,该词应作于此时。

---

① 《全元文》第49册,卷1510第412页。
② 〔元〕顾瑛辑,杨镰、叶爱欣整理:《玉山名胜集》(上册),北京:中华书局,2008年,第8页。

此外,张翥《蜕庵集》卷二诗有《代祀媚洲天妃庙次直沽》和《发漳州》;卷三有《媚洲屿》;[①]诸诗都能证明张翥本年这次出行。以下二词,也作于这段时间。

2. 张翥《鹧鸪天·赠泉南琵琶妓》。题目中"泉南"二字,指福建泉州。姑系于此。

3. 六月,安阳。许有壬次韵许有孚词,作《南乡子·次可行韵二首》。

其一:薄宦苦营营。半世长亭复短亭。一旦结茅当叠嶂,云屏。朝暮阴晴几样青。　浊酒瓦盆盛。农父无才却有情。好雨知时公到此,安宁。话到盆空月满庭。

其二:小隐远民廛。草舍三间柳作椽。围绕佳城才二顷,山田。便觉胸中绰绰然。　世态自争妍。老我壶觞业自专。地阔天宽容醉舞,回旋。又似偷闲学少年。

考辨:《南乡子》二首收入《圭塘欸乃集》,此集为辑录至正八年许有壬安阳圭塘别墅建成后许氏一门与马熙的唱和集,至正十年由周伯琦作序。其一提到"好雨知时",与至正九年安阳大旱后及时雨之事相符,见许有孚《叔和桢韵并序》(《圭塘欸乃集》)所记。该序云:

> 至正己丑岁,相城春夏不雨,旱既甚,六月廿九日始雨,入夜沾足。吾兄乘桴与挈婿侄来圭塘,纵观乐甚,犹子桢具馔且有诗。兄谓有孚曰:"诗虽不高。其意可取。"遂走笔答之,有孚亦技痒弗禁,依韵得四首,兄载赓之,桢亦自和,共八章。觞咏间作,于荷声树色中,不谓此身之在尘世也。时东平孟彦超来尹安阳,方走神祠,致恳祷,甘澍适应,尤可喜也。故并及之。

由序可知,至正九年安阳春夏两季都发生干旱,直到六月底才降

---

① 〔元〕张翥撰:《蜕庵集》,《文渊阁四库全书》第1215册。

雨。许氏一门喜之而赋诗以纪。则《南乡子》所云"好雨知时公到此"恰与诗序相合,"公"即指安阳县令孟彦超。故许有孚《南乡子》二首当作于本年六月底。

4. 七月十九日,安阳。许有壬作《太常引·七月十九日赋》四首。

其一云:圭塘种藕已多时。贴水晓星稀。生意一朝回。便万柄、红酣绿敧。　　连宵骤雨,透空繁响,清绝不容诗。对境写襟期。要无愧、鸱夷子皮。

其二云:幽人早起赴池亭。初日照娉婷。风盖露珠倾。又胜似、前时雨声。　　水沉乡里,锦云深处,双桧插天青。一叶钓舟轻。似野渡、无人自横。

考辨:许有壬四首《太常引》,见《四库》所收《圭塘欸乃集》卷上。其一、其二的内容,与许有孚《叔和桢韵并序》所记至正九年安阳大旱后始雨的内容一致。故系于本年。同理,以下许有孚与许桢的和词均应作于本年。

许有孚和《太常引》四首其一:藕花无数半开时。池上客来稀。杖屦独徘徊。忽翠盖、因风尽敧。　　天工妆景,水神输供,陶写费新诗。身外杳难期。笑士价、才堪五皮。

许桢和《太常引》四首其一云:池亭荷净纳凉时。四面柳依稀。棹得酒船回。看风里、纱巾半敧。　　残霞照水,夕阳明树,天付画中诗。应不负归期。更谁看、桃花面皮。

5. 中秋节,许有壬作《水龙吟·己丑中秋用韵》。其云:一生白浪红尘,得归才见乾坤阔。三升无分,如何料理,文园消渴。衰病禁持,不教杖屦,经丘寻壑。记平生怀抱,曾逢恶处,都不似、今年恶。
见说圭塘如旧,赖山英、好看猿鹤。梦中斗室,蠹残图史,尘凝铛杓。蟾桂香多,莫将长笛,等闲吹落。问嫦娥,我辈何时还又,享清平乐。

考辨:据词中"见说圭塘如旧"一句看,本年许有壬似乎离开了安阳及其圭塘别墅。而据《元史》及许有壬《圭塘欸乃集》相关词作所提供的迹象看,至正九年,有壬应在安阳圭塘别墅与兄弟儿子及词友马熙觞咏唱和。但词人却云,"记平生怀抱,曾逢恶处,都不似、今年恶"。情怀可谓恶劣至极。现已无法考知其所指。故可以推想,词题所注"己丑",可能为传抄之讹。至正九年后,至正十九年的甲子为"己亥",二十一年为"辛丑",均容易与"己丑"混淆。且存疑。

6. 月日不详,安阳。许有壬作《渔家傲·歌圭塘四时四首》。其一云:冰尽泉香云缥缈。韶华隐隐浮林杪。酒在葫芦鱼在沼。清昼悄。好音时复来黄鸟。　　管领风光心未老。衰颜却怕清波照。有酒可斟鱼可钓。能事了。东风一曲渔家傲。

考辨:该四首词收入《圭塘欸乃集》卷上。许有壬圭塘别墅成于至正八年秋,故若要咏歌圭塘四季之景,必在至正九年,因至正十年《圭塘欸乃集》已由许有孚编辑成集。

7. 安阳。许有孚和韵许有壬《渔家傲》词四首。其一云:莫讶圭塘春缥缈。要知生意从冬杪。柳动长堤冰泮沼。庭院悄。旧巢又见来玄鸟。　　九十韶华容易老。镜中勋业惭频照。招饮便须忙罢钓。休醉了。东君要听渔家傲。

8. 安阳。许桢次韵其父许有壬《渔家傲》四首。其一云:青入西山烟渺渺。天机只在菰蒲杪。风解冰澌融小沼。人静悄。一声何处啼山鸟。　　杖策寻芳逢野老。草芽柳眼明残照。归到圭塘还独钓。心事了。箫声暖和渔家傲。

至正十年(庚寅,1350)

本年是脱脱再主政后,元朝面临兴衰之运,做出重大抉择的一年。四月,左司都事武祺建言更改钞法。十月,"吏部尚书偰哲笃建言更造至正交钞,脱脱信之,诏集枢密院、御史台、翰林、集贤院诸臣议之,皆唯唯而已,独祭酒吕思诚言其不可,脱脱不悦。既而终变钞法,而钞竟不行"。① 唯一反对变钞的国子监祭酒吕思诚被外放为湖广行省左丞。这次更改钞法,成为脱脱再任右相后犯的首要错误。加上次年开黄河故道,百姓苦不堪言。这两件大事最终成为导致元末韩山童等农民大起义的导火线。

孔齐《至正直记》"楮币之患"详细地记载了当时"变钞"的情况:

> 至正壬辰,天下大乱,钞法颇艰。癸巳(1353),又艰涩。至于乙未(1355)年,将绝于用,遂有"观音钞、画钞、折腰钞、波钞、熝不烂"之说。……丙申(1356),绝不用,交易惟用铜钱耳。钱之弊亦甚。官使百文,民用八十文,或六十文,或四十文,吴、越各不同。至于湖州、嘉兴,每贯仍旧百文,平江五十四文,杭州二十文,今四明漕至六十文。所以法不归一,民不能便也。且钱之小者、薄者,易失坏。愈久愈减耳……②

本年,黄河又发水患,使百姓饱受其苦。《元史·脱脱传》记曰:

> 河决白茅堤,又决金堤,蔓延数千里,民被其患,五年不能塞。脱脱用贾鲁计请塞之,以身任其事。出告群臣……当时人人异论,皆不听。乃奏以贾鲁为工部尚书,总治河防,使发河南北兵民十七万役之,筑决堤成,使复故道。③

本年正月,张翥在福建度过生日并赋词,月底返程,二月路经杭州(仲春至杭)、苏州。在杭州时,张翥至武康(今属杭州德清县,元时属湖州路)预置新墓。在苏州时,其被顾瑛邀请至玉山草堂,与在座诸诗人唱和,后翥作诗相赠。其《寄题玉山诗》序云:"仲春至杭,遂以

---

① 〔明〕宋濂等撰:《元史·脱脱传》,卷138第3345页。
② 〔元〕孔齐撰,庄敏、顾新点校:《静斋至正直记》(宋元笔记丛书),上海:上海古籍出版社,1987年,第25页。
③ 〔明〕宋濂等撰:《元史·脱脱传》,卷138第3345页。

驿符送上官,而往卜山于武康,克襄先藏。秋过吴门,顾君仲瑛留(宴)燕,草堂之宾客十有二人,分题昆墅诸景。"岁暮,张翥抵大都。

本年,许有壬在安阳。正月,作元宵词;秋,许有壬寿辰时与弟有孚以词唱和。许有壬词友马熙在大都,见许有壬子许桢出示的《圭塘欸乃集》,又分别补和许有壬《太常引》和《渔家傲》各四首,附于集后。

腊月二十二日,顾瑛在玉山草堂之雪巢宴客,参与者有:桐花道人吴国良、清癯生陈维允、石岩、郯韶。众人听吴国良奏《清平乐》,并作词唱和。

十二月,倪瓒和陶宗仪至顾瑛玉山草堂,访云栖子。倪瓒作词以记。

1. 正月十六日,安阳。许有壬作《满庭芳·庚寅正月十六日夜,独酌戏成》。这本是一首元宵词,但词人完全没有写到与节日相关的景象,而旨在抒发自己身在"林泉"的"忘形适意"之乐。

2. 正月二十七日,福建泉南。张翥在福建度过64岁生日,作《沁园春》,序云:

> 泉南初度,伯时将北归,诸友宴次,赋此留别。

词云:天上玉堂,海外瀛洲,山中蜕岩。甚六十四岁,出持使节,八千余里,来驻征骖。香火缘深,功名意薄,梦觉仙家雪满簪。桐花社,喜酒边莺燕,诗外云岚。　　锦堂容我清酣。拥画烛、金钩手屡探。怪朗吟御史,笑回红粉,送归司马,泪湿青衫。蜀魄春多,塞鸿秋远,无限离情老不堪。空留意,在水光山色,江北江南。

考辨:词人生日在正月二十七日,词序云"泉南初度",即在泉南度过生日。词中又云"甚六十四岁",则可知本年张翥64岁。而其生年为世祖至元二十四年(1287),下推,即可知该词作于本年正月。又,前一年秋张翥奉旨赴闽浙沿海一带代祀各处天妃庙。祀毕,归途中患病,在泉南修养度岁。事见张翥上年所作《寄题玉山诗》:"至正九年秋……卒事于漳,还次泉南,卧疾度岁……"

3.二月十六日,河南宪佥白云山翁与田文焕,追和至正五年兀颜思忠《水调歌头》,各作一首。

4.张翥至杭州,作《木兰花慢·题红犀扇面》。其云:记西湖送别,曾共绾,绿杨丝。怅水去云回,佳期杳渺,远梦参差。重来访邻寻里,爱卿卿、不减旧风姿。不着银筝清怨,难题纨扇相思。　暗香销尽合欢枝。留在锦囊诗。又越北闽南,秋随雁影,花老莺儿。应缘采春情重,便鉴湖、春色恋微之。扶起晓窗残醉,潮平月落多时。

考辨:就词内容而言,词人回忆了其在西湖与歌妓红犀的一段情事。上片"重来访邻寻里",虽为化用清真词句,也意在暗示这是一首旧地重游之词。结合下片之"越北闽南",可知,张翥其时奉命出使闽南归来,重访佳人。故系于此。关于张翥情词及情事的考索,见本书下篇第一章第二节。

5.六月十八日,安阳。许有壬作《太常引·六月十八日喜雨,酒间应口,和不肖韵》:荷盘蕉扇久无声。笑祈祷、果难凭。倚槛看云停。问谁把、天瓢遽倾。　玄功不宰、太平有象,礧磈一时平。老我问阴晴。笑尚为、苍生有情。

考辨:该词原收入《圭塘小稿》别集卷上,为许有壬生前自编。"不肖"指许有壬儿子许桢。词中既云"玄功不宰、太平有象,礧磈一时平",则其时盖未爆发红巾军起义。当作于至正十一年前,许桢伺其父于安阳圭塘别墅时。又,马熙《圭塘补和序》云:"欸乃既歌(成于至正九年,十年七月十六日周伯琦为之作序)之明年(至正十年),熙如京师,可行(许有孚)洎桢日侍安阳公,觞咏圭塘,更唱迭和,诗词凡二百四十有九。又明年(至正十一年),桢来京师,熙始得伏读全集……"①据此可知,至正十一年,许桢已至大都。如此,则该词应作于至正十年六月。

6.八月十九日,苏州。张翥作《江神子·吴门席上,罗生求赋》:

---

① 《全元文》56册,卷1700第128—129页。

阛阓城外绿杨枝。一丝丝。比吟髭。比似吟髭,不似少年时。剩欲同携尊酒去,青翰舫,缕金卮。　　故人相见减风姿。淡胭脂。比红儿。比似红儿,扶醉索新诗。明日片帆江水远,人去也,又相思。

考辨:本年二月,张翥路经杭州,八月十五日至苏州,作《中秋望亭驿对月,代祀北还》。据洪武《苏州府志》卷8①,望亭驿位于苏州城北五十里的位置。八月十九日,张翥与郑元祐、于立、李元珪、郯韶、释福初、华翥、释良琦等共十三人聚于玉山草堂唱和,后在归途舟中作《寄题玉山诗》,十月十五日寄顾瑛。舟至毗陵时另有五言一首。按:张翥一生至少两次至苏州,第一次可能在元统初年,其在吴门写给柯九思的词可证。第二次即在至正十年由福建返回大都时。故系该词于本年。

7.中秋节,安阳。许有壬在圭塘别墅赏月并赋词。其《绿头鸭·八月十四日,圭塘玩月》云:广寒宫。秋期明日方中。叹阴晴、自来无定,何如今夕从容。棹兰舟、乱穿波月,斟玉斝、清带荷风。身世难期,欢娱易失,名言千载记坡公。公曾道,凉天佳月,何必限春冬。况复有,西宾共载,仙季相从。　　笑疏狂、兴来无尽,舣舟更策吟筇。任诸君、班荆藉草,环四岸、度竹穿松。飞上崇台,放开老眼,冰轮谁遣却朦胧。多应是嫦娥见妒,胜事不教穷。天知我,须臾风起,万里云空。

考辨:圭塘别墅建成于至正八年秋,词中提到"西宾共载,仙季相从",又云"任诸君、班荆藉草",则该词可能作于至正九年中秋。彼时,许氏一门与马熙常在圭塘觞咏唱和。但该词没有被收入成书于至正九年的《圭塘欸乃集》,则其可能作于至正九年后。故系于此。

8.十二月二十二日,江苏昆山。吴国良来访顾瑛玉山草堂,众人雅集雪巢,焚香烹茶听琴,以《清平乐》唱和。石岩首唱,顾瑛与郯韶和韵。并录于下。

---

① 〔明〕卢熊纂修:《洪武苏州府志》,明洪武十二年刊本,中国地方志江苏省苏州市。

顾瑛《清平乐·题桐花道人卷》序云：

> 桐花道人吴国良雪中自云林来，持所制桐花烟见遗。留玉山中数日，今日始晴，相与同坐雪巢，以铜博山，焚古龙涎，酌雪水，烹藤茶，出万壑雷琴，听清癯生陈维允弹石泉流水调，道人复以碧玉箫作清平乐，虚室生白，尘影不动，清思不能已已。道人出所携卷索和民瞻石先生所制《清平乐》词，予遂以紫玉池试想花烟，书以赠之，且邀座客郯云台同和，时至正十年腊月二十二日也。

词云：凤箫声度。十二瑶台暮。开遍琼花千万树。才入谢家诗句。　　仙人酌我流霞。梦中知在谁家。酒醒休扶上马，为君一洗筝琶。

9. 十二月二十二日，昆山。石岩作《清平乐·题桐花道人吴国良卷》。石岩，字民瞻，京口人。官县尹。玉山草堂座上常客。

10. 十二月二十二日，昆山。郯韶作《清平乐》。郯韶，字九成，吴兴人。至正中，尝辟试漕府掾，自号云台散史。玉山草堂座上常客，与当时名士多有交往。

11. 十二月某日，张翥由苏、杭返大都后，作《陌上花·使归闽浙，岁暮有怀》。其云：关山梦里，归来还又、岁华催晚。马影鸡声，谙尽倦邮荒馆。绿笺密记多情事，一看一回肠断。待殷勤寄与，旧游莺燕，水流云散。　　满罗衫是酒，香痕凝处，唾碧啼红相半。只恐梅花，瘦倚夜寒谁暖。不成便没相逢日，重整钗鸾筝雁。但何郎，纵有春风词笔，病怀浑懒。

考辨：题曰"岁暮"，则作于本年十二月。结合张翥《木兰花慢·题红犀扇面》内容来看，该词实为词人忆念西湖情事所作，词中继承了白石词用梅花写情人形象的传统，托意明显。

12. 十二月，大都。张翥作《苏武慢·对雪》。

13. 十二月，大都。张翥作《苏武慢·岁晚再雪，仍用前韵》。

考辨:张翥这两首咏雪词,都应作于本年使闽回大都之后。其《苏武慢·岁晚再雪,仍用前韵》云:"萍梗孤踪,幻影浮生,万里喜还闽海。但囊中留得,诗篇烂写,水情山态。真比似、一个冥鸿,南来北去,阅尽几重关塞。"两首词为同词牌,同韵脚。从词题可知,《苏武慢·岁晚再雪,仍用前韵》次韵的是词人"对雪"一词。从内容看,该词提到"万里喜还闽海",则作于至正十年张翥返京后无疑。

14. 十二月,昆山。倪瓒作《定风波·题画梅》。其后注云:

> 庚寅腊月,同天台陶九成访云栖子于玉山草堂,是日微雪着红梅上……

15. 月日不详,马熙在大都,见许桢出示的《圭塘欸乃集》,遂兴起,补和许有壬的《太常引》《渔家傲》各四首(兹不赘列)。①

考辨:该本事详见马熙《圭塘补和序》与元周伯琦《圭塘欸乃集序》。马熙《圭塘补和序》是有关《圭塘欸乃集》成集过程的重要资料。其云:

> 欸乃既歌之明年(至正十年),熙如京师,可行洎桢日侍安阳公,觞咏圭塘,更唱迭和,诗词凡二百四十有九。又明年(十一年),桢来京师,熙始得伏读全集,大篇云行,短章泉流,无非乐日用之常,而忧国忧民之实,亦未尝不默寓其间也。桢闻诗趋庭,日有新益,而熙乃以抗尘走俗,不得与于斯文,愧可胜言耶!然可行序引,有张本同声之说,固欲援之入社,今虽未至,未必峻拒之也。于是忘其芜陋,勉强补和,得诗七十八、词八,录次左方,惟二先生进而教之。②

据此可知,马熙约在至正九年离开安阳圭塘别墅,前往大都。后

---

① 参见《全金元词》(下册),第 994—995 页。
② 《全元文》第 56 册,卷 1700 第 128—129 页。

许桢携《圭塘欸乃集》至大都,使马熙得以遍览其与许氏一门在圭塘唱和的全集,于是又补和诗 78 首、词 8 首,录于该集之后。此后,目前资料显示,未见许有壬与马熙再有同游与唱和之事。《圭塘欸乃集》成于至正九年,十年七月十六日周伯琦为之作序。周伯琦《圭塘欸乃集序》云:

> 圭塘欸乃者,御史中丞安阳许公与其季氏都司君可行(许有孚)、其客马君明初(马熙)、及公之冢嗣国子上舍生桢(许桢),闲居倡和之什也。公谢事归相城,于其第之西二里,得康氏废园,薙灌莽划,榴翳廓然一新。既又凿池其中,衰广以步计者,千余深八尺,形如桓圭。……时杖履携弟若子,会宾友觞咏其间,以池之占胜居多,故以圭塘名。而此唱彼和,宫商递宣,少长同欢,主宾相忘,一草一木,品题不遗,故名其篇集曰《欸乃》,若渔歌互答,然亦谦辞也。都司君遂自为引,裒为巨帙,或传至京师,伯琦得而尽阅之。……伯琦从公游非一日,辱知最深,故于圭塘之咏,推本而言之,使知公者,求公于乐山乐水之间,而不可与流连光景、忘世徇情者论也。谨书于欸乃篇什之端,以见安阳公一门文物之盛。至正十年岁在庚寅七月既望鄱阳周伯琦叙。

从序中可知,《圭塘欸乃集》是许氏一门及门客马熙在许有孚圭塘别墅的唱和集,由许有孚(即"都司君")编成,后被许桢带到大都。周伯琦阅后,在至正十年七月十六写下该序。故知该集被传至京师的时间在至正十年。而马熙补和许有壬的《太常引》《渔家傲》共 8 首词亦作于本年。

至正十一年(辛卯,1351)

本年四月,为治理黄河河患,在脱脱的支持下,工部尚书贾鲁带领十七万兵民开始疏通黄河故道。共历时八月而成。《元史·河渠志三》对此记载颇详细。有关开黄河故道之事,《顺帝本纪五》和《元史·脱脱传》中也都有相同记载。

五月,爆发了红巾军大起义,局势越演越烈。据《元史·顺帝本纪五》,开河之初,韩山童等预先凿好一只眼的石人,开河道埋之,以"石人一只眼,挑动黄河天下反"为谶语,"倡言天下大乱,弥勒佛下生,河南及江淮愚民皆翕然信之"。是年五月,就在刚刚开凿黄河故道之后,刘福通就以红巾为号开始造反,起义军很快攻陷颍州(今安徽阜阳)。开河后,元天下很快陷入了由红巾军起义带来的长期动乱和分裂。八月,萧县李二(号芝麻李)、彭早住、赵君用等,以烧香聚众为名义,也揭竿而起,继而攻陷徐州,后发展为十余万人。同时起义的,还有湖北徐寿辉等,并攻陷了蕲水县及黄州路。九月,刘福通的军队已发展到十万人。

叶子奇《草木子》卷三"克谨篇"对当时各路起义军有较详细记载。

本年,许有壬在安阳。时逢生日,弟有孚为其设宴祝寿并即席赋词,许有壬亦即席次韵弟词。

秋,张翥与危素同迁太常博士。据乃贤《金台集》卷2《张仲举危太朴二翰林同擢太常博士》[①],知翥与危素同迁。又据《文宪集》卷18《故翰林侍讲学士中顺大夫知制诰同修国史危公新墓碑铭》,可知危素"十一年,迁儒林郎、太常博士"[②]。

1. 八月,安阳。许有壬生日,作《千秋岁·即席次可行见寿乐府韵》:谀人称好。何似归来早。营五亩,如三岛。深杯江海浅,老眼乾

---

① 〔元〕乃贤撰:《金台集》,《文渊阁四库全书》第1215册,第303页。
② 〔明〕宋濂撰:《文宪集》,《文渊阁四库全书》第1223册。

坤小。松竹在,肯教老圃秋容老。　　方外多真趣,池上宜清晓。随里社,游乡校。逢场皆可乐,得句惟供笑。吾有政,考功不校闲官考。

考辨:词写乡居生活,即"归来早"与"闲官"之意,当作于安阳。据"归来早"一语,可排除该词为许有壬七十岁致仕之年(至正十七年)所作。时当秋季许有壬寿辰。而"池上宜清晓"之"池",应指至正八年许有壬所建圭塘别墅中"形如桓圭"之池,后命名为"圭塘"。至正十年七月十五,周伯琦作《圭塘欸乃集序》云:"公既甚爱之,时杖履携弟若子,会宾友觞咏其间,以池之占胜居多,故以圭塘名。而此唱彼和,宫商递宣,少长同欢,主宾相忘,一草一木,品题不遗,故名其篇集曰《欸乃》,若渔歌互答,然亦谦辞也。"[1]又,该词未收入圭塘建成后所作《圭塘欸乃集》,加之至正十年秋,许有壬生日,许有孚已作寿词,许有壬并即席而和,见其《水调歌头·庚寅秋,即席次可行见寿韵》。而至正十三年初,许有壬已去汴梁任河南行省左丞。故该词或作于至正十一年秋,或至正十二年秋。姑系于本年。

2. 月日不详。张翥作《沁园春·读白太素天籁集,戏用韵效其体》:客汝知乎,载酒轻舟,看花小车。胜炎州出使,瘴浮征旆,禁门待漏,霜满朝靴。岁去堂堂,老来冉冉,瓶雀飞时手怎遮。平生事,叹山林迹远,霄汉程赊。　　从渠梦蝶疑蛇。得放懒、还须自在些。甚天荒地老,铜台歌舞,水流云在,金谷豪奢。客问先生,归宜早计,醉后之言可信耶。鸥盟在,任渔蓑江上,雨细风斜。

考辨:细味词人所云个人经历,尤其"炎州出使,瘴浮征旆"这两句,显然指张翥至正九年秋奉命出使福建祭祀天妃庙之事,而"禁门待漏,霜满朝靴",则暗示张翥已出使归来,又开始了在朝生活。故该词应作于大都。考虑到词中提及其出使福建事,词人尚记忆犹新,此事距该词创作时间应不远,姑系该词于本年。

---

[1] 〔元〕许有壬撰:《圭塘欸乃集》,《文渊阁四库全书》第1366册。

至正十二年（壬辰，1352）

一月至四月间，徐寿辉相继陷湖广、江西等地，三月方国珍复乱。闰三月，红巾军周伯颜陷道州。六月大名路水旱虫蝗，大饥。七月初十，杭州陷于红巾军。《南村辍耕录·女奴义烈》云："至正壬辰秋七月初十日，寇陷杭，劫官民府库。"①本年，"芝麻李"率领的红巾军占据徐州。

据《元史·顺帝本纪五》，脱脱于是年七月请求亲自带兵讨伐芝麻李。八月脱脱出征时，张翥赋诗《送太傅丞相出师平徐方》送别脱脱②，盼其捷报早传。九月，脱脱复徐州，诏加太师，仍为右丞相，班师还京。顺帝下诏改徐州为武安州，立碑以表彰脱脱的战绩。

本年江西籍词人刘炳在汴梁。九月，顾瑛在昆山玉山别墅之金粟影亭举办了一次雅集，参与者有桂天香（女艺人）、袁华、于立、岳瑜、陆仁、张逊。六人均赋《水调歌头》。画家词人吴镇在嘉兴武塘慈云僧舍作题画词16首。

1. 春，汴梁。词人刘炳作《虞美人·汴梁怀古，壬辰年作》：春风芳草梁园路。玉辇今何处。香销珠翠旧妆楼。惟有胭脂井畔水东流。　伤心太液池头月。清影圆还缺。万年枝上野花开。肠断年年不见翠华来。

词题标明作于本年。词人借怀古抒发了对国事的忧虑之情。从"春风"句看，当作于是年春天。

刘炳，字彦昺，生卒年不详，鄱阳人。洪武初授中书博士。有《鄱阳集》及《刘彦昺集》。存词19首。从刘炳现存词作内容看，其应是元末明初词人。现被收入《全明词》第一册。

2. 九月某日，昆山。顾瑛在其玉山别墅之金粟影亭，宴请友人袁华、于立、岳瑜、陆仁、张逊。适逢钱塘桂天香到会，其人有林下之风。

---

① 〔元〕陶宗仪撰：《南村辍耕录》，卷11第136页。
② 〔元〕张翥撰：《蜕庵集》卷4，《文渊阁四库全书》第1215册。

顾瑛在内六人,遂以桂花再开和赞美桂氏为内容,均赋《水调歌头》词以记。袁华《天香词序》可证。存词6首。

袁华《天香词序》云:

> 至正龙集壬辰之九月,玉山主人宴客于金粟影亭。时天宇澄穆,丹桂再花。水光与月色相荡,芳香共逸思俱飘,众客饮酒乐甚。适钱塘桂天香氏来,靓妆素服,有林下风。遂歌淮南招隐之词。玉山于是执盏起而言曰:"夫桂盛于秋,不凋于冬,又不与桃李竞秀。或者以为月中所植,信有之矣。今桂再花,天香氏至。岂非诸君子蹑云梯占鳌头之征乎?请为我赋之。"汝阳袁华子英乃口占《水调》,俾歌以复,主人率座客咸赋焉。词成者六人。①

兹录袁华《水调歌头》如下:山横黛眉浅,云拥髻鬟愁。天香笑携满袖,曾向广寒游。素腕光摇宝钏,金缕声停象板,歌罢不胜秋。十指露春笋,佯整玉搔头。　　记钱塘,朝载酒,夜藏钩。青衫断肠司马,消减旧风流。三百六桥春色,二十四番花信,重会在苏州。水调按新曲,明月照高楼。

3. 九月二十一日,吴镇在嘉兴武塘慈云僧舍,作组词《渔父》十六首。

考辨:该组词题目,清卞永誉撰《式古堂书画汇考》卷49"画十九"记为"梅道人临荆浩渔父图并题词卷"。②《全金元词》下册则为"临荆浩渔父图十六首",出处引自《珊瑚网》"名画题跋"卷九。③ 经比较,两书所载该组词在内容上无差异,但是,《珊瑚网》没有注明创作时间,《式古堂书画汇考》则在该组词后载吴镇自注:

---

① 〔元〕顾瑛辑,杨镰、叶爱欣整理:《玉山名胜集》(上下册),第256—257页。
② 〔清〕卞永誉撰:《式古堂书画汇考》,北京:国家图书馆出版社,2013年。
③ 《全金元词》(下册),第938页。

余昔喜关仝山水,清劲可爱,原其所以,出于荆浩笔法。后见荆浩画唐人渔父图,有如此制作,遂仿而为一轴。流散而去,今复见之,乃知物有会遇时也。一日,维中持此卷来命识之,吁!昔之画,今之题,殆十余几年矣!流光易迈,悲夫!至正十二年壬辰九月廿一日,梅花道人书于武塘慈云之僧舍。

从吴镇《渔父》词后自注内容看,《式古堂书画汇考》所标明的创作时间是真实、可信的。

至正十三年(癸巳,1353)

本年三月,顺帝命脱脱领大司农司。脱脱采用左丞乌古孙良桢、右丞悟良哈台的建议,屯田京畿,以二人兼大司农卿,而脱脱领大司农事。"西至西山,东至迁民镇,南至保定、河间,北至檀、顺州,皆引水利,立法佃种,岁乃大稔。"① 脱脱非常重视农事,屯田京畿的做法,具有长远的战略眼光,后来大都周围被义军占领后,从江南张士诚、方国珍处输送粮食的途径也断绝了,幸好有京都本地所供粮食赖以生存。

本年张翥在大都,许有壬在河南汴梁(今开封)任行省左丞并赋词。邵亨贞避难江浙一带,行踪不定。秋,词人杨琢在休宁,倡导并率领亲友,捐献钱谷,重新修建乡里被红巾军毁坏的昭宗烈行祠,并作词以记。

关于许有壬于本年被朝廷起用之事,详见《元史·许有壬传》:"十二年,盗起河南,声撼河朔间,有壬画备御之策十五条,以授郡将,民借以安。十三年,起拜河南行省左丞。……十五年,迁集贤大学士,寻改枢密副使,复拜中书左丞。……转集贤大学士,兼太子左谕

---

① 〔明〕宋濂等撰:《元史·脱脱传》,卷138 第3346页。

德,阶至光禄大夫。……十七年,以老病,力乞致其事,久之始得请,给俸赐以终其身。"①

1. 秋,杨琢在休宁,作《玉楼春》。序云:

> 里有昭宗烈行祠,遭红贼所毁。水旱失所祈祷。于癸巳岁秋,愚为倡率亲友,捐之金谷,取都料朱森甫行墨,命工以复兴焉。于其行也,作此词以赠之。

词序标明作于本年秋。从词人对红巾军之"红贼"一称来看,其政治立场和态度是在元廷一边的。因为战争总会造成破坏,故词人对起义军怀着敌视和仇恨的情绪。

杨琢,字季成,自号放鹤翁,生卒年不详。休宁人。元时隐居不仕,明初任休宁县儒学教谕。有《心远楼遗稿》。存词7首。

2. 本年,许有壬在汴梁。作《念奴娇·汴中见寄》。

考辨:从词题看,当作于许有壬汴梁任上无疑。其词下片云:"梦想洹上池台,五年放浪,延赏无虚席。底事夷山丞节镇,扰扰尘埃朱墨。杰句才悭,深杯量减,况敢论勋业。嫦娥应道,老当归去时节。"词人借向往月宫生活之自由,而抒发了对乡居"放浪"生活的深切怀念,"洹上"当指其家乡安阳的洹水。从至正八年到至正十二年退居安阳,许有壬在圭塘别墅度过了五年优游觞咏的生活。据"底事夷山丞节镇"一句看,应指由于"十二年,盗起河南"(许有壬本传),词人在至正十三年被朝廷重新起用任河南行省左丞之事。而至正十五年春,许有壬奉诏回京升任集贤大学士。则该词定作于至正十三年或十四年。仔细体味词意,当为词人初到汴梁所作,故系于本年。

至正十四年(甲午,1354)

二月,廷试进士六十二人。本年最重要的事件是脱脱百万大军

---

① 《元史·许有壬传》,卷182第4203页。

与高邮张士诚起义军之战。

  本年,张士诚占据高邮,朝廷屡招谕而不降。顺帝即令脱脱总制诸王诸省军讨伐。当时西域、西番均发兵相助,队伍中还有高丽、回民组成的义丁军,军队总人数超过百万。《脱脱传》载其出师盛况为"旌旗累千里,金鼓震野,出师之盛,未有过之者"。① 十一月,脱脱大军到高邮,此后"连战皆捷"。张士诚军情势十分窘迫。就在决战一触即发之前,祸从天降。据《顺帝本纪六》和《脱脱传》,佞臣哈麻等派人向顺帝再三上奏和谮言,先后以莫须有的罪名,欲置脱脱于死地。反复上奏后,顺帝听信谗言。十二月,夺去脱脱一切职务和封赠,流放云南大理。从此,元朝迅速走向衰亡。

  本年许有壬在河南汴梁任职,张翥在大都。邵亨贞在横泖。

  1.汴梁。许有壬作《水龙吟》。序云:

> 予一病五十日始愈,因自点检,目视虽不如昔,书字稍大者尚可夜读。手可挥翰,足可步园,腹可容酒,齿可啮肉,耳可听歌,体禀素弱,今六十有七,而得所谓六可者,私自喜幸,戏成此曲。子之所慎疾也,乃深寓节饮之意焉。

  词云:可翁点检形骸,关心六事今犹可。摩挲老眼,残编细读,小窗危坐。信手挥毫,云烟撩乱,波涛掀簸。笑蹒跚病足,登山不武,尚能踏、苔痕破。　　便腹还堪容酒,齿牙攻、脯殽蔬果。歌声到耳,宫商少误,肯教轻过。馋口如门,丁宁告戒,欲须坚锁。怕曲生徒众,群然趋入,困风流我。

  考辨:词人在序中自道"今六十有七",据词人生年(至元二十四年,1287)推算,可知该词作于本年。词中所云"歌声到耳,宫商少误,肯教轻过",则可证词人精通音乐。

  2.七月十六日后,邵亨贞在横泖客舍,作《齐天乐》。序云:

---

① 《元史·脱脱传》,卷138第3346—3347页。

甲午七月望后,横泖客舍骤雨顿凉,秋声满树,小窗暮倚,四无人声,暝色凝烟,不胜凄黯。阖户呼灯著此,以纪旅思。

3. 邵亨贞作于横泖旅社的词,还有《点绛唇·秋夜横泖旅窗听雨,有怀故园》。其云:两鬓秋风,掩关坐听黄昏雨。灯前自语。世乱甘清苦。　　蔓草愁烟,荒却东陵圃。归期阻。荆榛满路。投老知何处。

考辨:两首词的序和题,皆言明作于横泖,且正值秋雨之时,而词人的心情都很凄凉黯淡,对前途表现出一种深深的迷惘之情。故系《点绛唇》于本年。

至正十五年(乙未,1355)

本年十二月,脱脱在云南,被哈麻矫诏遣使鸩死,卒年42岁。脱脱死后,元官军的力量急转直下,红巾军迅速遍布全国。

正月,许有壬在汴梁河南行省左丞任上被召回大都,任集贤大学士,后复拜中书左丞。七月二十三日,许有壬与王公俨、吕思诚、杜德常等官员在京师雅集唱和,遂以水木清华亭为韵赋诗。

许有壬诗《水木清华亭宴集十四韵》序云:

水木清华亭,侍御史王公公俨别墅也,位都城巽隅,出文明门余里许,园池构筑,甲诸邸第。予客京有年,识公俨亦久,而未尝迹其地。至正乙未春,自汴召入。俄公俨由辽省拜中台,握手倾倒。屡约宴集,尘冗不果。致期宿具,复有意外之挠。乃七月二十又三日,始遂盍簪。左辖吕仲实、中执法杜德常、右司王本中、左司尚彦文实同尊俎。酒旨乐备,物腆意勤。适雨霁秋清,尘空地迥。庭木涌翠,渚莲散红。北瞻闉闍,五云杳霭。极目西望,舳舻泛泛于烟波浩渺、云树参差之间，萧然有江乡之趣，不知其为毂击肩摩之境也。烦襟滞虑，涤濯净尽。兹游奇绝，宜造物之不轻畀也。公俨请曰："人生四美，百年几遇，不可不纪也。"乃即水木清华亭为韵赋诗，有壬分华字。

本年，张翥与许有壬同朝为官，相互间有交游。八月，张翥为许有壬祝寿并作诗。其《寿许集贤可用》题后自注云："予同年少七月。"①则可知许有壬当生于元世祖至元二十四年八月间。《元史·顺帝本纪七》载："十五年春正月戊午朔……河南行省左丞许有壬为集贤大学士……"②可知，正月许有壬已拜集贤大学士。又，《元史·许有壬传》云："十五年，迁集贤大学士，寻改枢密副使，复拜中书左丞。"两相结合，便可推知，张翥的贺寿诗应写于本年八月。此外，张翥还为许有壬作《圭塘小稿序》③，论及当时的"馆阁之气"，纠正时人文风谬误。许有壬至正十七年致仕，故张翥该文最早当作于本年。需要说明的是，可能因为张、许二人相识相交于晚年，一同在朝的时间并不长，故二人虽同为元中后期的重要词人，但在二人现存词作中并没有发现彼此的唱和之作。

本年，松江籍词人钱应庚、钱抱素在嘉兴，与邵亨贞书信往来，以词唱和。十二月，谢应芳跟随江浙丞相达识帖睦迩过无锡，并作诗纪事。

1. 早春，大都。许有壬作《柳梢青》。序云：

老病客燕，值此艰岁，口腹甚窘，记少年寓湖湘读书时度日情况，诵秦少游柳梢青乐府，依其调作俚曲以遣兴。南方适口多品，此则记予之遍嗜而多用者，可行盖亦知味，请

---

① 〔元〕张翥撰：《蜕庵集》卷4，《文渊阁四库全书》第1215册。
② 《元史·顺帝本纪七》，卷44第921页。
③ 《全元文》第48册，卷1483第586页。

同赋,资一笑云。

词云:窗对晴岚。门临流水,坐阅归帆。为口劳心,雪犹烧笋,霜便分柑。酒香梅下茅庵。就湖置、新鱼满篮。梦记当年,此皆身享,好个江南。

考辨:词序云"老病客燕",则表明许有壬时在大都燕京;而"值此艰岁,口腹甚窘",则表明其时大都正发生饥荒,连许有壬这样的高官都不得不忍饥挨饿。其情形与《元史·顺帝本纪六》所载至正十四年十二月京师大饥之事相符。《顺帝本纪六》云:"至正十四年……十二月,京师大饥,加以疫疠,民有父子相食者。"① 又据《元史》本传,许有壬至正十五年正月奉召从汴梁至大都。而该词写早春梅雪之景,加之词人坦言其时在燕京"口腹甚窘",这两点既与许有壬至正十五年任职时间相同,也与至正十四年底发生的饥荒(延续到十五年初很正常)相符。故系该词于至正十五年早春。

2. 早春,邵亨贞作《贺新郎》(海底珊瑚树)咏梅。序云:

曹园红梅数种十余树,云西老人手植也。时殊事异,残枝存者无几。其孙幼文命客饮于其下。永嘉曹新民赋词为咏,予适有出不与。越数日,幼文持卷来求次韵,席上口占以答。

考辨:邵亨贞至正元年正月二十四日作《角招》(梦云杳),从词序看,当时曹氏红梅园主人为曹知白,然该词表明,梅园主人已由昔日的祖父替换成其孙曹幼文。曹知白至正十五年去世,可能的情况是,此时云西翁已去世,序中"时殊事异"也含有此意。故暂系该词于本年。

3. 三月十一日,钱霖作《春草碧·小词并求斤正》。词后自注云:

---

① 《元史·顺帝本纪六》,卷43第918页。

"至正乙未春仲十又一日。"

考辨:《全金元词》下册所载该词并无词题,但明赵琦美《赵氏铁网珊瑚》卷九所载钱抱素该词,有词题"小词并求斤正"。查邵亨贞词,其《春草碧·次韵素庵遣怀》即次韵钱霖该词,二词韵脚完全一样。又据词意,二人当时各在一方,且避难时间已经有相当长时间,即钱霖该词所云"新愁老羁旅"也。

4. 邵亨贞词《春草碧·次韵素庵遣怀》。

5. 春暮,嘉兴武塘。钱应庚作《台城路》(一庭芳草闲春昼)。

考辨:本年四月,钱应庚避难于嘉兴武塘寓舍,次韵邵亨贞词,作《台城路》,其序云:"寒食后雨轩独坐,因读复孺先生《台城路》佳词,草草次韵,以纪一时情景,久不奉谢,殊负吾故人也。并冀恕宥。钱应庚拜。"词末自注曰:"乙未清明后二日,书于武塘寓舍。"①武塘即嘉兴的魏塘。词末自注,该词作于至正十五年清明后,当无疑。查邵亨贞现存词作,无《台城路》一词,可知亡佚于元末。

6. 钱抱素《台城路》(碧云深凝处遥天暮)。

考辨:钱应庚次韵邵亨贞《台城路》后,钱抱素(应庚兄)亦次韵邵亨贞该词,作《台城路》。其序云:"久不见复翁,已剧怀想。近到蒨水北山访南金,获睹所寄《台城路》佳词,愈重其瞻企,因用韵留舍亲书,或可达左右,欲翁见贱子惓惓之情耳。东郭姻末钱抱素稽首拜呈。"蒨水即茜水,又名茜泾,在平江昆山州。则可推知,钱应庚次韵邵亨贞该词后不久又前往昆山蒨水北山寓居。

7. 邵亨贞《齐天乐》(柳花飞满春归路)序:

乙未春暮,钱素庵见和前韵,再歌以谢之。

---

① 《全金元词》所载钱应庚、钱霖次韵邵亨贞的《台城路》《春草碧》《八声甘州》诸词均无序。本文所引诸词之序均出自〔明〕赵琦美编:《赵氏铁网珊瑚》卷9,《文渊阁四库全书》第815册。

考辨:邵亨贞和钱抱素在书信来往中,还以《齐天乐》唱酬过。如该词,邵亨贞为首唱,钱氏次韵其词后,邵氏又再次韵钱氏词。

关于钱应庚流寓吴地的行踪及创作：

邵亨贞关于钱应庚的多首诗作,都表明了至正兵乱时钱氏流寓于嘉兴的行踪。其为:《钱南金往岁胥会嘉禾紫虚观,近闻馆于淀湖谢氏,经年隔绝,寄诗问讯二十韵》①、《旅秋行。次韵钱南金所寄,知近寓秀水僧舍》②、《岁暮寄南金,时在茜泾积善寺》③,嘉禾即嘉兴在宋代的地名。据此可知,钱应庚曾流寓浙江嘉兴秀水、魏(武)塘,与平江路昆山州茜泾等地的寺观。

邵亨贞存词中明示钱应庚曾流寓嘉兴的词有：

《隔溪梅令·和南金鸳湖舟中韵》,题中"鸳湖"即嘉兴鸳鸯湖。

《风入松》(十年心事暗相牵),其序云:"南金寓槜李,予客海隅,寄此以叙间阔。"序中"槜李"为嘉兴古称,可知邵亨贞作该词时,钱应庚正流寓嘉兴,邵亨贞亦避难异乡(不知"海隅"指何地)。又据词中"十年"一词,则二人自至正十一年乱起后,至少在外漂泊了十年。推知则为至正二十一年左右。而邵亨贞《一枝安记》云钱应庚在至正十六年已从吴地返回松江,则又可推知,十六年后,钱应庚或因故再次寓居嘉兴。

《隔溪梅令·和南金鸳湖舟中韵》的创作时间已不可考,《风入松》(十年心事暗相牵)姑系于至正二十一年,存疑。为便于查看,放在本年后。

十二月初一,谢应芳跟随江浙行省左丞相达识帖睦迩一同过无

---

① 〔元〕邵亨贞著,〔明〕汪稷校:《蚁术诗选》(清阮元辑《宛委别藏》本),南京:江苏古籍出版社,1988年,卷2第44页。
② 〔元〕邵亨贞著,〔明〕汪稷校:《蚁术诗选》,卷4第68页。
③ 〔元〕邵亨贞著,〔明〕汪稷校:《蚁术诗选》,卷6第97页。

锡①,作诗《过无锡口号》。其序云:

> 至正十五年十二月初一日,丞相达识帖穆尔公赴江浙,余舟随行,睹贼辈无状,感愤而作。

诗云:丞相楼船捶大鼓,铁骑前驱猛于虎。纷纷鼠辈敢横行,与我官军战河浒。落日未落悬林梢,一天杀气风骚骚。官军纵火鼠入窟,太湖水阔阳山高。相君贤似唐裴度,岂无将军如李愬。兜鍪戴雪捣贼巢,一夕湖船可飞渡。我有一寸铁,愿作将军箭。将军三箭定阳山,湖水依然净如练。②

该诗非常清楚地表明了谢应芳拥护朝廷和官军而视义军为贼寇的正统立场。谢应芳的这种立场在元末士人中具有普遍性,可以说是一种共有的心态。此次随官军同行,也鲜明地表明了谢应芳的政治立场,他并不是一个置身世外的隐士高人。

8.谢应芳《水调歌头·茅仲良初度席上赋》:秋色净如洗,南极瑞光多。秦驻山中隐者,弧矢挂烟萝。野老敲门看竹,珍重主人留客,呼酒泻金荷。为问春秋多少,笑道明年六十,勋业竟蹉跎。　万钟禄,千驷马,待如何。洛阳城市,又看荆棘卧铜驼。且喜阶前玉树,五色鹓雏俱好,把此瑟琴和。一曲华胥引,双鬟雪儿歌。

考辨:据词中"明年六十",与词人生年成宗元贞二年(1296)推算,该词应作于至正十五年。

9.许有壬《鹧鸪天》。序云:

> 夜长臂痛手挛,展转不能寐,霜晓窗明,太常弟适至,因试浙笔,书枕上所得长短句三首,呈贤弟一笑。仍请子侄辈一和,以畅老怀。

---

① 《元史·达识帖睦迩传》,卷140第3375页。记达识帖睦迩至正十五年先任中书平章政事,后出为江浙行省左丞相。

② 〔清〕顾嗣立编:《元诗选》(二集下),第1228页。

词云:白发京华恋俸钱。溪山游钓惜无缘。老来恶兴凭诗遣,枕上才成一两联。　人自苦,月空圆。衾绸如铁夜如年。但稽子侄新文学,莫问宾朋岁几迁。

考辨:首句云"白发京华恋俸钱",意即词人虽已老迈但仍居京为官。所谓"恋俸钱",只是自嘲。序中又有"夜长臂痛手挛"之语,则许有壬彼时应体弱多病。《元史》本传载其至正七年夏秋之际,即因病辞官回乡。此后,到至正十五年春,许氏最后一次至大都为官,同年再拜中书左丞。故该词可能作于至正十五年或十六年。因至正十七年,许有壬已致仕回乡。暂系于本年下。

至正十六年(丙申,1356)

正月,张士诚攻陷平江路常熟州。三月,松江城破。《南村辍耕录·松江官号》载:

> 至正丙申正月,常熟州陷,松江府印造官号,给散吏兵佩带,以防奸伪。号之制作,画为圆圈,绕圈皆火焰,圈之内一府字,以府印印府字上,圈之外四角,府官花押。民间谣曰:"满城都是火,府官四散躲,城里无一人,红军府上坐。"不二月,城破,悉如所言。①

《明史》卷123《张士诚传》则记张士诚二月攻陷平江、常州等地,其云:

> 十六年二月陷平江,并陷湖州、松江及常州诸路。改平江为隆平府,士诚自高邮来都之。即承天寺为府第,踞坐大殿中,射三矢于栋以识。是岁,太祖亦下集庆,遣杨宪通好于士诚。……士诚得书,留宪不报。已,遣舟师攻镇江。徐

---

① 〔元〕陶宗仪撰:《南村辍耕录》,卷9第111页。

达败之于龙潭。太祖遣达及汤和攻常州。士诚兵来援,大败,失张、汤二将,乃以书求和,请岁输粟二十万石,黄金五百两,白金三百斤。太祖答书,责其归杨宪,岁输五十万石。士诚复不报。①

刘基至浙江处州,协助元帅石抹宜孙守城。其《处州分元帅府同知副都元帅舒穆噜公德政碑颂》云:"至正十六年春月九日,予自杭归至处。处父老率其子弟遮道,言分元帅府同知副都元帅舒穆噜公德政。"刘基至处州后,先后与石抹宜孙以词唱和,作词有:《忆秦娥·次石末公韵》《满江红·次韵和石末元帅》《满庭芳·二月十一日寿石末公》《沁园春·和郑德章暮春感怀呈石末元帅》,其中两首为石抹宜孙首唱。

本年,张翥、许有壬在大都为官。舒頔在安徽宣州。邵亨贞、钱抱素、钱应庚在松江,以词唱和。谢应芳携家人到苏州避难,并作词。

1. 二月,安徽宣州。舒頔作《满江红》,其序云:

> 时雪快晴,苗民攻宣,未克,往来郡邑间,扰攘尤甚。宪府移司于徽,视而不问。叹时事之靡宁,哀生民之涂炭,因赋此曲,兼柬邑令郭文盾。

考辨:序中"苗民"指由杨完者领导的由苗民组成的苗军,杨完者后任江浙行省右丞。关于杨完者生平事迹,详见陶宗仪《南村辍耕录·志苗》。《元史·汪泽民传》云:"(至正)十五年,蕲黄贼陷徽州,时泽民居宣州。已而贼来犯宣州,江东廉访使道童雅重泽民,日就之询守御计,城得无虞。明年(十六年),长枪军琐南班等叛,来寇城……既而寇益众,城陷,泽民为所执。"据此可知,至正十五年红巾军攻打过宣州(今安徽宣城市),次年攻陷宣州。而关于至正十五年

---

① 〔清〕张廷玉等撰:《明史·张士诚传》,北京:中华书局,1974年,第3693页。

杨完者恢复宣州事,赵汸《资善大夫淮南等处行中书省左丞汪公传》云:"[汪同]乙未(至正十五年)三月到郡,四月往镇。……七月,宣州陷。……会元帅杨英军复宣,进遇苗军帅杨完者,欲拉同往杭。同不行,以病还婺源。"据此可知,至正十五年七月宣州曾一度沦陷,后被苗军收复。但无论《汪泽民传》或赵汸文,都不载苗军扰宣之事,更没有提及当时肃政廉访司已转移至徽州事,并对苗军的恶行"视而不问"。也即说,除舒顿《满江红》词序记苗军攻宣之事外,新旧《元史》与笔记、当时人文章皆不载此事,如此,该词还有以词补史的作用。

除该词外,舒顿还作有长诗《为苗民所苦歌》,作者自注云:"时丙申二月初七日也。""丙申",即至正十六年。而其诗所作时间为二月,亦与《元史·汪泽民传》所言宣州陷落时间相符合。两相对读,舒顿的这两首诗词,如词中所云:"狐兔狡,鹰鹊耻。假蛮夷威柄,侵渔而已。"与诗中所云:"朝廷本除祸,仁道立民极。假威及蛮猺,所至皆戏剧。杀掠果何辜,易尝分玉石。披萝过山村,荡扫空郡邑。"内容一致,彼此照应,皆为讽刺杨完者所率之苗军,趁火打劫、狐假虎威,残害生民之事。故系《满江红》于本年二月。

舒顿(1304—1377),字道原,安徽绩溪人。有《贞素斋集》。入明不仕,为元遗民词人。

2. 十一月初冬,邵亨贞在松江,与钱抱素以词唱和,作《氐州第一·丙申初冬次钱素庵韵》。

本年,钱应庚从东吴返回松江。邵亨贞为其作《一枝安记》。其云:"岁丙申,浙右大乱,南金所居,悉婴兵燹,乃扁舟载妻子还柳上,其门人曹幼文辟室馆之。"①

3. 冬,苏州。谢应芳作《蓦山溪·遣闷,至正丙申作》:无端汤武,吊伐功成了。赚尽几英雄,动不动、东征西讨。七篇书后,强辨竟无人,他两个,至诚心,到底无分晓。　　髑髅满地,天也还知道。谁解

---

① 《全元文》第60册,卷1846第486—487页。

挽银河,教净洗、乾坤是好。山妻笑我,长夜饭牛歌,这一曲,少人听,徒自伤怀抱。

考辨:本年冬,年届六十的谢应芳携家人逃到苏州,时已逃难六年。谢应芳《陈翰林子山书》一文可证。其云:"某丙申冬,逃难吴门,逢人问阁下出处,既尝为浙东路难之忧。……某离乡六年,备历艰险,年今六十,百无所成。独与儿辈固穷,未尝一失其故步也。比来耳聋,髯白如雪,惟发尚有黑者,则其状全类社公。可笑!可笑!乡人多无噍类,而某一家数口幸免沟壑,特未知将来如何耳。"[1]文中所提"吴门"即苏州(元代称平江)的别称。记述了词人一家自至正十一年乱起后六年来历尽艰辛的逃难生涯,表达了词人惜生保命的意识。

4. 本年,谢应芳苏州词还有《一剪梅·寿安玄卿》。其云:一色苍然两河翁。年也相同。月也相同。六年湖海共飘蓬。烟也溟蒙。雨也溟蒙。　移家今住葑门东。朝也相从。暮也相从。何当归隐旧山中。桃也春风。李也春风。

考辨:据词中"六年湖海共飘蓬",从至正十一年乱起算起,可知该词作于至正十六年。据"移家今住葑门东",可知谢应芳时在苏州。葑门位于苏州城东,初名封门,以封禺山得名。又因周围水塘盛产葑(茭白),遂改为葑门。此外,谢应芳《赠医士顾彦文序》云:"顾氏为吴中望族旧矣,近代家益濠者多业儒。至我彦文生而岐嶷,方卯角即慨然思所以济人……一日友人安元卿以其有未报之德,相与载酒濠上,因以前言质之,彦文笑而不答。……酒既终,元卿请书此为赠。"[2]按:文中安元卿即谢应芳词中的安玄卿。一字之差,可能为传抄之讹。

5. 冬,苏州。谢应芳作《沁园春·晨起对雪,复写余怀》云:"六十年来,寻常交际,江海鸥盟总不寒。移家处,每涉园成趣,居谷

---

[1] 《全元文》第43册,卷1339第31页。
[2] 《全元文》第43册,卷1345第159—160页。

名盘。"

考辨：据词中所云"六十年来"，又上推至词人生年成宗元贞二年（1296），则该词应作于至正十六年。时词人在苏州。

6. 谢应芳又有《沁园春》（竹与梅花，偃蹇冰霜，堪称二雅），序云：

> 屋东老梅一株，邻家有竹百余个，相近雪窗，抚玩复自和此曲。

考辨：无论词牌、韵脚或内容，该词均与《沁园春·晨起对雪，复写余怀》一致。而词中冬雪所暗示的季节，也与谢应芳本年冬避难至苏州的具体时间相符合。小序中又云"自和"二字，故知该词乃词人对自己咏雪词的次韵词。故系该词于本年。

关于谢应芳流寓平江时的寓所：

谢应芳在苏州，后又依靠乡里旧识刘氏家筑室一区，以"龟巢"题名，并作《龟巢记》。谢应芳从此号"龟巢"，词集亦名《龟巢集》。但后来，谢应芳的"龟巢"又毁于战火之中，其《龟巢后记》记有该事，并记载了词人一家在这之后不断逃难，四年来先后五次迁徙的路线。相关资料如下。

《龟巢记》云：

> 至正丙申，予辟地漏上，依旧识里翁刘氏家筑室一区，栖妇子，差可容膝。既而以龟巢题之。客或过予曰："龟亦何尝有巢哉？"予曰："子不闻乎，千岁之龟，巢于莲叶。盖其以叶为巢，初不费经营之力也。顾予此室窃类之。"僦地里翁，地不论直。假力邻伍，力不受佣。鸠工材则有乡邑诸友人相之，故其室不劳而成。今也闭门缩首，帖然如藏穴之龟，蛰乎其间，此龟巢之所以名也。比数日来，春和景明，氛埃寝息，四境之内，桴鼓不惊。田夫野老，相与招致，涉桑苎之园，过桃李之蹊，瓦杯浊醪，歌舞酬酢，逍遥徜徉，又得如

> 曳尾泥涂者,此虽巢外之乐,亦因巢而得也。但不能嘘吸导引,如龟永年。苟于此偷生乱离,免祸锋镝,全要领以终其天年,志愿足矣。若夫明休咎,断吉凶,决大疑于国家,浮洛出书为太平文明之瑞,则同类之中,自有备四灵相斯世者。区区巢居之乐,与坎井酰瓮同乎一天,不知大小之笑为何如。①

谢应芳以龟自喻,对自我乱世偷生的心理做了形象的分析。同时该文也透露出,张士诚至正十六年据平江(苏州)后,东吴地区在其治理和保护下,人民尚能安居乐业,因此,平江也成了元末士人流寓地的首选。

《龟巢后记》表明了谢应芳的"龟藏"意识与乐天安命的思想。其云:

> 是岁八月之初,天兵自西州来者,火四郊而食其人,吾之龟巢与先世旧宅俱烬矣。予乃船妻子,间行而东,过横山,窜无锡,期月之间,屡濒于危。当是时,跧伏蓬应,屏息若支床者,然犹数数引颈回顾,以恋其故土。明年仲秋至娄江,东近于海,潮风汐雨,漂摇栖苴。久之,遂舍之,从人间借屋而寓。阅四年,凡五徙,闻邻邑无噍类,于是同室之人幸若再生,虽贫窭不以为苦,且复以为乐也。至吾之所乐,则又以穷居无事,得专心读古圣贤书,以广其志,仰天不愧,俯地不怍,廓如也。然视此大钧,吾生若浮,与夫龟浮莲叶者何异,故所至以龟巢名室,虽偏仄心有余裕,盖不以栋宇为巢,而以天地为巢也。……但知此巢,自开辟以来,历数千载不坏,吾与万物同居其间,正不藩篱町畦以自局也。以是而观,区区旧巢,与堕甑奚惜。……龟则儗其灵耳。若曰

---

① 《全元文》第43册,卷1349第235—236页。

以灵自燠,亦其用于世者然也。世不吾用,吾生自全。吁,用不用,全不全,系造物者处之如何,非龟所能为也。惟两间之巢:人不能坏,此吾心可恃而安者。吾心既安,何往不乐。第恐不知者谓无巢而有名,疑为诞,故一重托毛颖氏告之。①

至正十七年(丁酉,1357)

许有壬致仕,回到安阳并赋词抒怀。张翥仍在大都。春,谢应芳在无锡,寓居于堠山钱梦弼家。

1. 早春,邵亨贞在吴地,作《浣溪沙·丁酉早春试笔,柬钱南金》:乱后无诗做好春。春光却又恼诗人。溪头举目暗伤神。　　杨柳官桥人迹绝,杏花歌馆烧痕新。相期何处避兵尘。

2. 春,无锡。谢应芳《沁园春·丁酉春,寓堠山钱氏写怀》:冷笑班超,要觅封侯,弃了毛锥。看今来古往,虚名何用,朝荣夕悴,浮世堪悲。老我衣冠,傍人篱落,赖有平生铁砚随。西庄上,对溪山如画,鸥鹭忘机。　　相逢喜得新知。更不用黄金铸子期。把胸中磊块,时时浇酒,眼前光景,处处题诗。轻帽簪花,柔茵藉草,时复尊前一笑嬉。沈酣后,任南山石烂,东海尘飞。

考辨:词人不仅鄙弃功名,用友情与美景进行自我宽慰,也流露出浓厚的厌世和避世思想。词题中"堠山",为无锡名山。现可考知,"吼山,原名堠山,又名七云山,坐落在无锡东10公里的查桥,山高125米,东西走向,蜿蜒起伏,形如卧龙。面积5.6平方公里。《泰伯梅里志》和《吴地记》均载有此山。吼山人文历史悠久"。②"钱氏"即钱梦弼。关于钱梦弼,谢应芳还有两首词。

---

① 《全元文》第43册,卷1349第236—237页。
② 中国人民政治协商会议无锡市锡山区委员会编:《锡山名景》,南京:凤凰出版社,2009年,第3页。

3.四月,无锡。谢应芳《满庭芳》序云:

四月钱梦弼出妓,为陆文迪寿,邀仆赋赠。

考辨:从小序所明示时间看,该词与《沁园春·丁酉春,寓堠山钱氏写怀》相合,亦当作于本年。

谢应芳还有《八声甘州·寄无锡钱梦弼》:记年时东走避风尘,随处觅桃源。偶相逢一笑,堠山西畔,乔木参天。百尺元龙楼上,下榻许高眠。鼓我瓠巴瑟,鱼鸟欣然。 每日春风池馆,有竹林诸阮,醉袖联翩。要簪花捧砚,常挟两飞仙。又安知、桑田变海,竟飘零、老去雪盈颠。绨袍外、故人余意,肝胆雕镌。

考辨:词题和内容表明,词人其时已离开无锡。故非本年所作可明。词中提到无锡之"堠山西畔",与"每日春风池馆",当为词人怀恋其在钱梦弼府上客居生活而作。可能作于次年,即至正十八年。谢应芳的无锡词还有《沁园春·无锡县令生日招饮而作》,年代不明,姑附于此。

4.八月,许有壬在安阳度过70岁生日。其《鹊桥仙·赠相师周可山》云:春秋七袠,江湖万里。老子阅人多矣。两朝名胜一囊诗,道浑似、当时袁李。 红尘陌上,白云堆里。扰扰浮生行止。我非燕颔虎头人,但诗圣、酒狂而已。

考辨:该词首句即云"春秋七袠",即词人作词之年为70岁。许有壬生年为世祖至元二十四年(1287),则是年为至正十七年,正是有壬致仕归乡时,故当作于安阳。此外,词人否定自己是官场人物,而给自己定位为"诗圣""酒狂",是对自我文学才华的自负与高洁品质的肯定。

至正十八年(戊戌,1358)

张翥在大都,许有壬在安阳。邵亨贞先在无锡,后至苏州,居于客舍。

1.十一月,无锡。邵亨贞在一次战争刚结束后,会同无锡州将李正卿,一同视察乡野百姓情况,因之作《齐天乐》。其序云:

> 戊戌冬初,领省檄,会无锡州将李正卿同检踏屯田秋稼,此邦兵余,民居荡析,皆黄茅白骨之境,眼界殊恶。李侯索赋,道间口占复命。

2.十二月,离开无锡后,邵亨贞前往苏州,作《河传·戊戌岁暮,吴中客楼夜思》。词题明示作于本年。

3.邵亨贞《减字木兰花·吴江夜泊》:江头日暮。客子移舟迷去路。望断天涯。灯火深村卖酒家。　　铜驼巷陌。荒草寒鸦烟树隔。往事无情。旧梦依然到五陵。

考辨:据词题和内容,亦作于避难苏州时。该词抚昔感今,既满怀对未来的迷惘之情,又充满对元朝的忧虑之情。从词题所标示的地点看,当与上词作于同一时期。姑系于此。

至正十九年(己亥,1359)

张翥在大都,许有壬在安阳。邵亨贞从东吴返归故里松江,与钱应庚兄弟以《春草碧》唱和。

1.十二月,松江。邵亨贞作《春草碧》组词三首。

考辨:本年岁暮,邵亨贞从吴秀军队返乡,钱抱素、钱应庚兄弟前来慰问。钱抱素首唱《春草碧》"以识会合之意"。邵亨贞次韵抱素作两首《春草碧》,其一序云:"仆一节从军吴秀间,近始谒告还家,首辱素翁老师叙劳兵后间怀,既又调《春草碧》词见遗,以识会合之意……辄依芳韵,庸写下忱,为先施之期谢云。"可证邵亨贞曾在张士诚治下的东吴某军队中。结合其至正十八年所作《齐天乐》(戊戌冬初,领省檄,会无锡州将李正卿同检踏屯田秋稼……),可能至正十八、十九这两年,邵氏都在无锡某军队中。《春草碧》其二序云:"南金契兄始托交时,与仆俱未弱冠,今乃百年过半矣。……兵后避地溪滨,复得旦暮握手,慨前迹之易陈,预后期之可拟,不能已于言也。敬借前韵,述怀如左。"所谓"百年过半",则邵亨贞时年五十左右。邵氏生年在(1309)年,则该词应作于至正十九年(1359)年,最迟为至正二十年。从内容看,《春草碧》其一云"无端寄迹兵戈,蕙帐荒寒怨秋鹤。岁暮且归来,情如昨",其二云"岁寒归计曾商略",可知在至正十九年十二月前,邵亨贞一直在无锡的军队中。之后,钱应庚再次韵邵亨贞词作《春草碧》,现存两首。于是,邵亨贞又再次韵钱应庚作一首。

在这三首词的序与内容中,"兵后""乱后""乱离""兵戈"是其中核心词语,故该组词堪称记录兵乱之世的词史。词人叹息自己身为"儒冠",却没有挽救乱世的"韬略""方略",虽然无端混迹于兵戈中(意即参军),最终却无作为,好在"岁暮且归来",即好歹平安回归故里。与友人的重逢,虽使词人感到十分欣慰(即其三之序中所云"情文浃甚"),但回首"往事",他又只感到"心绪茫然",所谓"慨前迹之易陈,预后期之可拟,不能已于言也"(其二序)。对于未来,词人的态度是悲凉和否定的,即《春草碧》其三所云"白首待时清,应无乐。"乱世之人,性命无常,随时可能面对国家覆亡的命运,这使得他们对历史和人生往往会产生一种浓厚的虚无观,最终又滋生出一种及时行乐的追求和行为。故词人最后把对人生的希望转移和寄托到学习道教的长生术上,即词中所云:"乞与刀圭九还药。三岛景长春,寻真乐。""无情最是桑榆,那得昌阳引年药。""残年但愿相依,尔汝忘形纵狂药。"

为便于学者查看,兹列三首《春草碧》词并序于下。

其一序云:

> 仆一节从军吴秀间,近始谒告还家,首辱素翁老师叙劳兵后间怀,既又调《春草碧》词见遗,以识会合之意,情文悃

欷,溢于言表,惠至渥也。辄依芳韵,庸写下忱,为先施之期谢云。

词云:儒冠不解明韬略。底处是生涯,云门约。无端寄迹兵戈,蕙帐荒寒怨秋鹤。岁暮且归来,情如昨。　故人几度传心,曾烦手削。门外见仙槎,须停泊。老来岁月无何,乞与刀圭九还药。三岛景长春,寻真乐。

其二序云:

南金契兄始托交时,与仆俱未弱冠,今乃百年过半矣。暮景相从之乐,世故牵掣,迄今未遂。兵后避地溪滨,复得旦暮握手,慨前迹之易陈,预后期之可拟,不能已于言也。敬借前韵,述怀如左。

词云:岁寒归计曾商略。富贵与神仙,辜前约。儒冠已负平生,不羡扬州去骑鹤。蓬鬓老风霜,心如昨。　惟应郢上高才,风斤惯削。相见问行藏,重评泊。无情最是桑榆,那得昌阳引年药。山水有清音,同行乐。

其三序云:

乱后乍见故人,情文浃甚。老来共谈往事,心绪茫然,再赓春草之词,以索寒梅之笑。

词云:乱离避世无方略。何处可寻幽,须期约。桃源只在人间,争得身轻跨寥鹤。空忆旧欢游,成今昨。　自怜兵后多愁,吟肩头削。老病有孤舟,难安泊。残年但愿相依,尔汝忘形纵狂药。白首待时清,应无乐。

2.查钱氏兄弟《春草碧》词,现只存钱应庚的两首,钱抱素的则亡佚了。列于下。

钱应庚《春草碧·次韵酬复孺》:折冲尊俎谈兵略。还记五湖船,烟波约。东邻有客归来,应讶山翁瘦如鹤。问讯旧玄都,今非昨。　　当年锦里依稀,青山似削。天地一蓬庐,从栖泊。西园长记前游,乘兴重来看阑药。白首友于情,同忧乐。

钱应庚《春草碧》(又有词题:再韵和邵复孺乱后叙旧):故人胸次藏三略。鸥鹭小溪边,重寻约。千门兵火萧条,回首华亭有归鹤。城郭是耶非,伤前昨。　　相逢漫说新诗,多君郢削。随分一枝安,甘依泊。书囊再睹雄文,帷幄忠言似良药。携手问何时,承平乐。

至正二十年(庚子,1360)

张翥在大都,许有壬在安阳。邵亨贞在松江。

九月,顾瑛与谢应芳俱在昆山。顾瑛在玉山草堂之书画舫宴集宾客,主宾共八人,分韵赋诗并唱和,由谢应芳作序并注明时间。顾、谢二人在至正后期经常唱和,结下了深厚的友情。

谢应芳《书画舫燕集序》云:

> 古之人凡乐其高尚者,必寓意诗酒花竹山水之间,与之游者,盖亦乐其乐焉。若我玉山隐君,其亦可谓高尚者乎。君生长世家,一旦尽去其少年豪华之习,结草堂玉山中,莳花种竹,日与山僧羽人布衣韦带之士以游以居,达官贵人未尝一见其面。征车之来,则逾垣闭门,甚于段泄。不知者或讥以迂怪,君闻之自若也。至正庚子秋,愚隐师携祺上人过之,语道相契,日坐至夜分乃已。一旦,君置酒书画舫,主宾凡八人,其七人皆善饮,独愚隐师性不嗜酒,亦欣然为劝酬,喑嚘各尽其欢。既醉,以"对酒当歌,人生几何"两语阄韵赋诗。时秋高雨晴,芙蓉金菊之花,照映池岛,悦人心目,而咏歌有不能已者,故分韵之外复有倡和之什焉。夫愚隐一至,留数日,非惟主人留客之勤,而客亦眷乎山水花竹之间,而忘其去,则所谓乐其乐也。诸诗写燕集之娱,园池之胜备

矣。予复引而申之,以识岁月。①

本年无词作可考。

至正二十一年(辛丑,1361)

张翥在大都,许有壬在安阳。邵亨贞行踪不明,但元宵节作有三首词。

本年春,谢应芳乘船路经苏州。其《送杨善章序》云:"至正辛丑春,予舟次吴门,友人杨善章过予……"②

1. 正月十四,邵亨贞作《江月晃重山》(梅萼香融霁雪),序云:

> 辛丑上元前一夕,积雪试晴,顿有春意,小溪之上,有张灯于琳馆者,慨然感兴,以此写之。

2. 正月十五,邵亨贞作两首元宵词:《恋绣衾·辛丑元日》及《恋绣衾》(重逢元夜心暗惊)。《恋绣衾》序云:

> 曹幼文以庚午岁,太初老禅、洎云西、居竹二翁,灯夕所赋旧稿见示,求予追和。屈指三十余年,三老仙去久矣,今昔之感,不能已于言也。时至正辛丑上元日。

3. 正月二十二日,詹仲举书《沁园春》(儿汝来前),后注云:

> 叔祖留耕忠文公所作,至正辛丑正月二十又二日,侄孙畦拜手谨书。

按:詹仲举,生平不详,现已无从考证。

---

① 《全元文》第43册,卷1345第165—166页。
② 《全元文》第43册,卷1345第160—161页。

至正二十二年（壬寅，1362）

张翥在大都，许有壬在安阳，间去大都，逢许有孚生日，作寿词。谢应芳在苏州。

本年，邵亨贞在松江，曹克成请其为曹家之对菊亭作记。邵亨贞《对菊亭记》云：

> 曹氏，云间故家也。上世多文物，慕古人诗酒游览之事，故其所居皆有园池花木之胜。至今子孙虽时殊事异，犹以此相尚。……其诸孙曰克成，能涉猎经史，恬退不事进取，惟以耕桑自给。业既不竞，常怡然自得，无慕羡不足之色。……其居之东，小园数亩，花木池沼，前人手泽犹有存者。中有亭一间，乃上世遗物，始作岁月已不可考。……亭旧无名，始命之曰"对菊"。于是诗酒游览之事日益不废。又十有四年，为至正壬寅，始来求记于余，以垂后劝。予知克成之寓意于菊者有在也。①

1. 元旦，谢应芳在苏州，作《沁园春·壬寅岁旦，枕上述怀》。其上片云："四海烟尘，一棹风波，经行路难。……笠泽西头，碧山东畔，又与梅花共岁寒。……"其中"笠泽"，在今江苏苏州南。

2. 苏州。谢应芳《沁园春·自述》：笠泽东头，翠竹渔庄，沧洲钓船。看三江雪浪，烟波如画，一篷风月，随处留连。巨口鲈鱼，团脐螃蟹，坐饮篷窗醉即眠。蒹葭畔，□不收笭箵，意若忘筌。　　向来四海戈铤。好战舰都成赤壁烟。笑痴儿航海，空寻蓬岛，渔郎失路，漫说桃源。鸥社盟寒，歌声断续，烟水寥寥数百年。玄真子，有家传旧曲，重扣吾舷。

考辨：词中提到"笠泽"，与上词中"笠泽西头"相合。二词写作背景和情调均十分相近。更重要的，是二词词牌、韵脚完全一致。故系

---

① 《全元文》第60册，卷1847第494—495页。

该词于本年。

3. 大都。许有壬在作《沁园春》为弟许有孚祝寿。序云：

  可行弟泰定甲子寿日，赋乐府《沁园春》，时读书上庠，因勉其进学。后三十九年至正壬寅，同在京华，遇其寿日，语及旧作，遂再和前韵。

上片云："四海之间，难弟劣兄，白头二人。记昌期瑞旦，行年在卯，善门余庆，维岳生申。科第佳名，祠宗优秩，常奉天香降紫宸。身通贵，只贫安分定，老益书亲。"

考辨：序中明确提到创作时间和地点。

至正二十三年（癸卯，1363）

本年正月，四川明玉珍称帝，建国号大夏，纪元天统。三月，顺帝大赦天下。丁未，亲试进士六十二人。本月，立广西行中书省，以廉访使也儿吉尼为平章政事。时南方郡县多陷没，惟也儿吉尼独保广西十五年。立胶东行中书省及行枢密院，总制东方事。春，关先生余部自高丽复攻上都，孛罗帖木儿击降之。五月，张士诚海运粮食十三万石至京师。顺帝诏授江南下第及后期举人为路、府、州儒学教授。八月，倭人寇蓬州，守将刘暹击败之。自至正十八年以来，倭寇连连扰乱濒海郡县，自此后海隅遂安。本月，朱元璋大明军与陈友谅汉军大战于鄱阳湖，陈友谅败绩而死。其子陈理自立为王，仍据武昌为都，改元德寿，大明兵遂进围武昌。九月，张士诚自称吴王，向朝廷请命，不报。后朝廷向张士诚征海运，士诚不与。十一月，御史台大臣建言："故右丞相脱脱有大臣之体，向在中书，政务修举，深惧满盈，自求引退，加封郑王，固辞不受。再秉钧轴，克济艰危，统军进征，平徐州，收六合，大功垂成，浮言构难，奉诏谢兵，就贬以没。已蒙录用其子,还所籍田宅,更乞悯其勋旧,还其所授宣命。"①顺帝从之。

朱元璋平汉后,宋濂撰《平江汉颂》,该文既真实地记录了朱、陈二大军连续激战的宏大的历史场面,描述也非常精彩,是了解这场战争的最重要的资料。其云:

> 初以一旅之师,兴濠泗间,遂抚淮南平江,东攻浙东,西下之建都,江左发政施仁,戴白之叟,垂髫之童,涵泳神化,皞皞熙熙,如承平时,号称无事。于时,陈友谅据有江汉之地,僭居大号,贼杀其主,饬修蒙冲,虐驱烝黎,如蹈水火,不自度力。又集蜂蚁之众,直窥豫章,三月不解。皇赫斯怒,乃召群臣于庭而告之曰:……七月癸酉,皇躬擐甲胄,祃蠹龙江,帅楼船数百,蔽江而上,陈虏大誓,解围而逃。丁亥与我师遇鄱阳湖之康郎山。戊子,皇分舟师为十屯,命(徐)达、(常)遇春、永忠突入虏阵,呼声动天,地矢锋雨,集炮声雷轰,波涛起立,飞火照耀百里之内,水色尽赤,焚溺死者动一二万,流尸如蚁,满望无际。己丑,焚伪平章舟,刘戮余二千。辛卯,复酣战虏将张定边,素号枭猛。皇亲御之,将士皆死战,历一二时,遇春等左右夹击杀士卒无算,张中矢百余而退,潜保鞋山,不敢吐气。我师亦移据湖口,扼彼喉衿,列栅南北江岸……八月,虏食尽遣船五百艘,掠粮都昌,又为大将所获。壬戌,虏计穷冒死突出,将上趋九江。皇命诸舟一时俱合,其大战如戊子。自辰达酉,督战益急,友谅中飞矢,毙于身中。癸亥,降其众五万,皇命释之,不戮一人,凯歌而旋。舳舻相衔,旌旗飞翻,不疾不驰,委蛇而来,万姓欢迎,俯伏道左,山川草木皆有喜气。……昔曹操治水军八十万来攻孙权,而周瑜黄盖败之于赤壁。苻坚发长安戎卒

---

① 参见《元史·顺帝本纪九》,卷46第962—965页;第965页注释。

六十余万骑,二十七万以侵晋,而谢玄、谢石败之于淝水。然赤壁不过一焚而走,淝水不过军乱而奔。初未尝大战也。史臣且书之以为千古美谈,矧今湖口之捷,血战累日,天地为之晦冥,日月为之无光,河山为之震荡,其神功骏烈,炳耀铿鍧,与天无极,较之二国未足多让,而歌咏不作,非甚阙典欤?臣谨备著其事……以俟太史氏之采录。"①

本年九月,士诚再次自立为吴王。《明史·张士诚传》云:

> 尊其母曹氏为王太妃,置官属,别治府第于城中,以士信为浙江行省左丞相,幽达识帖睦迩于嘉兴。元征粮不复与。……当是时,士诚所据,南抵绍兴,北逾徐州,达于济宁之金沟,西距汝、颍、濠、泗,东薄海,二千余里,带甲数十万。以士信及女夫潘元绍为腹心,左丞徐义、李伯升、吕珍为爪牙,参军黄敬夫、蔡彦文、叶德新主谋议,元学士陈基、右丞饶介典文章。又好招延宾客,所赠遗舆马、居室、什器甚具。诸侨寓贫无籍者争趋之。②

由此可知,张士诚当时势力极大。又因为张氏"好招延宾客",对待文士的政策十分优厚,故当时避难、侨居、流寓者争先依附张氏政权,一时之间,造成了东吴文化在战乱时期的兴盛局面。

《明史》又云:"太祖与士诚接境。士诚数以兵攻常州、江阴、建德、长兴、诸全,辄不利去。"③故可知朱、张双方因所辖地接壤,从至正十六年起一直战争不断,但张士诚治下的平江和松江,在至正二十七年周政权覆灭前,其社会局面都是安定的。

本年,张翥在大都。许有壬在安阳。邵亨贞所在不详。

---

① 〔明〕刘仔肩编:《雅颂正音》卷1,《文渊阁四库全书》第1370册。
② 《明史·张士诚传》,卷123第3695页。
③ 《明史·张士诚传》,卷123第3696页。

本年无词作可考。

至正二十四年(甲辰,1364)

本年二月,朱元璋大明军灭伪汉,其所据湖南、湖北、江西诸郡皆降于明。八月,张士诚以其弟士信代达识帖睦迩为江浙行省左丞相。①

九月二十一日,许有壬在家乡安阳去世,卒年78岁。张翥被困于大都。邵亨贞在苏州。

1. 九月重阳节,邵亨贞在苏州,与友人登九山,作《摸鱼子》。其序云:

> 甲辰季秋,与夏颐贞同在吴门,屡有登山之兴,久雨不果。重阳日,友人罗仲达以节物为具,同席数人,意颇欢适。乙巳九日,在九山之东泗水上,酒阑散步,夕阳依依,冈峦在望,兴怀往事,不能无述,未知明年又在何处。驹隙如驰,行乐能几,所谓难逢开口笑也。

2. 邵亨贞写于苏州重阳节的词作,还有《摸鱼子·吴门客中,九日,次魏彦文韵》。未知是否作于该年。

至正二十五年(乙巳,1365)

本年七月,京师大水。八月,京城大门三日不开。朝廷以方国珍为淮南行省左丞相,分省庆元。十月,诏封扩廓帖木儿为河南王,代皇太子亲征,总制关陕、晋冀、山东等处并迤南一应军马,凡军民一切机务、钱粮、名爵、黜陟、予夺,悉听其处理。十一月,大明兵取泰州。当时泰州、通州、高邮、淮安、徐州、宿州、泗州、濠州、安丰诸郡,皆为

---

① 《元史·顺帝本纪九》,卷46第966、968页。

张士诚所据。①

本年,张翥在大都。邵亨贞行踪不明。谢应芳在平江。无词作可考。

本年秋,谢应芳在平江作《送黄仲贤同知吴江州序》。其云:

> 至正乙巳秋,太尉丞相知黄公仲贤之能,启奉正命,命同知吴江州事。其职可谓近民矣。……君之行,其友某请予以理之一言,叙而送之。②

文中"太尉丞相"指张士诚,其于至正十八年被元廷封为"太尉"。谢应芳的诸多文章表明,其与张氏政权中官员都有来往,他是较支持张士诚政权的。

谢应芳在苏州(平江),作《送陈允贞序》,记述了平江城开护城河之事。其云:

> 至正乙巳,王命江浙分省参政周公开望亭河,为固国计。公知允贞为能干济,使董其役。允贞方以吴江州吏目秩满而归,承命之重,义不敢辞。于是殚志尽力,宣劳王事,召奋数十万人,为之计工程限期,日不疾不徐,民用子来,两月之间,事功乃集。河长四十里,北接漕湖,南通漕渠,又东注于震泽,吴人视之犹金汤。……今允贞赴盐场幕官,吾知其才足以有为也。③

文中之"王"指吴王张士诚。浙省参政周公指周伯琦。该文表明,本年因朱元璋军对张士诚统治地区的攻势越来越强,张士诚命周伯琦在平江开望亭河,周氏又令陈允贞总督此事。当时参与工事者十万人,两月即凿成该护城河,长四十里,平江人"视之犹金汤"。

---

① 《元史·顺帝本纪九》,卷46第970—971页。
② 《全元文》第43册,卷1345第150页。
③ 《全元文》第43册,卷1345第169页。

至正二十六年（丙午，1366）

本年春，谢应芳经过上海，适值县令苏彦祥任满离去，谢为其送别，作序文并注明时间。之后，谢应芳携家人归返故乡武进，在生日时，作组词抒怀。

谢应芳《为智长老送苏县尹序》云：

> 至正丙午春，予方过上海，卓锡于寂寞之滨。适县令苏君彦祥秩满而去，士大夫祖帐都门外，田夫野老遮道请留。或膝行而前，脱君之靴，先后数四，不啻攀辕而卧辙也。予尝揖父老而问之曰："苏君何以得若等之心而此哉？"父老曰："我贤令廉明公正，材干绝人。三年之间，凡可以康济吾民者，知无不为。且精于法律，小大之事，处决如流，吏畏民服。租赋非不重也。赖除去宿弊，而无横敛之毒；徭役非不伙也，以差次民力而无不均之苦。至若谨庠序，明教化，置礼乐之器以严祭祀，增社学之设以广文教。凡祠庙之在祀典者，皆修举废坠，丽牲之碑，所在正立。街衢桥梁，举邑完好。"又曰："县濒巨海，江流交接，风涛洪肆，险恶万状，御人者往往出没其中，过者病之。令乃相地之利，由县治西南开大港，接新泾口，延袤几四十里，墟邑相望，鸡犬之声相闻。昔之畏境，今为康庄。风帆雨楫，昼夜不休。县之人不忘所自，因以苏港名之。"予闻而叹曰："令贤乎哉，此盖千万世之遗泽也。秦之白渠，常之孟渎，杭之苏堤，盖此类耳。予复何言。"特以前所闻父老之语，序而送之，以抒邑人去思之意云。①

谢应芳在文中据实以录，记载并歌颂了百姓对松江府上海县县令苏彦祥政绩的高度评价。松江时为张士诚政权辖地。因此，该序

---

① 《全元文》第43册，卷1345第170页。

更重要的意义是,通过它,可以了解到张士诚治下松江的政治和经济局面,教育与社会建设,治安、民心向背等各方面情况。

邵亨贞在苏州。谢应芳盖回到家乡武进。江西籍词人梁寅在家乡新喻,作词三首。瞿佑先在家乡杭州后至苏州。

1.正月,梁寅在家乡江西新喻,作《玉蝴蝶·丙午元夕》。

2.秋某月,青年词人瞿佑(字宗吉)再至平江,作《八声甘州》遣怀。

考辨:该词《全明词》失收。明陈霆《渚山堂词话》卷三记其本事云:

> 瞿宗吉寓姑苏,作《八声甘州》以自遣。首阕云:"倚危楼、翘首问天公,何时故乡归。对碧云千里,绿波一道,山色周围。风景不殊畴昔,城郭是耶非。满目新亭泪,独自沾衣。"其自叙云:"丙午秋,重到姑苏,登楼有作。"按丙午乃至正二十六年,时张士诚尚据姑苏。明年丁未灭亡,则是时张之国势盖蹙矣。初,士诚称吴王,不惜美官丰禄,以招徕天下之士。凡前元不得志者,悉投之。宗吉薄游姑苏,岂亦谋禄仕之计耶。然宗吉以至正丁亥(七年,1347)生,屈指至丙午,年才弱冠。则其再游姑苏,非必汲汲于营进也。特以采采故耳。继此即返棹。丁未燕巢之祸,脱不预焉。其视张思廉(张宪)等有间矣。①

这段记载可补词史之缺。瞿佑,杭州籍词人,时年20左右,其才学已闻名于杭州一带,是元末词人凌云翰的忘年之交。陈霆之所以记录瞿佑该词,盖因当时亲见之故。而瞿佑《八声甘州》小序明言,本年词人是第二次来到平江,则此前,少年瞿佑就曾来过。瞿佑该词,

---

① 〔明〕陈霆撰:《渚山堂词话》卷3,唐圭璋主编:《词话丛编》,北京:中华书局,1986年,第379页。

3. 九月，邵亨贞在苏州，登九山作《满江红·丙午重阳前二日雨霁，泗泾倚阑望九山》。

4. 十月，梁寅与友人在樟镇分别后，作《永遇乐》。其序云：

> 丙午岁仲秋，与胡中山同舟往南昌，至樟镇而返。别逾一月，作此寄之。中山能谈泰定数。

5. 十二月，江西新喻。梁寅作《珍珠帘·丙午冬雪》。

6. 本年，瞿佑在杭州，应杨维桢的命题之请而作《沁园春·咏鞋杯》。

考辨：《四库全书总目·肃雝集提要》云："瞿宗吉《归田诗话》称维桢过宗吉叔祖士衡家，以《香奁八题》见示，依其体作八诗以呈维桢，称赏，因以'鞋杯'命题，宗吉作《沁园春》云云。宗吉虽不著年月，而铁崖《复古诗》中《香奁八咏》有维桢自序称：'至正丙午(1366)春三月，宗吉先和诗而后咏鞋杯。'又必在丙午之后。"又，杨维桢《香奁八咏》序云："云间诗社《香奁八咏》，无春芳才情者，多为题所困，纵有篇辞，鄙妇学妆院体，终带鄙状，可丑也。……一日，云庵王先生（王国器）寄示《踏莎行》八阕，读之惊喜。先生盖松雪翁门人，今年八十又三矣。而坚强清爽，出语娟丽，此殆为月中神仙人也。谨付翠儿，度腔歌之。……至正丙午春三月初吉，锦婆老人杨维桢序。"①

据此可知，王国器《踏莎行·香奁八咏》为首唱，杨维桢次韵八首诗，瞿佑又应杨维桢之请作《沁园春·咏鞋杯》。三人之作的时间应相差不远，盖都在本年。

7. 本年，谢应芳70岁生日，作自寿词《点绛唇》五首。

考辨：《点绛唇·初度作》其一云："七十年前，抱麟虚负双亲梦。

---

① 〔元〕杨维桢著，邹志方点校：《杨维桢诗集》之《铁崖逸编》卷7，杭州：浙江古籍出版社，2010年，第350页。

一襟空洞。生世曾何用。"词人生于元成宗元贞二年(1296),下推70年,则为至正二十六年。其二云:"海上归来,鬓毛枯似经霜草。薄田些少。茅屋园池小。"据词意判断,词人一家已回到家乡常州武进县。

至正二十七年(丁未,1367)

本年九月,平江城破,张士诚所建周政权被朱元璋剿灭,张士诚自缢而亡。历时十四年。《明史》卷123《张士诚传》较详尽地记载了这段历史。其云:

> 二十六年十一月,大军进攻平江,筑长围困之。士诚距守数月。太祖贻书招之曰……士诚不报,数突围决战,不利。李伯升知士诚困甚,遣所善客逾城说士诚曰:……乃谢客,竟不降。士诚故有勇胜军号"十条龙"者,皆骁猛善斗,每被银铠锦衣出入阵中,至是亦悉败,溺万里桥下死。最后丞相士信中炮死,城中汹汹无固志。二十七年九月,城破,士诚收余众战于万寿寺东街,众散走。仓皇归府第,拒户自缢。故部将赵世雄解之。大将军达数遣李伯升、潘元绍等谕意,士诚瞑目不答。舁出葑门,入舟,不复食。至金陵,竟自缢死,年四十七。命具棺葬之。①

词人谢应芳则用长诗总结了张士诚的一生,也反映了至正后期朝野上下的整体情况,表达了诗人对时政的看法和忧虑之情。其《淮夷篇》云:

> 大邦浙河西,吴郡称第一。淮夷着柘黄,来作豺虎窟。交邻无善道,西顾无勃敌。一鹗婴网罗,同气顿萧瑟。正朔仍奉汉,天恩满床笏。赋粟岁倍蓰,鄜坞金日积。非无舳舻

---

① 〔清〕张廷玉等撰:《明史·张士诚传》,第3695页。

风,海运不挂席。包藏狼子心,反复莫可测。台阁两重臣,忍为枭獍食。井蛙自尊大,出入复警跸。爱弟宠且骄,开府门列戟。提兵几百万,势热手可炙。甲第连青云,围涧东丹碧。瑶池长夜饮,《天魔舞》倾国。帷幄皆面谀,忠鲠即磨斥。权门竞豪奢,娄娄务怀璧。淮南旧巢穴,坐视成弃掷。出师理侵疆,所向辄败绩。邻兵贾余勇,一举数州得。群凶纳降去,孤城独坚壁。奈何围数重,楼橹比如栉。炮车拂云汉,昼夜飞霹雳。宠弟既虀粉,左右皆股栗。短兵屡相接,苗獠与戮力。南濠百花洲,流血水尽赤。闭关甫期月,人面多菜色。蔬食犹八珍,骸骨爨下析。众叛已不知,豕突犹亲出。前徒忽投戈,回骑不数匹。一炬齐云楼,妻子随烟灭。缚虎送台城,咆哮气方息。嗟哉尔淮夷,亡命起仓卒。衡行十五载,贵富亦已极。雕墙底灭亡,斯理信勿忒。①

据该诗内容分析,应写于至正二十七年张士诚政权覆灭之时。诗中写到了至正十一年乱起后京都、江淮、东吴地区的许多大事。如"包藏狼子心,反复莫可测",映射方国珍在台州造反后,又反复几次向元廷投降,并与张士诚一起由海路向大都运输粮食。而"台阁两重臣,忍为枭獍食",似乎映射害死脱脱的奸臣兄弟哈麻与雪雪。"瑶池长夜饮,《天魔舞》倾国",指至正十四年起,顺帝荒废政事、沉迷美色之事。据《顺帝本纪六》该年纪事,当时宫中流行十六天魔舞,形式十分奢华,场面浩大,由十六个宫女一起展开。"一炬齐云楼,妻子随烟灭",指至正二十七年,朱元璋部下攻进平江城前,张士诚的妻子纵火焚楼,妻妾全部死亡。"衡行十五载,贵富亦已极",指张士诚统治东吴江淮共十四年,诗人举成数而言。

本年,词人凌云翰撤出平江,隐居吴兴苕溪默林村。其《次韵范

---

① 〔清〕顾嗣立编:《元诗选》(二集下),第1243—1244页。

石湖田园杂兴诗六十首》序云：

> 丁未岁，隐居于苕溪之默林村，感与时并事，因景集不能无动于中，于是取石湖诗韵尽和之，以授诸童子，庶寓山歌野曲之意，览者必有以知予志之所存。避俗翁识。①

高启在平江（苏州），缅怀已经覆灭的张士诚政权。

1. 七月或八月，平江。高启作《多丽·吊七姬》：倩嫦娥。呼天试问如何。向人间、生成尤物，等闲又把消磨。揉群花、乱飘尘土，毁联璧、碎掷烟波。谩说无双，倾城曾数，八人少个六人多。一般样，细腰袅袅，高髻峨峨。　　奈干戈、筵上艳曲，忽翻做帐中歌。忍教受、项缠素帛，浑忘记、臂结红罗。翠被都闲，玉钿尽落，魂游应去马嵬坡。谁能发、香祸解看，怕肉尚温和。堪肠断，空楼月落，废院春过。

考辨：元末，张士诚女婿潘元绍因担忧一己死于战乱而命其七姬预先自经。高启该词盖为感叹其事而作。潘元绍七姬死后，张士诚幕下重要文士陈基作诗《群珠碎，伤吴帅潘元绍众妾作》，其序云："潘七妾皆青年绝色，善纂组歌词。因潘出军，恐致疑，皆自经。"②言辞虽闪烁，但仍透露七妾的悲剧是潘一手造成的。

七姬死于本年七月五日，八月，潘元绍令张羽勒石以纪。故张羽《七姬权厝志》对七姬之死的记载最详细。其云：

> 七姬皆良家子，事江浙行省左丞荥阳潘公，皆为侧室。性皆柔慧，姿容皆端丽修洁，善女红，剪制文绣经手，皆精巧绝伦，事其主及夫人，皆能以礼，其群居和而有序，皆不为怙宠忮美之行。公每闻闾阎间妇人能以节概自立者，归必为语其事，皆应曰："彼亦人为耳。"公笑曰："若果能邪？"及外难兴，敌抵城，公日临战，一旦归，召七姬谓曰："我受国重

---

① 〔明〕凌云翰撰：《柘轩集》卷1，《文渊阁四库全书》第1227册。
② 〔清〕顾嗣立编：《元诗选》（初集三），第1917页。

寄,我义不顾家,脱有不宿,诚若等当自引决,毋为人耻也。"一姬跪而前曰:"主君遇妾厚,妾终无二心,请及君时,死以报,毋令君疑也。"遂趋入室,以其帨自经死于户,六人者,亦皆相继经死。公闻之曰:"何若遽死耶?"实至正丁未七月五日也。以世难弗克葬,乃敛其尸焚之,复以其骸,葬于后圃,合为一冢。公还启其封,且泣曰:"是非若所安也。"行营高敞地而迁焉,时以日薄,故未暇为志,及逾月,始状其事,属羽将勒石追瘗于冢侧。……乃列其姓氏于石,而系之以铭。程氏蜀郡人,年三十……段氏,大宁人,年十八,其先死者也。公名元绍,字仲昭,实宋魏王廷美之裔。其先以避祸易今姓,未复云。……七姬墓在郡城东北隅元绍后圃,今为谢挥使宅。①

据张羽墓志可知,七姬的死完全是由于潘元绍的极端自私、反复诱导与最后的命令造成的。其中最长者才30岁,最小者18岁,七人均才貌双全,极为可惜。故该事也从一个侧面反映了张士诚周政权在后期的腐化堕落。当时即在文人间引起广泛的反映。张羽、陈基的诗文即明证。故,高启该词作于本年七月或八月当无疑。

元以后,仍陆续有人著文谈论该事。附代表性文章如下。

明杨慎《跋七姬帖》云:

国朝真行书,当以宋克为第一。所书七姬帖文,其冠绝也。然其事则可疑。七姬之死,盖出于潘之逼之,谓不幸则可,非徇节也。……高季迪《吊七姬多丽词》云……其事情信无疑矣。吁,可怜哉!②

《元明事类钞》卷十七云:"杨慎集,七姬之死盖潘逼焉,平居则獶

---

① 〔明〕钱榖撰:《吴都文粹续集》卷39,《文渊阁四库全书》1385册。
② 〔明〕杨慎撰:《升庵集》卷10,《文渊阁四库全书》第1270册,第101页。

杂子女而渔聚之,一旦有变,恐乐他人之少年而雉经之,潘之恶甚矣。"①

2.九月后,平江。高启《木兰花慢·过城东废第》:正春来梦好,春忽去,怎留将。早月坠筝楼,尘生戟户,草满毬场。美人尽为黄壤,恨温柔、难把作家乡。桃李一番狼藉,燕莺几许凄凉。　虚言地久天长。回首已斜阳。算只为当年,多些欢乐,少个思量。不见门前系马,有栖鸦独占垂杨。试问朝来过客,谁人肯为悲伤。②

考辨:明代陈霆《渚山堂词话》卷2记载了高启作《木兰花慢》的本事。其云:

> 张士诚据姑苏,凡高门大宅,悉为其权悻所占,计其一时歌钟甲第之富,舆马姬妾之盛,自谓安享乐成,永永无虑。孰知不五六年,烟灭云散,如高季迪之《木兰花慢》所慨是也。高词云:"笑匆匆梦短,人间事、几黄粱。早月坠筝楼,尘生戟户,草满毬场。美人尽为黄土,甚温柔、难把作仙乡。桃李一番狼藉,燕莺几许凄凉。　虚言地久与天长。沧海变耕桑。记花月当年,尽多欢乐,却少思量。门前久无系马,但栖鸦、临晚占垂杨。试问今来过客,有谁感叹斜阳。"盖盛衰不常,物理反复,虽贵侯世戚,且不能保其盈满,况于一时草窃者哉。③

按:上引高启《木兰花慢》,从主要内容看,所记为同一件事,即感叹张士诚的败亡。至于内容有所不同,应是不同版本所致,故都录于此。

据此可知,高启该词所关联本事即张士诚政权覆灭一事。张士

---

① 〔清〕姚之骃撰:《元明事类钞》,《文渊阁四库全书》第884册。
② 饶宗颐初纂,张璋总纂:《全明词》(全六册),北京:中华书局,2004年,第162页。
③ 〔明〕陈霆撰《渚山堂词话》卷2,《词话丛编》第368页。

诚亡于本年九月,则该词当作于本年九月后。此外当注意的,是陈霆所记高启该词,与饶宗颐、张璋二先生之《全明词》所收词有明显差异。

联系史实,词题所云"城东废第",当暗示张士诚宅邸。《明史·张士诚传》云:"方士诚之被围也,语其妻刘曰:'吾败且死矣,若曹何为?'刘答曰:'君无忧,妾必不负君。'积薪齐云楼下。城破,驱群妾登楼,令养子辰保纵火焚之,亦自缢。有二幼子匿民间,不知所终。"① 据此可知,张士诚妻刘氏在平江城破后,与众妾自焚而死。高启词中所感叹的"美人尽为黄土",即暗示此事。故系该词于本年。

3. 高启《忆秦娥·感叹》:功名骤。时人笑我真迂缪。真迂缪。不能进取,几年落后。　一场翻覆难收救。布衣惟我还如旧。还如旧。思量前事,是天成就。

考辨:从题目和内容看,与前面二词意味一致,似感叹张士诚之作。其中"一场翻覆难收救"言外之意,尤其明显。故系于本年。

至正二十八年(戊申,1368)

洪武元年

本年八月,元顺帝弃大都出奔,元亡。朱元璋正式建立明朝,年号洪武。故该年亦为洪武元年。

本年三月,元后期最重要的文学家之一张翥在大都去世。从至正十一年开始,张翥人生最后的岁月都是在大都这座"围城"中度过的。

邵亨贞在松江。其长子克颖因为受人牵连,被关入狱中。邵亨贞本年作有三首注明时间的词作。

1. 正月九日,谢应芳作《江城子》,序云:

---

① 《明史·张士诚传》,卷 123 第 3696 页。

贺萧墅张克让戊申正月九日初度生孙,是日立春节也。

2.正月十五,松江。邵亨贞作元宵词《水龙吟·戊申灯夕,云间城中作》。其云:"兵余重见元宵,浅寒收雨东风起。城门傍晚,金吾传令、遍张灯市。报道而今,依然放夜,纵人游戏。……犹有儿童,等闲来问,承平遗事。奈无情野老,闻灯懒看,闭门寻睡。"元朝即将结束它最后的历程,词人心情十分消沉,内心仍然眷恋着这个国度。

3.三月,松江。邵亨贞作《六州歌头》,序云:

戊申岁,一春强半风雨,不可出户者至有兼旬之久。三月九日寒食,烟雨中望邻墙桃花,殆欲零落,感人事之不齐,叹芳时之易失,信笔纪述,斐然成章。桓司马谓树犹如此,人何以堪,今乃信之矣。

词借伤春惜花,表达了个人面临即将改朝换代的巨大变迁,十分痛苦而尴尬的情怀。

4.十月,松江。邵亨贞作《齐天乐》。序云:

张翔南寓金陵时,尝有寄全子尚、魏彦文洎诸词友之作。乃辱彦文见念,独以赏音见许,而不知予频年连婴逆景,久疏词笔,非复向时怀抱矣。戊申秋杪,郏仲羲持示词卷,且辱彦文寄声,并索近作入卷,乃为倚歌二阕,其一以答彦文,其一以喜翔南还家。

考辨:序云该词作于"秋杪",即十月。词序表明,郏经来探访邵亨贞时,曾出示其"词卷",则郏经当时亦为词人,可惜其词后来完全亡佚("词卷"也不行于世)。此外,郏经所持有的"词卷"并非其一人所作,而是收录了邵亨贞诸位好友的合集。当时,邵亨贞友人魏彦文从异乡寄赠邵氏的词作,也收录其中,魏彦文并索要邵亨贞的"近作入卷"。于是,邵亨贞应友人之请,作《齐天乐》二首。其一便是这首。

词首句云:"当年放浪苏台下,长从故人诗酒。……"该词回忆了当年众人在苏州"多君玩世""放浪苏台""茧帖飞花""鹍弦度曲"的往事。而邵亨贞在序中所提到的"词友",也正是当年他流寓苏州时的"故人"。他们是:张翼,字翔南,浙江建德县人,存题画词一首;金炯,字子尚,浙江嘉兴人,存题画词一首;魏彦文,生平不详,从邵亨贞词中查知,其佚词为3首或以上。参见本书附录一"元末已佚词人及词作统计表"。

5. 十月,松江。应友人之请,邵亨贞作《齐天乐·寄张翔南》。其云:六朝千古台城路,伤心几番兴废。形胜空存,繁华暗老,举目江山还异。风尘万里。奈迁客驱驰,去程迢递。故旧相望,雁边消息纱难寄。　　春风凤皇台上,转蓬回首处,应叹身世。江总情深,陈琳檄倦,投老竟成归计。斜阳某水。且净洗缁衣,任休行李。只怕东山,兴来还又起。

该词怀古抒情,借感伤六朝往事,而暗悲元亡明兴。词人在回顾和总结历史中,也"设计"了自己的未来。在漂泊流离的万里风尘中,个人命运恰如一叶转蓬,时代的漩涡随时可能将其吞没。因此,只有投老归隐才是保全生命的良策。

本年正月,梁寅被明太祖征召至金陵。其《严氏故居记》记该事云:"余以承诏议礼留京师,而严杞楚文方以贤良征,乃获定交焉。……洪武元年岁在戊申正月既望,临江梁寅记。"①此外,梁寅《跋白鹿先生诗》亦透露了该年行踪,其云:"今鄱阳德兴王氏,由西蜀而来,始曰进士桂行,为丞德兴,宋亡死官。其孙曰嘉,居白鹿门,隐以授徒,号白鹿先生。……洪武建元之初,临江梁寅书于京城天界寺之西堂。"②

梁寅词《折桂令·留京城作》云:"龙楼凤阁重重。……几人侍、

---

① 《全元文》第 49 册,卷 1517 第 620—621 页。
② 《全元文》第 49 册,卷 1510 第 438 页。

黄金殿上,几人在、紫陌尘中。运有穷通。宽着心胸。一任君王,一任天公。"①未知是否作于本年,或本年之后。

元末词人入明后的词作:

元末词人入明后,沿着既有的心路历程,大多继续创作着他们追忆与怀恋故国的词作。这些词作从朝代划分,虽然属于明初词;但若从词人心灵史的角度观照,则仍可看作是元末词的延续。毕竟,生命是不可割断的。处于易代之际的词人,其生命及由这生命生发和伴随的词作,不可能依照朝代划分的标准将其截然割断。当代学者所编《全金元词》与《全明词》,都兼收元末明初的词人词作,原因就在这里。因此,在本编年的最后,对于入明后的元末词人,收录有他们注明了创作时间的词作。

洪武二年(己酉,1369)

邵亨贞作《满江红》,其序云:

己酉九日,雨中家居,忆夏士安、颐贞蒙亨叔任,唐元望、元泰、元弘昆季六人,皆常年同莸菊者,一载之间,俱罹患难,各天一方,信笔纪怀,有不胜情者矣。

词云:风雨重阳,凭谁问、故人消息。记当日、承平节序,佩环宾席。处处相逢开口笑,年年不负登山屐。是几番、扶醉插黄花,乌巾侧。　　诗酒会,成陈迹。山水趣,今谁识。奈无情世故,转头今昔。冰雪关河劳梦寐,芝兰玉树蘿荆棘。对西风、愁杀白头人,长相忆。

洪武三年(庚戌,1370)

邵亨贞作《渡江云》,其序云:

---

① 《全明词》,第36页。

> 庚戌腊月九日,与郏仲义同往江阴。是夕泊舟无锡之高桥,乱后荒寒,茅苇弥望,朔吹乍静,山气乍昏复明,起与仲义登桥纵目,霜月遍野,情怀恍然,口占纪行,求仲义印(按:郏经擅篆刻)可。

词云:朔风吹破帽,江空岁晚,客路正冰霜。暮鸦归未了,指点旗亭,弭棹宿河梁。荒烟乱草,试小立、目送斜阳。寻旧游、恍然如梦,展转意难忘。　　堪伤。山阳夜笛,水面琵琶,记当年曾赏。嗟老来、风埃憔悴,身世微茫。今宵到此知何处,对冷月、清兴犹狂。愁未了,一声渔笛沧浪。

洪武四年(辛亥,1371)

倪瓒《折桂令·过陆庄》:片帆轻水远山长。鸿雁将来,菊蕊初黄。碧海鲸鲵,兰筍翡翠,风露鸳鸯。　　问音信,何人谛当。想情怀、旧日风光。杨柳池塘,随处凋零,无限思量。①

洪武五年(壬子,1372)

1. 邵亨贞作《虞美人》,其序云:

> 壬子岁元夕,与郏仲义同客横泖,义约予偕作词,纪节序。予应之曰,古人有观灯之乐,故形之咏歌,今何所见而为之乎。义曰,姑写即景可也。夜枕不寐,遂成韵语。时予有子夏之戚,每无欢声,诘朝相见,而义词竟不成云。

词云:客窗深闭逢三五。不恨无歌舞。天时人事总凄然。只有隔窗明月似当年。　　老夫分外情怀恶。无意寻行乐。眼前触景是愁端。留得岁寒生计在蒲团。

---

① 《全明词》,第27页。

2.邵亨贞《虞美人》:无情世事催人老。不觉风光好。江南无处不萧条。何处笙歌灯火作元宵。　　承平父老头颅改。就里襟怀在。相逢不忍更论心。只向路旁握手共沉吟。

洪武六年(癸丑,1373)

查本年无元末明初词人词作(无标明癸丑,或有线索可考者)。

洪武七年(甲寅,1374)

查本年无元末明初词人词作(无标明甲寅,或有线索可考者)。

洪武八年(乙卯,1375)

1.《江城梅花引·乙卯除夕》:灯前儿女小团圞。岁将阑。夜将残。一度逢春,一度减朱颜。明日东风三十二,又添得,二毛侵,鬓底斑。　　世间世间行路难。身世闲。天地宽。往事往事恨未了,长恨儒冠。爆竹声中,春又到柴关。一任黄尘门外扰,且留取,旧梅花,独自看。

2.邵亨贞《齐天乐·乙卯春,客楼雨中怀小溪故人行乐》:东风吹雨春城晚,黄昏小楼人静。燕子朱帘,谯门画角,收拾柳边残暝。微镫照影,叹尘满书床,火销香鼎。客里王孙,故家乐事尚能省。　　人生壮游几许,旧鸥应怪我,沙上盟冷。刻烛催诗,倾尊款话,长忆西窗风景。相思有兴。待官渡回潮,野桥吟艇。莫遣啼鹃,夜深惊梦醒。

洪武九年(丙辰,1376)

谢应芳作《水调歌头》,其序云:

> 洪武九年秋,余卜居千墩,尝作水调歌。今也人事乖违,欲还故土,故复和前韵,以述其情,并以留别吴下诸友。

时十三年六月初也。

词云:牙齿豁来久,老气尚横秋。买得归耕黄犊,儿辈幸无愁。相近六龙城下,只在三家村里,结屋小如舟。倚树览山色,且免赋登楼。　　看官爵,都不似,醉乡侯。里翁闲话,便同学士坐瀛洲。寄语东吴朋友,乘兴能来涵浦,舣棹听渔讴。无酒不须虑,解我破貂裘。

洪武十年(丁巳,1377)

刘炳《凤凰台上忆吹箫·丁巳中秋感旧》:怅西风万里,江上停桡。玉砌雕栏何处,霓裳曲、凤管鸾箫。休重问,伤心往事、都付寒潮。

据内容判断作于明初而无创作时间的词作如下:

倪瓒《人月圆》其一:伤心莫问前朝事,重上越王台。鹧鸪啼处,东风草绿,残照花开。　　怅然孤啸,青山故国,乔木苍苔。当时明月,依依素影,何处飞来。

倪瓒《人月圆》其二:惊回一枕当年梦,渔唱起南津。画屏云嶂,池塘春草,无限消魂。　　旧家应在,梧桐覆井,杨柳藏门。闲身空老,孤篷听雨,灯火江村。

倪瓒《蝶恋花》:夜永愁人偏起早。客鬓萧萧,镜里看枯槁。雨叶铺庭风为扫。闭门寂寞生秋草。　　行路难行悲远道。说着客行,真个令人恼。久客还家贫亦好。无家漫自伤怀抱。(按:《全明词》后有词人补注:壬子[1372]九月二十五日,访照庵高士留饮,因书近词,以求是正之益。)

倪瓒《江南春》,《全明词》按语曰:"首唱。案:《词律》《词谱》录《江南春》调凡三十字,为寇准自度曲。倪瓒此词凡一百十二字,有别于寇词。"

词云:江南夜雨生芦笋。日出瞳眬帘幕静。惊禽蹴破杏花烟,陌上东风吹鬓影。远江摇曙剑光冷。辘轳水咽青苔井。落花飞燕触衣巾。陈香火微紫绿尘。　春风颠,春雨急。清泪泓泓江竹湿。落花辞枝悔何及。丝桐哀鸣乱朱碧。嗟我胡为去乡邑。相如家徒四壁立。柳花入水化绿萍。风波浩荡心怔营。

瓒录上求元举先生,元用文学克用征君教之。《江南春词集》(编者按:"倪瓒词作,已见唐圭璋所编《全金元词》。但此首《江南春》却未之见。而倪瓒此词写成后,明代江南吴中和者甚伙,并汇编《江南春》词集刊行。"①

倪瓒《小桃红》其一:绿庄风景又萧条。堪叹还堪笑。世事茫茫更谁料。访渔樵。　后庭玉树当时调。可怜商女,不知亡国,吹向紫鸾箫。②

《小桃红》其二:一江秋水淡寒烟。水影明如练。眼底离愁数行雁。写晴天。　白蘋红蓼参差见。吴歌荡桨,一声哀怨,惊起鸥鹭眠。

《小桃红》其三:五湖烟水未归身。天地双蓬鬓。白酒新笞会邻近。主酬宾。　百年世事兴亡运。青山数家,渔舟一叶,聊且避风尘。③

陶宗仪《念奴娇·九日有感,次友人韵》:黄花白发,又匆匆佳节,感今怀昔。雨覆云翻无限态,故国寒烟榛棘。杜老飘零,沈郎瘦损,此意天应识。划然长啸,不知身是孤客。　呼酒漫被清愁,玉奴频劝,两脸添春色。眼底平生空四海,倦拂红尘风帻。戏马台荒,龙山人老,往事休追惜。山林无恙,也须容我高屐。

---

① 《全明词》,第28页。
② 《全明词》,第27页。
③ 《全明词》,第27页。

下篇

考 论

第一章 词人考

第一节 张翥的杭州形迹及杭州词友考

考索元词大家张翥的一生形迹,他与杭州的关系最为密切。张翥幼年师从仇远学词于杭,19 岁离杭后,一生又曾多次游居于杭,晚年困居大都,杭州成为他心灵深处的故土。根据张翥词的词题、序及内容进行辨析和统计,发现张翥约有 30 首杭州词,接近其词总数的 1/4。这部分词历来也最受好评。通过张翥在杭的交游、杭州词词题及序,与居杭名士兼张翥友人等线索,可以考知其部分杭州词友,从而力图还原张翥所在之杭州词坛的面貌,为深入研究元词提供一个新的视角。

一、清代词学家对张翥一致性的高度评价

张翥(1287—1368),字仲举,号蜕庵,其一生基本与元朝相始终,诗、词均独树一帜,是当之无愧的元代大家。修于明初的《元史》评其为:"留杭,又从仇远先生学。远于诗最高,翥学之,尽得其音律之奥,于是翥遂以诗文知名一时。已而薄游维扬,居久之,学者及门甚众。"①"翥长于诗,其近体、长短句尤工。"②元史总纂修官宋濂及其他史官本为元末明初人,他们的看法代表了当时人对于张翥词的评价。以后,便是清代词学家对张翥词的高度推崇。兹列举如下。

> 张仲举擅长乐府,为元代词宗。其历宦皆东南名都,故顾曲之赠,更多于子野、玉田辈也。③

> 张翥蜕岩词,典雅温润,每阕皆首尾完善,词意兼美,允推元代一大家。④

> 集中好词尚多,不愧元朝冠冕。⑤

> 余雅不喜元词,以为倚声衰于元也。……元代作者,惟仲举一人耳。⑥

> 蜕岩词无自制腔,其词腴于根,而盛于华,直接宋人步武。于元之一代,诚足以度越诸子,可谓海之明珠,鸟之凤皇矣。⑦

由上可见,在元代词人中,清代词学家对于张翥的关注最多、评价亦最高。张翥基本已成为元词人中"众人瞩目"的对象,这种情形一直延续到近代词学大家吴梅、刘毓盘等那里。显然,张翥词为元词冠冕,古今学人已达成共识,毋庸置疑。以唐圭璋先生编《词话丛编》为底本(个别评语非出自《词话丛编》本者,均用脚注注明),经我初步统计,涉及评价张翥的清代词话共17部,而评价张翥的词评共34

---

① 〔明〕宋濂等撰:《元史·张翥传》,北京:中华书局,1976年,卷186第4284页。
② 〔明〕宋濂等撰:《元史·张翥传》,卷186第4285页。
③ 〔清〕叶申芗撰:《本事词》,唐圭璋编:《词话丛编》,北京:中华书局,1986年,第2381—2382页。
④ 〔清〕李佳撰:《左庵词话》卷上、卷下,唐圭璋编:《词话丛编》,第3110—3111页。
⑤ 〔清〕李佳撰:《左庵词话》卷上、卷下,唐圭璋编:《词话丛编》,第3173—3174页。
⑥ 〔清〕陈廷焯《词坛丛话》,唐圭璋编:《词话丛编》,第3727页。
⑦ 〔清〕张德瀛撰《词征》卷6,唐圭璋编:《词话丛编》,第4171页。

条,列表如下。

表1

作者及书名	评张翥次数	出处页码	总计
〔清〕王奕清等撰《历代词话》	3	1287	涉及评价张翥的词话共17部,评张翥次数共计37条。
〔清〕田同之撰《西圃词说》	1	1454	
〔清〕许昂霄撰《词综偶评》	3	1569、1570	
〔清〕冯金伯辑《词苑萃编》	4	1784—1785、1904、1905	
〔清〕叶申芗撰《本事词》	1	2381—2382	
〔清〕吴衡照撰《莲子居词话》	2	2436	
〔清〕李佳撰《左庵词话》	2	3110—3111、3173—3174	
〔清〕谢章铤撰《赌棋山庄词话》	2	3331、3471—4372	
〔清〕刘熙载撰《艺概》	1	3697	
〔清〕陈廷焯撰《词坛丛话》	3	3727、3728	
〔清〕陈廷焯撰《白雨斋词话》	5	3822、3823、3964、3969	
〔清〕陈廷焯撰《云韶集》①	1		
〔清〕胡薇元撰《岁寒居词话》	2	4035、4036	
〔清〕张德瀛撰《词征》	3	4080—4081、4171、4172	
郑文焯撰,龙沐勋辑《大鹤山人词话》	1	4336	
(清)况周颐撰《蕙风词话》	2	4471、4483	
〔清〕张宗橚辑《词林纪事》②	1	1309	

上表中的词话著作,凡涉及评价张翥时,基本都持高度推崇和肯定的态度。其中,尤以著名词学家陈廷焯最为推许张翥,共评张翥达

---

① 〔清〕陈廷焯撰:《云韶集》卷11,转引自钟陵编著:《金元词纪事会评》,合肥:黄山书社,1995年。
② 〔清〕张宗橚辑《词林纪事》,朱崇才编纂:《词话丛编续编》(全五册),北京:人民文学出版社,2010年。

9次。而目前,学界虽陆续推出关涉张翥的论文,但总体成果仍显分量较轻,加强和细化对张翥词的研究是势在必行的。本书即旨在通过考索张翥的杭州形迹及杭州词友,而打开研究张翥词的一扇新窗口。

二、张翥的杭州形迹与杭州词

张翥一生,浪迹大江南北,但其行程主要表现为由南向北的转移。如果要标出一条中心路线,即由杭、扬北上大都。张翥现存词133首,从词题和内容看,其绝大多数作于临川、杭州、苏州、扬州、金陵、泉州等地。据李妍《张翥年谱》考证[①],张翥生在江西安仁,而自幼长于杭州,19岁即前往江西临川任郡学学录,此后一生中,曾屡返杭游居。而张翥虽学词于杭州仇远,但其30岁前之词多作于临川。如此,则可以主要考虑张翥30岁后作词的经历。

杭州生活是张翥人生的最重要阶段。而历来,张翥在杭州所作西湖与梅词,也最为后世称誉。如万红友评其西湖词:"蜕岩西湖泛舟词云:'晚山青。一川云树冥冥。……(《多丽》)'此词作者虽多,求其谐协婉丽,无逾此篇者。"[②]卓人月评其梅词云:"古今梅词甚多,惟张翥《六州歌头》一首云:'孤山岁晚,石老树槎枒。……'真有飞鸿戏海,舞鹤游天之势。"[③]故我以张翥杭州词为标本,来考察其在杭主要生活与创作年代,考索其杭州词友,从而力图还原张翥所在之杭州词坛的真实面貌。

经李妍考证,张翥最早在杭时间为元成宗大德元年(1297),时11岁,从现存词看,不似有其起步阶段之作。延祐七年(1320),翥再

---

① 李妍:《张翥年谱》,中南大学硕士学位论文,中国古典文献专业,2009年,参第11、13、14、15、16、17、19页。
② 〔清〕冯金伯辑《词苑萃编》卷6,唐圭璋编:《词话丛编》,北京:中华书局,1986年,第1904页。
③ 〔清〕王弈清等《历代词话》卷9,唐圭璋编:《词话丛编》,第1287页。

至杭州①,作词《最高楼·为山村仇先生寿》(据仇远生年和词中"七十四年"判断)。后离杭赴太原应乡试。至治三年(1323),张翥37岁时,或曾短期在杭州。泰定二年(1325)清明曾游杭州包家山。泰定四年(1327),张翥游杭州南屏山,均有诗为证。至顺二年(1331)在杭,有诗为证。至正六年(1346),张翥60岁,春在大都,最迟八月至杭州。本年张翥奉朝廷之命往杭州刊刻《宋》《金》二史②,其有诗《有旨翥领宋史刊于江浙次东阿站》。③ 据《六艺之一录》之"西湖志碑碣"条记:"杨瑀等题名。在翻经台。至正六年秋九月,朔太史杨瑀、翰林张翥谒福初上人,因登莲花峰,留名崖石。从游者施维才、郊韶。"④至正七年(1347)春,张翥亦在杭州。张翥此次在杭,与杨瑀等相交甚欢,先为其作词三首,词序表明翥常在杨瑀宅园参加宴饮雅集和赏花。⑤ 至正十年(1350),张翥64岁,出使福建返回大都,路经杭州、苏州,岁暮至大都。综合张翥在杭时间来看,张翥的现存大多杭州词,可能主要作于至正六、七两年间,因其之前在杭时间都较短。再据张翥词的词题、序及内容进行辨析、统计,张翥的杭州词共约30首(实际上,限于词作无标题或内容无暗示者,定还有一些,但难以确

---

① 〔元〕李存《俟庵集》卷16《送张仲举明春秋经归就试太原序》云:"延祐七年春,张仲举将由钱塘归就试太原。"《文渊阁四库全书》第1213册,台北:商务印书馆,1983年,第686页。

② 参《藏园订补邵亭知见传本书目》:"《宋史》以至正五年十月进表,即于六年月咨浙江行省差史官翰林应奉张翥弛赍净稿前去,选匠依式镂版。"〔清〕莫友芝撰:《藏园订补邵亭知见传本书目》,北京:中华书局,2009年。又见《校史随笔》之"《宋史》元至正本"后记:"五年十月,表进《宋史》。……翌年下杭州路雕版。……清末整理档案,移归北京图书馆。世人始获见之。"张元济著:《校史随笔》(影印民国本),北京:商务印书馆,1990年,第96页。按:据张元济考,《金史》元刻本卷首有江浙等处行中书省所受中书省咨文等,应与《宋史》至正六年同刻于杭州。

③ 〔清〕顾嗣立编:《元诗选》(初集中),北京:中华书局,1987年,第1352页。

④ 〔清〕倪涛撰:《六艺之一录》(影印本,共23函,第7函),上海:商务印书馆,1935年,卷110第47页。

⑤ 张翥与杨瑀交游词为《婆罗门引》(七月望,西湖舟中观水灯,一鼓归宴杨山居山楼达曙)、《桂枝香》(赏桂杨氏山园,夜饮花下有作)、《齐天乐》(夜宴杨元诚山楼,送陈子敬之三山,瞿子诚之吴门。)按:杨瑀,字元诚,顺帝御赐号为"山居",著有笔记《山居新语》。

指）。这个数字已经接近张翥现存词数量的 1/4。

张翥虽祖籍是山西晋宁人（按：张翥祖籍是山西晋宁［今临汾市］人，且生平诗文自述和落款均认明自己是山西晋宁人。关于其籍贯，多位学者、多篇论文的考辨结果，均认为张翥乃山西晋宁人，当确定无疑），但其 11 岁时就随父前往杭州，即师从南宋遗民词人仇远。大概 18 岁至 19 岁，张翥离开杭州至临川。再至杭州，他已过而立之年。此后，直到泰定三年（1326），张翥 40 左右赴金陵任集庆路学训导①，他虽只是时到杭州一居，这里却留下他青少年和壮年时代最美好、丰富的回忆。而顺帝至正年间，晚年的张翥也曾在杭寓居一段时间。《西湖游览志余》曰："元至正间，西湖冰合，故老云：'六十年前，曾有此异。'张仲举赋诗云：'西湖雪压冰彻底，行人径度如长川……安得长冰通沧海，我欲三岛求神仙。'"②可以说，杭州是张翥的第二故乡。以张翥词的成就来看，当时杭州词坛当以张翥为中心人物。据《元史》本传，后至元六年，张翥在同郡傅岩起（时位居中书）的荐举下，于至正初年（1341），被召为国子助教，旋即分教上都生。这是张翥一生命运的重大转折。此后，大都成了张翥人生最后的归宿。他虽因公差重返过江浙旧地，但毕竟逗留时间较短。唯独至正六年到至正七年，因刊印《宋史》《金史》的缘故，张翥在杭州寓居时间达一年左右。从至正十一（1351）年起，他基本被困于大都这座"围城"，至死也没能再回杭、苏、扬之地。

晚年的张翥，在国家一天天走向覆亡之际，写下了《七忆》组诗，对其前半生所居所游的江浙之地，抒发了深浓的怀念之情。其一《忆钱塘》深深叹道："白发故人零落尽，浮生怅望梦魂中。"③张翥尤其牵

---

① 李妍：《张翥年谱》，中国古典文献专业，中南大学硕士学位论文，2009 年，第 16—17 页。
② 〔明〕田汝成撰：《西湖游览志余》卷 24，杭州：浙江人民出版社，1980 年，第 376 页。
③ 〔清〕顾嗣立编：《元诗选》（初集中），北京：中华书局，1987 年，第 1357 页。

挂饱受战乱的杭州及其中亲友之安危,《中秋望月》云:"近闻钱塘破,流血城市丹。官军虽杀贼,斯民已多残。不知亲典故,零落几家完。徘徊庭中影,对酒起长叹。死生两莫测,欲往书问难。……累觞不能醉,百念摧肺肝。"①而实际上,在他内心深处,早已把杭州当作故乡。《蜕庵岁晏百忧熏心排遣以诗乃作五首》其一云:"开岁七十五,故园犹未归。"②据首句张翥自道年纪可推,该年为至正二十二年(1362),张翥时在大都。其五:"宇县犹多垒,干戈已十年。吾惟待其定,归种故山田。"③《世事》云:"世事纷纷在目前,故园无复可归年。吴东城陷仍为沼,沧海尘生欲变田。"④诸诗中的"故园""故山",即指屡经战乱的杭州等地。这在《自悼诗二首》其二中表达得更为清楚:"欲得近音何处问?风烟遮断武林城。"⑤武林,即古代杭州的别称。总之,杭州确已成为张翥生命中的第二故乡,那里留下了他太多难以磨灭的记忆。故我认为,张翥晚年在大都的岁月中,杭州才是他魂牵梦绕的故土。

三、张翥杭州词友考索

杭州留给张翥的不仅有流连西湖的绮梦,更有许多知交与终生难忘的雅集,因此才造就他许多美丽而深情的杭州词。然而,目前,尚无人考及张翥所在之杭州当日词坛,更勿论对张翥杭州词友的挖掘和考索。下面,我将通过张翥的在杭交游、友人与词序等线索进行考证。

首先,通过张翥在杭的交游,可以确定的其当时的词友,即其师仇远和同门张雨。张翥词有佚失,其与仇远的关系亦师亦友,其现存词有关仇远的只有二首:《最高楼·为山村仇先生寿》及《临江仙·次

---

① 〔清〕顾嗣立编:《元诗选》(初集中),北京:中华书局,1987年,第1335页。
② 〔清〕顾嗣立编:《元诗选》(初集中),第1350页。
③ 〔清〕顾嗣立编:《元诗选》(初集中),第1351页。
④ 〔清〕顾嗣立编:《元诗选》(初集中),第1366页。
⑤ 〔清〕顾嗣立编:《元诗选》(初集中),第1388页。

韵山村先生赋柳》。张雨是杭州人,和张翥曾同学诗、词于仇远门下。张雨《赠姜彦翁秀才并序》忆其事曰:"会稽姜彦翁传家子,早游杭……其居适临山馆,求予言……若晋宁张仲举氏,与予同师仇仁近先生为童子师。"①张翥自幼及成年后多次寓居杭州,二人是多年老友,常有诗词唱和。如张雨曾有《贺新郎》次韵张翥并戏谑之,然而查检张翥现存词作,却无《贺新郎》词调。可知毁于元末战乱之中。

张雨《贺新郎·戏次仲举韵》云:

> 金屋书中有。为钱塘佳丽,待寻欢偶。记得朝云前日梦,伏事东坡最久。且不是、郡无官守。日日湖中公事了,更成围、妓女随车后。翁两鬓,秃如帚。　　老来莫负簪花手。比佳人难得,灵芝三秀。此夕灯花何太喜,便用买红缠酒。催看个、肩舆迎取。有子平生千万足,看明年、堕地于菟走。挂冠去,学疏受。

从词中"为钱塘佳丽,待寻欢偶"看,该词当作于钱塘。而张雨卒于至正十年(1350),则此词定作于该年之前。词上阕将张翥比为昔日为官杭州通判的苏轼,又云其公事之余,常常游湖,身边妓女成群围绕。张翥至正初年入朝为官,至正六年奉命去杭刊印《宋史》,至正七年才辞杭回京,在杭常与友人宴集酬唱。这段时间恰与该词上阕所描绘之背景相符。故我认为,该词作于至正六、七年间。下阕,张雨调侃张翥,戏说其老年无子之事,认为其应该趁机"迎取"一个佳人,为其留后。由此可知,二人关系之亲密无间。则张雨为张翥之杭州词友当无疑。张雨又有《摸鱼儿》(双莲一干,为人折去,仲举邀予赋之),与张翥《摸鱼儿》(王季境湖亭,莲花中双头一枝,邀予同赏,而为人折去。季境怅然,请赋)一词,韵脚完全一样,乃和张翥词而作。张翥该词云:"问西湖、旧家儿女,香魂还又连理。……"则又可知二

---

① 〔元〕张雨撰:《句曲外史集》卷中,《文渊阁四库全书》第1216册,第384页。

人词作于西湖王季境湖亭。

其次,可以通过张翥杭州词词序与居杭名士考知其词友。张翥在杭时,常与词友们游山赏花,相互酬唱,如《木兰花慢·次韵陈见心文学孤山问梅》,可知其词友之一为陈见心。张翥及其词友们也常宴集饮酒,命题赋词,如其《多丽·清明上巳,同日会饮西湖寿乐园》及《声声慢·九日泛湖游寿乐园赏菊,时海棠花开,即席命赋》。可惜二词都没有注明与张翥会饮西湖并赋词之词友。

若想考知当日与张翥同游赏菊者,或可从张翥友人李孝光处探知讯息。其诗《九月一日李晋仲、张子良、张仲举、蔡行之载酒西湖,是日会者凡九人,分韵得采字》云:"……群贤聚城邑,三载隔江海。……幽期谅难违,黄菊行可采。"①则可知该诗所作时间在重阳节前,与张翥《声声慢》众人游西湖寿乐园赏菊时间吻合。据此可推,张翥在杭词友之一即李孝光,此外还有李晋仲、张子良、蔡行之等人。再考李孝光词,确有关于杭州西湖的。其《水调歌头》云:"把酒长亭烟雨,问讯西湖风月,梅老暗香浮。更尽一杯酒,应忆旧时游。"词中念念难忘"西湖风月",而其所忆旧时之游,应包括昔日与张翥等词友在西湖的游赏酬唱。再如李孝光《满江红》(烟雨孤帆),其中"又过钱塘江口""而今归去又重来"等语意,都表明李孝光到杭州不止一次。

然而,张翥、李孝光等在西湖雅集的时间究竟为哪一年,还需进一步考证。李孝光《白云稿序》云:"临海朱伯贤(朱右)好学而敏,尝从吾甥叔夏游,又从于林景和氏三年,二氏之徒皆称之。今年过余钱塘,出其所著《白云稿》请于余。……至元五年五月一日永嘉李孝光序。"②据此可知,后至元五年(1339)李孝光寓居于杭,其弟子朱右专门至杭请老师为其文集作序。又,经考张翥形迹,后至元五年至六年都在扬州,中间是否到过杭州则不得而知。而至正元年,张翥已入朝

---

① 〔元〕李孝光撰:《五峰集》卷 5,《文渊阁四库全书》第 1215 册,第 119 页。
② 〔明〕朱右撰:《白云稿》,《文渊阁四库全书》第 1228 册,第 2 页。

任国子助教。后一直到至正六年奉命刻《宋》《金》二史才重返杭州。张翥至杭后，即常与杭州一干旧友如杨瑀、施维才、郯韶等游赏宴集。如前引倪涛《六艺之一录》卷110所记张翥等登莲花峰，留名崖石之事。至正七年，朝廷催召张翥回朝，其诗《丁亥元日》云："还喜驿书催上路，寸心长在日华东。"①丁亥为至正七年（1347）。该诗末二句表明是年初，张翥尚在杭州。同年，朝廷诏征隐士，李孝光以秘书监著作郎被召至大都。《元史·儒学二》云："至正七年，诏征隐士，以秘书监著作郎召（李孝光），与完者图、执礼哈琅、董立，同应诏赴京师，见帝于宣文阁，进《孝经图说》，帝大悦，赐上尊。"②综上材料，可以推知，或后至元五年，张翥与李孝光同在杭，"群贤"常相雅集并赋诗词。或至正六年，李孝光和张翥同在杭州。而至正七年，二人均离杭去京。

张翥寓杭时期的词友，当然不止李孝光。当其闲暇无事时，常与众词友泛舟西湖，同题分咏。其著名的《多丽》序云："西湖泛舟，夕归施成大席上，以晚山青为起句，各赋一词。"③可惜当日雅集，张翥词友除施成大外，其他参与赋词者并不明确。然就此事，清代沈雄引《柳塘词话》云："晋宁张仲举，至正初学士，与同时韩伯清、钱舜举、姚子章为友。有《蜕庵乐府》。常集西湖，为赋《绿头鸭》，俱以'晚山青'为起句。"④《柳塘词话》作者当日是否看到过这条材料的原始文献，和亲睹过韩、钱、姚的同题词，今日已不可得知，但古人所言应有所本。元末战火纷飞，许多文人的文集、诗集、词集都有程度不同的散佚。本人认为，《柳塘词话》作者该说法言之有理。考之如下。

韩伯清。张翥曾为其祝寿，有词《真珠帘·寿韩伯清提举，时在

---

① 〔元〕张翥撰：《蜕庵集》，《文渊阁四库全书》第1215册，第40页。
② 〔明〕宋濂等撰：《元史·儒学二》，北京：中华书局，1976年，卷190第4348页。
③ 唐圭璋编：《全金元词》（下册），北京：中华书局，1979年，第999页。
④ 〔清〕沈雄撰：《古今词话》，唐圭璋编：《词话丛编》（全五册），北京：中华书局，1986年，第1021页。

平江》。可知,韩伯清时任平江儒学提举。此外,张翥还有多首关于韩的诗,可证二人交情匪浅。如《招韩伯清泛湖二首》之二云:"段桥春水绿初柔,更有群凫来上游。"①其中段桥即西湖附近之断桥,又名段家桥。而诗题中所泛之湖,即西湖。有元末杭州人钱惟善诗可证,其诗《西湖竹枝词四首》专门歌咏西湖风物,之四云:"阿姨住近段家桥,山妒蛾眉柳妒腰。"②足证段家桥在杭州西湖附近。则张翥确曾与韩伯清等泛游西湖,且韩伯清很可能参与了赋《多丽》(晚山青)等词的创作活动。

其实,韩伯清在杭有自己的庄园。张翥有诗《归武林,冒雨至练市韩伯清庄》云:"老夫喜闲暇,练水得沿洄。……故人居渐近,应待举吾杯。"③从题目可知,韩伯清家在杭州,杭有武林山,武林遂为杭州别称。周密《武林旧事》一书即专记杭州之事。又,据元末人黄玠诗《韩伯清所藏子昂双松便面》末二句:"会稽公子多苦心,收拾新诗题小景。"④可知韩伯清为会稽人,则其可能徙居或寓居于杭。张翥还有诗《答韩伯清练溪见寄》云:"久惭簪绂趋文馆,拟问田园归武林。慷慨漫论当世事,衰迟空负壮年心。"⑤观首二句,显然系晚年作于大都,思念杭州之时。其时韩伯清在杭。此外,杭州人张雨与韩伯清也有交游,有次韵韩诗曰《次韵韩伯清见寄》,及《折莲花寄韩伯清》。⑥而陈旅诗《次韵韩伯清访句曲外史》(张雨号句曲外史),亦可证明张、韩二人曾在杭为友的关系。顺帝词坛的无锡籍词人倪瓒,亦与韩有交往,有诗《寄韩伯清》。⑦综合以上材料来看,张翥在杭的词友(亦

---

① 〔清〕顾嗣立编:《元诗选》(初集中),北京:中华书局,1987年,第1386—1387页。
② 〔清〕顾嗣立编:《元诗选》(初集下),北京:中华书局,1987年,第2282页。
③ 〔元〕张翥撰:《蜕庵集》卷2,《文渊阁四库全书》第1215册,第29页。
④ 〔元〕黄玠:《弁山小隐吟录》卷2,《文渊阁四库全书》第1205册,第29页。
⑤ 〔元〕张翥撰:《蜕庵集》卷4,《文渊阁四库全书》第1215册,第63页。
⑥ 〔元〕张雨撰:《句曲外史集》卷中;《句曲外史集补遗卷上》,《文渊阁四库全书》第1216册,第382、399页。
⑦ 〔元〕倪瓒撰:《清閟阁全集》卷8,《文渊阁四库全书》第1220册,第271页。

为诗友),其中必有韩伯清,而韩交游广泛,与张雨、倪瓒、陈旅、黄玠等均有交游酬唱。

钱选,即钱舜举。顾嗣立《元诗选》云:"选字舜举,号玉潭,吴兴人。宋景定间(1260—1264)乡贡进士。年少时,嗜酒,好音声,善画。……赵文敏公孟頫早岁从之问画法,乡人经其指授,类皆以能画称。至元间,吴兴有'八俊'之号,以孟頫为称首,而选与焉。……流连诗画以终其身。家有习懒斋,因自称习懒翁、雪川翁、清臞老人皆其别号也。黄公望谓舜举吴兴硕学,贯串经史,人品甚高,而世往往以画史称之,是特其游戏,而遂掩其所学。"①即可知,钱选是宋遗民,元朝著名画家,高寿老人,年长张翥四十多岁。如果顺帝元统初年,钱选尚在世,则已九十岁左右。张翥曾为其作题画词二首:《满江红·钱舜举桃花折枝》及《孤鸾·题钱舜举仙女梅下吹笛图》。但未知仅是题钱选画而作,还是与钱选在杭之交游中所作。故钱选是否为张翥居杭时词友之一,仍可存疑。

姚文奂,即姚子章。其诗当时被收入昆山名士顾瑛所编《草堂雅集》中。顾瑛云:"姚文奂,字子章,昆山人。聪敏好学,过目即成诵,博涉经史,搢绅先生咸加推重。辟浙东帅阃掾,虽公事旁午,不废吟咏,把酒论诗,意气豁如。每过予草堂,必有新作,多为录出。家有书声斋、野航亭,自号娄东生云。"②张翥现存词中有一首是关于姚文奂的。其《摸鱼儿》序云:"元夕,吴门姚子章席上,同柯敬仲赋。敬仲以虞学士书风入松于罗帕作轴,故末语及之。楚芳吴兰二妓名。"该词虽作于苏州,但姚文奂确曾游历过杭州,其诗《又题岳王墓》及《竹枝词四首》皆可证。如《竹枝词四首》之四云:"家住西湖第四桥,自从丱角学吹箫。年来愁得两鬓雪,吹尽春风那得消。"③似乎姚文奂在杭

---

① 〔清〕顾嗣立编:《元诗选》(二集上),北京:中华书局,1987年,第85页。
② 〔元〕顾瑛辑,杨镰、祁学明、张颐青整理:《草堂雅集》(全三册),北京:中华书局,2008年,卷8第685页。
③ 〔元〕顾瑛辑,杨镰、祁学明、张颐青整理:《草堂雅集》,卷8第694页。

也有寓所。故可认为,姚文奂为张翥杭州词友之一。

此外,张翥在杭州的存疑词友则有寓杭词人黄公望与本土词人钱惟善。黄公望是元末著名画家,自号大痴道人,或号大痴哥、一峰道人。他曾长期隐居于杭。《西湖游览志》卷4云:"筲箕泉出赤山之阴,合于惠因涧。元时有黄子久公望者,号大痴,卜居泉上。"①黄公望不仅是元末画坛四大家之首,也能诗会词。其诗被清顾嗣立收入《元诗选》二集,而其词无一首传世,可能毁于元末战火。黄公望能词,张雨有三首词次韵其作可证,为:《木兰花慢·和黄一峰闻筝》《百字令·寿玄览真人,次黄一峰韵》《石州慢·和黄一峰秋兴》。可知,张雨、黄公望二人是词友。而张翥作为出自杭地的著名词人,黄公望作为寓居当地的著名画家,张雨又兼二人好友,二人若有词作往来,也在情理中。

钱惟善也是元末杭州名士。文徵明《跋赵魏公马图》云:"钱惟善,字思复,号心白道人。以赋《罗刹江》得名,又称钱曲江。仕终儒学副提举。"②《明史·文苑一》中亦介绍其为:"惟善,字思复,钱塘人。至正元年,省试《罗刹江赋》,时锁院三千人,独惟善据枚乘《七发》辨钱塘江为曲江,由是得名,号曲江居士。官副提举。张士诚据吴,遂不仕。"③钱惟善《江月松风集》卷4有《送张仲举赴升庠训导》,④可证二人是友人关系。张翥现存词虽没有直接关涉钱惟善的,也并不能说明二人没有词作往来。事实是,钱惟善诗、词皆擅。邵亨贞有词《八声甘州·次钱思复怀钱唐旧游韵》可证。由邵亨贞次韵钱惟善词可知,他们曾经在杭有过一段"旧游",二人也是词友关系,可惜钱氏原词已佚。据此可推,钱惟善与张翥可能也有词往来。

---

① 〔明〕田汝成撰:《西湖游览志》,杭州:浙江人民出版社,1980年,第42页。
② 〔明〕文徵明著,陆晓冬点校:《甫田集》(中国古代书画家诗文集丛书),杭州:西泠印社出版社,2012年,卷21第293页。
③ 〔清〕张廷玉等撰:《明史》北京:中华书局,1974年,卷285第7309页。
④ 〔元〕钱惟善《江月松风集》卷4,《文渊阁四库全书》第1217册,第816页。

综上所述,可以认为,张翥的杭州词友有:仇远、张雨、陈见心、李孝光、施成大、韩伯清、钱选、姚文奂、黄公望、钱惟善等。其中,陈见心、施成大已不可考,而黄公望与钱惟善均为杭州名士,均有词传世而佚失,故二人属于不为今人所知的杭州词人。通过考索张翥的杭州词友,为今后深入研究元人词提供一个新的视角。

第二节 张翥情词考索与其情爱心理的探析

张翥的情词是元顺帝前期词坛词风回归雅正的一个标杆。通过统计张翥情词,考索其情事,探析其情爱心理的求雅表现,可以认为,张翥情词典型地体现着其婉丽典雅的词风特点,并可从中观照到元顺帝前期词坛之风尚。而关于张翥情事的考索,具有填补元词大家个案研究的空白,与充实、深化元词研究和丰富词史的意义。

一、元顺帝前期词风回归雅正的一个标杆:张翥情词的定位

回归雅正是元顺帝前期词坛词风建构的大趋势,而张翥的创作就是顺帝前期词风回归雅正的标杆之一。元顺帝前期,词坛词风出现回归雅正的趋势,虞集、张翥、许有壬、邵亨贞等词人,都不约而同以自身的词艺成就为基础,各自结合其生活内容,呼应着这股"复雅"的时代之风。这批词人中,只有张翥的情词最多,在词体写情的回归之路上,表现得最引人注目。然而,后人虽一致认可张翥蜕岩词"雅正"的特色,却忽略了其"雅正"的主要体现,即其情词在元代这个以词写情的写作传统已经衰落许久了的时代里的特殊意义。兹举诸位看法如下。

郑文焯《蛾(蚁)术词选跋一》曰:"元人词……惟虞集《鸣鹤遗音》、张翥《蜕岩词》最称雅正。"[①]"雅正"二字,确为蜕岩词的最精当评价。当代研究者们对张翥词的认识,也都基本抓住其"雅"的特点。

---

① 〔清〕郑文焯撰,龙沐勋辑:《大鹤山人词话》,《词话丛编》,第4336页。

如刘扬认为:"《蜕岩词》作为元代南宋词派的延续,使词的雅化得到了进一步的发展,是元代词体雅化的一个标志。"①纪晓华认为:"作为元代词体复雅思潮的结晶,张翥对前代骚雅一脉的词风进行扬弃,成为了词体复兴之前骚雅词派风格的集大成者。"②郭学利认为:"《蜕岩词》的形成,不但受到了元代南北词风融合、词坛复雅思潮等词体文化因素的影响,而且还受到了元代诗教说、性情说、复古论等诗风的熏染。诗词同源而异体,用'归其本源,完其本色'来评价《蜕岩词》的词体风格当不为过。"③三人都认为张翥词当之无愧集"雅"之大成,却都没有提及其词"雅正""雅化""复雅"的具体表现。

那么,蜕岩词其"雅正"最鲜明地体现在什么题材和内容上?词从"花间"起,最基本的文体特质就是言情,按叶嘉莹先生的说法,词的内容就是以叙写美女和爱情为主的。④但"金元之时,艳情内容逐渐被新兴的曲代替,词体在表现对象上渐渐向诗体靠近"。⑤通观元代词,写爱情和写艳情的内容总体上很少,因此,作为最能昭显词之本色的言情词,在元代词史上则弥加珍贵。然而,学者们却极少注意到元代的情词,对于元代文学中爱情的关注,更多地关注于散曲和杂剧。其实这是不够客观的。仅就张翥而言,其虽为元词和词史上的大家,但研究其词的文章却寥寥无几。当前已有的成果中,如郭学利《张翥〈蜕岩词〉的诗化特征》、李春丽《张翥词艺词风析论》、王广超《张翥词艺术初探》、刘扬《论张翥词的以词为史》、陈海霞《论张翥的咏物词》,也都没有专门考索和探讨其情词的内容及相关艺术表现。纪晓华的硕士论文《张翥及其词研究》,把张翥词的思想内容分为三

---

① 刘扬:《论张翥词的以词为史》,山西大学硕士学位论文,2007年,第8页。
② 纪晓华:《张翥及其词研究》,山东师范大学硕士学位论文,2008年4月,第35页。
③ 郭学利:《张翥〈蜕岩词〉的诗化特征》,《内蒙古师范大学学报》,2012年第2期,第101页。
④ 叶嘉莹《论词学中之困惑与〈花间〉词之女性叙写及其影响》一文曾反复提及这个观点。叶嘉莹著:《词学新诠》,北京:北京大学出版社,2008年。
⑤ 纪晓华:《张翥及其词研究》,山东师范大学硕士学位论文,2008年4月,第25页。

部分,其中第一部分为"吟风弄月的风流雅致和恋旧情结",并认为:"他的前半生都在那个风景如画、文风浓郁、娱乐业发达的地域度过。……那种音乐、金尊加美人的经典组合所营造出的本色氛围,在蜕岩词中屡屡提及。"①但其寥寥两页的论述中,只是强调了张翥对过往风流生活的"恋旧情结"。郭学利则认为:"与前代词人相比,张翥在词材诗化方面,虽没开拓之功,却有深化之举。主要表现为时事题材词明显增加,情爱题材词明显减少。"②

而实际上,张翥是一位个性多情又深情,个人情爱世界非常丰富、深沉的词人,他的情词在整个元代词中都放出熠熠夺目的光彩。然词写情容易,但男女之情容易流于艳靡甚至语涉淫亵,要把"此情"写得雅正清丽却不易。张翥的情词,恰恰最能体现其雅正婉丽的词风。下面我先对张翥情词进行统计,并考索张翥之情事,继而探析其情词中情爱心理的求雅表现。

二、张翥情词统计与张翥情事考索

(一)张翥情词统计

从写纯情之较严标准出发,经本人分析和统计,张翥的情词共约36首左右。其中涉及的地方有:临川、杭州、扬州、吴地一带(苏州、昆山)、福建(泉南、剑浦);涉及的人物和人名主要有:临川妓、筝妓崔爱、湘云、情云、端端、楚楚(琵琶歌妓)、红犀(杭州琵琶妓)、玉笙(杭州歌妓)、泉南琵琶妓、展家娘(昆山妓)、红儿(苏州妓)等。根据本人对张翥词的编年考证③,以唐圭璋编《全金元词》之张翥词部分为出处,把张翥情词中有明确"标示"者列表如下。

---

① 纪晓华:《张翥及其词研究》,山东师范大学硕士学位论文,2008年4月,第25页。
② 郭学利:《张翥〈蜕岩词〉的诗化特征》,《内蒙古师范大学学报》,2012年第2期,第97页。
③ 见本人博士论文《元顺帝词坛词风的建构与嬗变》附录一"元顺帝时期词人主要活动及词作编年",华中师范大学,2014年6月。

表二

词牌及词题	涉及人物	情事发生地点	创作时间或大约时间段	出处页码
《兰陵王·临川寓舍闻筝》	筝妓	临川	大德九年(1305)至延祐二年(1315)	999
《风流子·赏筝妓崔爱》	筝妓崔爱	不详	不详	1003
《浣溪沙·临川别席》二首	不详	临川	约30岁	1023
《浣溪沙》(一点芳心两翠蛾)	不详	临川	约30岁	1023
《春从天上来·同王继学宪使赋》	王士熙、端端、楚楚	扬州小红楼	后至元元年(1335)	1005
《浣溪沙·广陵席上赋别三首》	楚楚(琵琶妓)	扬州小红楼(其三为追忆)	后至元元年至六年(1340)	1022—1023
《唐多令·寄意箜篌曲》	楚楚(隐含)	扬州小红楼(追忆)	离开扬州途中	1018
《南乡子》(驿夫夜唱孤雁,隔舫听之,令人凄然)	楚楚(隐含)	扬州小红楼(追忆)	离开扬州途中	1019
《谒金门·酒后偶忆》	楚楚	扬州	不详	1022
《鹧鸪天·赠泉南琵琶妓》	琵琶妓	福建泉南	至正九年(1349)	1023
《花心动·剑浦有感》	不详	福建剑浦	至正九年(1349)	1005
《木兰花慢·题红犀扇面》	红犀(筝妓)	杭州	至正十年(1350)	1009
《陌上花·使归闽浙,岁暮有怀》	红犀(推考)	杭州(追忆)	至正十年	1011
《摸鱼儿·赋湘云》	湘云(琵琶妓)	不详	不详	1000
《石州慢·题玉笙手卷》	玉笙(歌妓)	杭州	不详	1006
《水龙吟·赋情云》	情云	不详	不详	1007

续表

词牌及词题	涉及人物	情事发生地点	创作时间或大约时间段	出处页码
《百字令·眉间雁》	吴地妓	苏州（吴江）	不详	1010
《玉蝴蝶·春梦》	吴地妓	吴山	不详	1011
《玉漏迟·春日有怀》	吴妓	吴地	不详	1013
《江神子·吴门席上，罗生求赋》	红儿	苏州	不详	1016
《定风波·昆山路漕席上》	展氏（展家娘）	昆山	不详	1017

通过上表可知，张翥一生的情事，其主要发生时间、年龄段和地点如后：大德九年至延祐二年，张翥19至29岁间在临川时；后至元元年至六年，翥48至53岁间在扬州时；至正六年至七年翥花甲之年在杭州时。本书要考证的，则是张翥之扬州和杭州情事。

（二）张翥咏物情词统计

以上统计了张翥纯粹写情之词。其实，张翥的咏物词也渗透了深深的情爱意识，基本都可当情词读。本人把这种亦咏物亦写情之词，暂称作咏物情词，共计约21首。张翥寓情爱于咏物的这种咏物词的写法，可能受到了吴文英咏物词的影响。有学者统计并分析说："梦窗咏物词多达七十余首，其中以咏花为最多。……梦窗往往运用奇思妙想，把花与人紧紧地联系在一起，花中含情，情寓花中，既创造出一种亦物亦人、似真似幻、不黏不脱的娇花美人形象，又寄托自身如诉如泣、哀感顽艳的深情厚谊。"① 张翥的咏物词凡咏花者，同样也表现出了一种亦花亦人、花人俱惜的款款深情。为便于查看，兹将其咏物情词列表于下。

---

① 周茜著：《映梦窗灵乱碧——吴文英及其词研究》，广州：广东教育出版社，2006年，第56页。

表三

词牌及词题	所咏之花或物	地点	出处页码
《临江仙·次韵山村先生赋柳》	柳	杭州	1018
《摸鱼儿》(王季境湖亭,莲花中双头一枝……)	莲花	杭州	1000
《水龙吟·西池败荷》	败荷	杭州西湖	1007
《木兰花慢·次韵陈见心文学孤山问梅》	梅花	杭州孤山	1009
《扫花游·落红》	落花	杭州	1012
《声声慢》(九日泛湖游寿乐园赏菊,时海棠花开,即席命赋)	菊花、海棠花	杭州西湖寿乐园	998
《桂枝香·赏桂杨氏山园,夜饮花下有作》	桂花	杭州杨瑀山园	1009
《喜迁莺·琼花》	琼花	扬州	1006
《水龙吟·傅渊道宅上赏紫牡丹》	紫牡丹	傅渊道宅	1007
《水龙吟·次韵王本中赋楼子芍药》	芍药	大都	1007
《水龙吟·广陵送客,次郑兰玉赋蓼花韵》	蓼花	扬州	1007
《水龙吟》(郑兰玉赋蜡梅,工甚,予拾其遗意补之)	腊梅	扬州	1008
《东风第一枝·忆梅》	梅花	不详	1011
《丹凤吟·幺凤》	幺凤(鸟)	不详	1010
《定风波·商角调》(西江客舍酒后闻梅花吹香满窗,醒而赋此)	梅花	西江客舍	1011
《江神子·惜花》	牡丹、芍药、玫瑰等群芳	不详	1016
《摘红英·春雨惜花》	落花	不详	1020
《蝶恋花·柳絮》	柳絮	不详	1018
《江神子·枕顶》	枕上之绣花	不详	1016
《露华·玉簪》	玉簪	不详	1014
《一枝春·闹蛾》	"闹娥"(头饰)	不详	1013

以上咏物情词，涉及的花卉品种较多，词人真正用意并不只是单纯咏花，而是借花写人，寓情于花。其他无关花的咏物情词，所咏或头饰、或女性物件，都与女性紧密相关。在张翥的咏花词中，涉及杭州和扬州两地者为多，这也间接表明，扬、杭二地，对于张翥的感情世界来说，有着重要的意义。总之，张翥的情词和咏物情词，合计共约56首，占其词总数（133首）的三分之一多。就此数量看，足以说明，张翥的情词在其全部词作中是占有很重分量的。

（三）张翥扬州情事考

以上表二中，张翥有关扬州的情词占7首（这只是词作内容有着明确提示的扬州情词，不包括内容无暗示的"潜藏"的扬州情词），在其全部情词中分量最重。其情人名楚楚，乃一琵琶歌妓。情事发生有一固定地点，为"小红楼"（实写或泛写）。

顺帝后至元共六年，张翥这六年大致都生活在扬州，时间连贯，容易与所爱之人发生一段刻骨铭心的感情。张翥《春从天上来·同王继学宪使赋》是有关其扬州情事的重要词作。其云：

> 十里红楼。问声价如今，谁满扬州。白发书记，此日重游。听取席上名讴。拥冰弦斜仁，更为我、敛笑凝眸。觅黄骝。看端端怎比，楚楚风流。　　殷勤研绫小草，写不尽宫妆，一段春柔。淡水疏花，知谁消受，几度帘卷香收。怕巫娥归去，空惆怅、梦断情留。把离愁。付行云行雨，楚尾吴头。

词中提到两位歌妓，端端与楚楚。词人认为楚楚比端端更胜一筹，显然，"楚楚"并非泛写女性情态，而实指歌妓之名。词中"白发书记"，当借杜牧之典故而自指，意即词人彼时已中年。再来考索张翥该词的创作时间，亦为张翥扬州情事发生之时间。"王继学宪使"在此成为一个关键人物。需先考此人，才可打开张翥扬州情事的"密码箱"。

王士熙,字继学,东平人。《至大金陵新志》卷六下《官守志》题名之"行御史台",其中"侍御史"后有王士熙名字。① 该志注明,后至元二年(1336),王士熙任江南行御史台侍御史,任从二品官(据《元史·百官志二》)。张翥又有诗《王继学廉使迁南台侍史诗以贺之》,其末二句云:"广陵此去金陵近,拟拂尘埃望节旄。"② 可知,在后至元二年之前,张翥与王士熙均在扬州(广陵),王士熙将去往南台所在地金陵任侍御史,张翥赠诗贺之。该诗的创作地点与张翥词《春从天上来·同王继学宪使赋》中的地点扬州相吻合。而诗题中"廉使"也与词题中"宪使"同义,"宪"指御史台,"廉"指肃政廉访司。二意相加,即指江南行御史台所辖之肃政廉访司之首席官员廉访使,为正三品官。又,《元音》载:"王士熙字继学,东平人。浙东廉使。"③《宋元诗会》云:"王士熙,字继学,东平人,任浙东肃政廉访司,历官中丞。"④ 浙东道即浙东海右道廉访司,隶江南行台,婺州路(在今浙江金华)置司。婺州、扬州相距不远,王士熙从婺州至扬州小住、办理公事和会友都在情理之中。综上所述,通过官阶大小之比对,可推知,至少后至元元年,王士熙仍任浙东海右道肃政廉访司廉访使。而王氏从正三品的廉访使升任从二品的侍御史,官阶衔接紧密,升职是十分合理的。因此可认为,后至元元年张翥在扬州,不仅与王士熙交游酬唱,也与扬州妓楚楚产生了感情。后王士熙升迁时,张翥还赋诗祝贺。

那么,这段情事持续了多久呢?张翥《浣溪沙·广陵席上赋别三首》其三云:

> 数载相看欲话难。酒边失口却成欢。空添别恨与眉端。 流水有声传锦瑟,行云无梦赴青鸾。关河秋雨客

---

① 〔元〕张铉撰:《至大金陵新志》卷6下,《文渊阁四库全书》第492册,第320页。
② 〔元〕张翥撰:《蜕庵集》卷4,《文渊阁四库全书》第1215册,第62页。
③ 〔明〕孙原理汇辑:《元音》卷7,《文渊阁四库全书本》第1370册,第493页。
④ 〔清〕陈焯撰:《宋元诗会》卷75,《文渊阁四库全书本》第1463册,第386页。

窗寒。

起句"数载相看"四字,就非常清楚地说明了,张翥与楚楚的感情保持了数年,因此当张翥要告别广陵而去时,两人千言万语,欲语还休。与中国封建时代绝大多数文人与歌妓的爱情相似,这段感情最终是无果的。"流水有声传锦瑟,行云无梦赴青鸾",传达出了一种迷离若梦而又恍惚梦醒的无限怅惘之情。我们要追问的是,张翥究竟于何时告别扬州?

张翥有关扬州的词较多,其中明确标明创作时间的有:《鹊桥仙》(丙子岁,予年五十,酒边戏作),丙子年为后至元二年(1336)。《春从天上来》并序:"广陵冬夜,与松云子论五音二变十二调,且品箫以定之。……是夕丙子孟冬十又三夕也。"另外,张翥诗《中秋广陵对月》云:"此生五十三回见,只遣嫦娥笑秃翁。"①所谓"五十三回",据张翥生年至元二十四年(1287)下推,即张翥 53 岁时,也即该诗作于后至元五年八月中秋,时在扬州。又,刘岳申《张仲举集序》云:"张翥仲举,北方学者。始来江东,江东才俊皆称之。余始相见豫章,爱其疏荡有奇气,磊落多豪举,急义如饮食男女。……至顺壬申(1332),余再见之江浙校艺后,仲举亦且老矣,其气充然,其中心诚好义愈益汲汲然……今又八年矣。书来庐陵,留滞维扬,犹江浙也。独求余序其集端。……"②按文中所涉及时间线索推理,至顺二年后第八年,即后至元六年(1340)。时张翥滞留扬州,寄书信给庐陵的刘岳申,请求刘氏为其自编的诗文集作序。而据《元史·张翥传》,至正元年(1341),张翥应召已至大都任国子助教,时在正月,有翥词《洞仙歌·辛巳岁燕城初度》可为证。如此,则张翥《浣溪沙·广陵席上赋别三首》当作于后至元六年。

---

① 〔清〕顾嗣立编:《元诗选》(初集中)戊集,第 1359 页。
② 〔元〕刘岳申:《申斋集》卷 2,《文渊阁四库全书本》第 1204 册,第 197 页。

综上言之,张翥寓居扬州的时间已很清楚:即后至元元年至六年。换言之,张翥与琵琶歌妓楚楚的扬州情事也长达六年。这段感情对于张翥来说有"断肠"之痛,是一段"海枯石烂"之情。正如其《浣溪沙·广陵席上赋别》其一云:

> 偶约尊前已目成。琵琶私语更分明。如今翻作断肠声。　　彩扇旧歌怜楚楚,青楼薄幸怨卿卿。海枯石烂古今情。

故张翥告别楚楚前后,在词中屡屡追忆二人昔日欢爱的地点"小红楼"。如《浣溪沙·广陵席上赋别》其二:"珍重千金一诺同。小红楼上舞筵中。谁知别路太匆匆。"《南乡子》:"风闪青灯雨打窗。惊起小红楼上梦,悠扬。只在佳人锦瑟傍。"《唐多令·寄意筝筱曲》:"花下钿筝筱。尊前白雪讴。记怀中、朱李曾投。镜约钗盟心已许,诗写在,小红楼。……欲寄长河鱼信去,流不到,白鹭洲。"应该说,张翥与楚楚的感情建立在彼此的才艺欣赏之上,是真挚而又充满遗憾的。张翥用无比深情的词句,描写了他与楚楚之间的遇合与离别,其对男女之情的刻画含蓄而高雅,然而他们之间的"千金一诺"与"镜约钗盟",最终都随着张翥正式走上仕途而终结。而这样一种悲剧式的爱情,在中国古代是一个以各种版本出现的,从来就没有中断过的人间故事。

(四)张翥杭州情事考

张翥《木兰花慢·题红犀扇面》云:

> 记西湖送别,曾共绾,绿杨丝。怅水去云回,佳期香渺,远梦参差。重来访邻寻里,爱卿卿、不减旧风姿。不着银筝清怨,难题纨扇相思。　　暗香销尽合欢枝。留在锦囊诗。又越北闽南,秋随雁影,花老莺儿。应缘采春情重,便鉴湖、春色恋徽之。扶起晓窗残醉,潮平月落多时。

先考该词创作时间。上片"重来访邻寻里",虽化用周邦彦《瑞龙吟》之词句"前度刘郎重到,访邻寻里",但意在提示这是一首旧地重游、故人重访之词。下片"越北闽南",则明示了张翥其时奉命出使闽南归来,当作于词人返回大都路经杭州时。至正九年(1349)秋,张翥奉命前往闽浙一带代祀天妃庙,参见其《寄题玉山诗》序。① 至正十年(1350)张翥回程,故该词应作于本年。词中回忆了词人曾经在西湖与"卿卿"(即"红犀")的一段情事。

再考张翥杭州形迹。张翥同门挚友张雨曾有词《贺新郎·戏次仲举韵》,其云:

> 金屋书中有。为钱塘佳丽,待寻欢偶。记得朝云前日梦,伏事东坡最久。且不是、郡无官守。日日湖中公事了,更成围、妓女随车后。翁两鬓,秃如帚。　　老来莫负簪花手。比佳人难得,灵芝三秀。此夕灯花何太喜,便用买红缠酒。催看个、肩舆迎取。有子平生千万足,看明年、堕地于菟走。挂冠去,学疏受。

品味其意,盖张翥晚年在杭曾有一段情事,并与之结同心,盼后嗣。考索张翥的杭州形迹,其至正六年,奉朝廷之命赴浙江刊印《宋》《金》二史。② 至正七年,朝廷催召张翥回朝,其诗《丁亥元日》云:"还喜驿书催上路,寸心长在日华东。"③丁亥为至正七年(1347),诗题表明本年初其尚在杭州。张翥在杭,与张雨等友人雅集酬唱,有词为证。张雨词中所绘之张翥形象"翁两鬓,秃如帚",与其时翥之花甲之

---

① 《寄题玉山诗》序云:"至正九年秋,海道粮舶毕达京师,皇上嘉天妃之灵,封香命祀。中书以翥载直省舍人彰实,遍礼祠所。卒事于漳,还次泉南,卧疾度岁。乃仲春至杭……秋过吴门,顾君仲瑛留〔宴〕燕,草堂之宾客十有二人,分题昆墅诸景。……"本处引文出自:顾瑛辑、杨镰、叶爱欣整理:《玉山名胜集》(上下册),北京:中华书局,2008年,第9页。其中"宴"字为引者所加,因为《元诗选》(初集中)第1376页上有此字。

② 参见本书第147页注释②。

③ 〔元〕张翥撰:《蜕庵集》,《文渊阁四库全书》第1215册,第40页。

龄相符。若把张雨该词与张翥《木兰花慢·题红犀扇面》相对照,则可认为,张雨词中之"佳人"即指红犀,其情事发生在至正六年至七年间。而张雨本人及其该词,便是张翥晚年杭州情事的见证者。可惜张翥的《贺新郎》原唱没有流传下来,否则可以更清楚地还原翥之杭州情事。其后至正十年春,张翥从福建祭祀天妃庙归来路经杭州时,又与红犀重逢,于是写下《木兰花慢》一词,来表达别后相思之情。

至正十年岁暮,张翥回到大都后,又作词《陌上花·使归闽浙,岁暮有怀》感怀红犀。其云:

> 关山梦里,归来还又、岁华催晚。马影鸡声,谙尽倦邮荒馆。绿笺密记多情事,一看一回肠断。待殷勤寄与,旧游莺燕,水流云散。　　满罗衫是酒,香痕凝处,唾碧啼红相半。只恐梅花,瘦倚夜寒谁暖。不成便没相逢日,重整钗鸾筝雁。但何郎,纵有春风词笔,病怀浑懒。

该词中女子所持之"筝"("雁"为琴柱),与《木兰花慢·题红犀扇面》中红犀所奏之"银筝",为同一乐器,这表明,红犀是一位筝妓。加上二词在内容和创作时间上的衔接,都可证明,二词乃张翥为红犀所写。

该词的时间线索,上片为:今—昔—今,下片为:昔—今。词人和红犀,从曾经的"西湖送别"到"重来访邻寻里",再到归返大都后之"关山梦里",中间经历了"共绾绿杨丝"的短暂浪漫史,别后重逢之"情重"与缠绵,"相见时难别亦难"之再度别离,与"水流云散"之再见无望,整个爱恋过程都充满了浓浓的遗憾之情。一个妙龄少女与一个花甲之年的官员的忘年之恋,本身就注定了有缘无分。再者,张翥是一位多情又深情的词人,也是一位在生活和艺术上都追求高雅情调的雅士。也许正是这两方面的原因,使张翥最终没有听从老友张雨的催劝,为了传后而将佳人"肩舆迎取",纳妾同归。他宁愿把这段感情永远地珍藏心底,即所谓"绿笺密记多情事,一看一回肠断"。这首词以真挚骚雅的词笔,描述了一位已经步入老年的男子内心有关爱情的隐秘和伤痛,他曾在驿旅"荒馆"辗转无眠;曾反复凝视记录着二人情事的"绿笺",感受"肠断之痛";曾多少次"欲寄彩笺兼尺素"却"山长水阔知何处";分别时候,那身上半是酒半是泪的佳人永远留在了词人的脑海。虽然,此去再无重逢之日,但佳人仍重整鸾钗,强打精神,为对方弹奏起筝曲。男主人公也只是把对方比为梅花,轻轻问道:"只恐梅花,瘦倚夜寒谁暖。"他明明强烈地思念着佳人,却反说:"但何郎,纵有春风词笔,病怀浑懒。"在此,显然可见姜夔之"雅笔写艳情"的风格对张翥的影响:一是张翥化用了姜夔《暗香》中的词句,用清淡之笔写浓情厚思;二是姜夔总以梅花象征其情人的冰清玉洁,梅之精神即其情人的精神。据杨海明先生统计,"在姜夔的80余首词中,咏及柳与梅的各有三分之一之多"。杨先生认为:"这种既富又雅、既'风流'又'儒雅'的生活情趣反映在词中、升华到词中,就形成了'柳品'与'梅品'相结合的风格,就形成了以冷迥高雅之笔调写热烈缠绵之柔情的风格——这也就是所谓的'雅笔写艳情'的风格。"① 总之,姜、张二人情词都极为高雅,毫无尘下之语。而张翥的情词似乎故事性稍强,对场面的刻画更细腻,对男性情爱心理的表达更清晰。

三、张翥情词情爱心理的求雅表现

言情词从南宋姜、吴、张等起,在创作观念上已自觉地崇雅黜俗,而白石词最终成为"清空骚雅"的典范。情词必须表现得雅正婉丽,必须有所节制、收敛,才会被纳入"雅道",否则即入"俗道"。毋庸置疑,张翥情词之"雅",其源头主要来自南宋姜张雅词派的传承。如汪森《词综序》所指出:"鄱阳姜夔出,句琢字炼,归于淳雅。于是史达祖、高观国羽翼之,张辑、吴文英师之于前,赵以夫、蒋捷、周密、陈允

---

① 杨海明:《唐宋词风格论》,《杨海明词学文集》(第一册)卷1,镇江:江苏大学出版社,2010年,第65—66页。

平、王沂孙、张炎、张翥,效之于后,譬之于乐,舞籥至于九变,词之能事毕矣。"①朱彝尊《黑蝶斋诗馀序》亦云:"词莫善于姜夔。宗之者张辑、卢祖皋、史达祖、吴文英、蒋捷、王沂孙、张炎、周密、陈允平、张翥、杨基,皆具夔之一体。"汪、朱二人都认为张翥词为姜夔雅词一派之后劲。下面将从三方面分析张翥情词情爱心理的求雅表现。

(一)爱之乐曲与情人的高雅合一

张翥情词中描写爱情的发生,基本上都有着音乐的背景,精通音乐、能歌善舞、才艺高超的女子,最易引起张翥的关注并最终使其或浅或深地投入感情。综合分析张翥情词,发现张翥最喜欢的乐器为:琵琶和古筝。而他所爱恋的女子往往非琵琶妓即筝妓。张翥的情词,其背景每一首都几乎流贯着动听而又忧伤的爱之乐曲。基本上,他的每一个爱情故事都与音乐结合在一起。张翥是精通音乐的,他所喜欢的音乐的基本格调是高雅的。张翥的很多词中都涉及其精通音乐之句,显示出他具有高超的音乐修养。如张翥后至元二年作于扬州的《春从天上来》词序。②

该序完整地记录了张翥与友人熊梦祥,在后至元二年(1336)十月十三日夜月下论乐的一件雅事。二人当时探讨了"五音二变十二调"等乐理知识,其中涉及"清浊高下""雅俗之应"等音乐及音乐美学的范畴,内容较丰富。最后,松云子用箫吹词乐曲《春从天上来》,引起张翥的"霞外飞仙"之想,并当即"倚歌和之"。这首词虽属应情应景之即兴创作,但若没有张翥知音达乐之先在条件,恐怕也很难做到,因为该词的特点是"倚歌"而作,并边作边唱,其合乐可歌性应相当高。此外,扬州月下论乐之事,也鲜明地塑造了张翥才子型词人和风流雅士的形象,"月满霜空"之冬夜,一人吹箫,一人和歌,这是何等

---

① 〔清〕朱彝尊、汪森编,李庆甲校点:《词综》(全二册),上海:上海古籍出版社,1978年,第1页。

② 唐圭璋编:《全金元词》(下册),北京:中华书局,1979年,第1004页。

高雅的文士情怀与风度!由此可知,张翥所喜欢的音乐多为"阳春白雪"式的乐曲,所爱恋的女子定然是超凡脱俗的女子。张翥要寻找的爱情是高山流水式的知音型的高雅爱情,这样的爱情,只能在社会底层的艺妓们中寻找。因此,张翥从没有轻贱过她们,反而视其中出类拔萃者为知己。

例如,张翥有关筝曲与筝妓之恋的词:《兰陵王·临川寓舍闻筝》《摸鱼儿》(王季境湖亭……)、《风流子·赏筝妓崔爱》《木兰花慢·题红犀扇面》《陌上花·使归闽浙,岁暮有怀》等。其有关琵琶曲与琵琶妓之恋的词:《摸鱼儿·赋湘云》《春从天上来·同王继学宪使赋》《浣溪沙·广陵席上赋别三首》《鹧鸪天·赠泉南琵琶妓》等。此外,张翥情词中与其爱情有关乐器还有:箜篌、凤箫等。如:"花下钿箜篌。尊前白雪讴。记怀中、朱李曾投。镜约钗盟心已许,诗写在,小红楼。"(《唐多令·寄意箜篌曲》)"凤箫远,待数枝折与,玉峰人问。"(《喜迁莺·琼花》)张翥还喜欢听歌观舞,他所爱恋的对象,往往歌舞兼善。

有时候,张翥与艺妓的感情似乎完全升华到知己之爱,他是那么欣赏而又尊重"风尘"中的女子。如《水龙吟·听房氏自然歌,求词为赋》:

> 春风琼树香中,数声恰似流莺啭。歌尘飞下,落花起舞,骊珠脱串。豆蔻珠帘,牡丹雪岭,小桃人面。是自然绝艺,天然书谱,霓裳序,六幺遍。　　独占二分月色,向尊前、几番曾见。赏音如此,不辞醉墨,为题纨扇。浪雨闲云,剩香残黛,莫论恩怨。看秾华又老,情缘未断,寄楼中燕。

这首词从用典看,盖作于扬州。房氏当为扬州艺妓中之佼佼者。该词是赠妓词,也是一首非常好的音乐词,还是一首潜藏了暗暗爱慕之情的情词。其上片形容房氏歌声极为生动形象,比喻丰美,层出不穷。对房氏的"自然绝艺"做出了高度的评价。下片情之所至,直言自己对其的高度欣赏,并愿意"不辞醉墨,为题纨扇"。最后六句,以闪烁朦胧之语,表达了自己和房氏介于友谊和爱情之间的感情。情与艺完全融合到一起,含蓄节制,婉丽典雅,无丝毫色相。总之,蜕岩词忠实地记录了张翥爱知音识曲之气质高雅女子的情爱心理。

(二)爱与梦的纠缠

张翥情词情爱心理求雅的第二个表现是:爱与梦的纠缠。弗洛伊德说:"梦的内容在于愿望的达成,其动机在于某种愿望。""梦的本质是愿望的达成。""梦是一种(受抑制的)愿望(经过改装而)达成。"①国内学者也有相似看法:"梦与生活息息相关,梦是生活实际在我们心中曲折的反映。梦可以反映出我们内心中潜藏的愿望,可以反映我们目前的生活处境。"②

按照弗氏有关人类之梦的经典解释来看张翥情词,我们发现,其情词几乎首首都有"梦"的表达。并且,张翥情词中"梦"的表现形式是丰富多彩的,有着从"无梦"到"梦里"最后到"梦醒"的完整的心理流变过程。如词人盼望与情人梦中相会时,写道:"霜月满天如水,渐夜深寒重。幽人拥被醉模糊,无愁也无梦。只有些儿心上,怕梅花清冻。"(《好事近·寒夜》)可即便梦中相逢相守,时间也那么短暂:"一霎梦魂,也唤相逢,依黯断云残月。"(《花心动·剑浦有感》)但或者精诚所至,梦中世界时而也再次上演二人的旖旎情事:"病怀因酒恼。依稀梦里,吴娃娇小。"(《玉漏迟·春日有怀》)"多情曾相遇,归舟字、梦里尚记游仙。"(《风流子·赏筝妓崔爱》)然而,梦再美好,也会醒来。于是词人这样描绘自己"梦醒"后的形象:"芳丛有时遣探听,东风数声啼晓。月下人归,凄凉梦醒,怅愁多欢少。"(《丹凤吟·幺凤》)"雾阁。闭银钥。奈梦断行云,青鸟难托。三生书记情缘薄。"(《兰陵王·临川寓舍闻筝》)最终,爱被归结为一场"春梦":"回首玄都春梦

---

① 〔奥〕弗洛伊德著,丹宁译:《梦的解析》,北京:国际文化出版公司,2002年,第32、40、68页。
② 朱建军、孙新兰著:《梦:内心的声音——梦与心理健康》,北京:京华出版社,1996年,第64页。

里。从此。桃花应自怨刘郎。"(《定风波·昆山路漕席上》)

综观张翥情词中形形色色的"梦",究其本质,都是情梦,一种人类心灵世界中渴求爱情而产生的很典型的梦。弗洛伊德说:"'典型的梦'与童话、其他小说以及诗歌的关系并非巧合或偶然。有时诗人以其深入的自省、分析也可以发现,他的作品可以追溯到梦境本身,而诗歌只是由梦所蜕变出来的产品。"①弗氏的这段话要做具体分析。所谓"诗歌只是由梦所蜕变出来的产品",并不是真的说,诗歌就是梦的产物。这里,"梦",俨然是人类精神意识和心灵世界的代称。也就是说,正是由于张翥的爱情意识,使他创作了那些爱与梦相纠缠的情词。由于张翥追求的是高山流水式的高雅爱情,故其词中之梦,并无露骨的描写。而往往只是化用一些典故,以浓缩的形式来表现爱情中古今共有之最美画面,如:"私语钗盟何处。但翠屏天远,清梦云去。"(《眉妩·七夕感事》)"迢递金钗私语,凄凉纨扇宫词。奔月姮娥催去路,行雨巫山空梦思。都无重会时。"(《破阵子·七夕戏咏》)就化用了白居易《长恨歌》之男女盟誓与宋玉《高唐赋》之男女幽会的著名典故,以此暗示几乎所有情侣间都存在的故事情节。"野唱自凄凉。一曲孤鸿欲断肠。……惊起小红楼上梦,悠扬。只在佳人锦瑟傍。"(《南乡子》序云:"驿夫夜唱孤雁,隔舫听之,令人凄然。")则融入了李商隐诗《锦瑟》,暗寓"此情可待成追忆,只是当时已惘然"之意。

下面,分析张翥两首专门写梦的情词,以便更清楚地解析其情爱心理的求雅表现。

> 屏里吴山深窈,宿酲未解,午枕初甜。胆怯窗虚,惊起误使人嫌。是乳鸦、声声绿树,是语燕、两两朱帘。转愁添。斜翘不正,堕珥慵拈。　　厌厌。行云飞去,潇湘江上,巫峡峰尖。不尽销凝,海棠月上已窥檐。蝶粉寒、羞熏翠被,

---

① 〔奥〕弗洛伊德著,丹宁译:《梦的解析》,第143页。

灯花瘦、懒叠香奁,倚春纤。暗啼妆泪,半袖红淹。(《玉蝴蝶·春梦》)

相见依然人似旧。比似年时较瘦。笑问平安否。不言低掩罗衫袖。　便欲窗前推枕就。无奈红偎绿偯。惊起空回首。半床斜月疏钟后。(《惜分飞·写梦》)

上引二词,一为慢词,一为小令,但全部内容都是写梦。《玉蝴蝶》中的人物只有女主人公。《惜分飞》中的人物为男、女主人公。前者梦中的时空转换较丰富,由某个春日午后的室内,转向乳鸦欢鸣、新燕穿梭的庭院,再由"潇湘""巫峡"之阔大高寒的外景,折回月上海棠时分的庭院,月光又把我们的视线由静静的屋檐,带进女子的闺房,她纤手托腮凝思着,无心熏香,"暗啼妆泪",泪水打湿了半只袖子。整首词写得非常含蓄雅致,女子为何愁?为何懒?为何流泪?都留给读者去想象。《惜分飞》描写的是一个"梦中梦",一对情人重逢了,有泪有笑地聊着心事。正当二人欲共眠时,梦中之梦醒了。在第二个梦里,做梦者从梦里"惊起""回首",钟声空疏地回荡在午夜的室内,月光浸透了半张床铺。根据下片首二句的叙述逻辑看,词中的梦者应为词人自己。两首词中的"梦",都有一个共同特点,即词人所描述的故事,都没头没尾,只是一个片段或几个场面的转换而已,这很符合人们在现实中真实的梦的特点。那么,这两个梦中,词人真正要表述的思想和主题是什么呢?有学者认为:"一个梦的主要情节讲了什么,就是梦的主题。"①这样来看,《玉蝴蝶》中主要情节描述的就是一个女子思念和等待情人的心理活动,而梦的结局暗示出其思念与等待最终是徒劳的。《惜分飞》的主要情节讲述的是一对情人的重逢话旧,最后的结局是梦醒成空。二词通过故事情节表现出的主题即:爱是一场徒劳的思念,无望的等待,有缘相爱,无份相守。弗洛伊

---

① 朱建军、孙新兰著:《梦:内心的声音——梦与心理健康》,第65页。

德说:"梦利用象征来表现其伪装的隐匿思想。"①其实,二词在词牌的选择上,就已经体现了精心的构思和主题。"玉蝴蝶"象征着化蝶成梦,所谓"庄生晓梦迷蝴蝶"也;"惜分飞"象征着劳燕分飞,各奔东西。"对于张翥来说,词牌不仅仅是词调的名称,也是词内容的限定,与诗题很是相似。张翥选择词牌,优先择取符合情境的词牌来填词,以求词牌与词意契合,声情与文情一致。"②

总之,爱情是人生中最重要的主题之一。爱情也是梦的重要主题之一。对于中国古代的人们来说,由爱情进入婚姻是极不现实的。那么,在婚姻以外寻找爱情,就成为一个主要的途径。主动寻找者往往是文士与官员,其对象则主要为秦楼楚馆之女子,因为,只有她们才可以不受世俗婚姻制度的约束。然而,最终文人士大夫们又将因工作调动、升迁或生计所迫而离去,女艺人们则因为地位低微等种种因素,而暗暗饮泣甚或流落天涯。于是,在历代文学作品中,就出现了许多才子艺人相恋却最终无果的凄美故事。这说明,中国古代的"婚外恋"往往是不得善终的。于是,多情的文人们只有寄情于梦,通过梦中的相会与重逢,梦中刹那的欢乐,来消解他们的负心、自私与隐痛。同时,他们的情梦大多是精心提炼过的情节,纯净幽雅,不染香艳气息。尽管爱情如此短暂、如梦如幻,但在文学的世界里,现实之"梦"已转换为文字之"梦",寄托着做梦者的爱情。在这个意义上,"梦"——达成了做梦者的愿望,也即用梦的形式留住了爱情。

(三)对情人眉与鬓的眷恋

姜夔的情词描写其情人,往往遗貌取神。吴文英虽也略写女性外貌,却特别关注其情人的局部特征,尤其是对其手与足的关注。这种嗜好被当代学者称为"恋物"癖。③ 张翥的情词,所描写的情人形

---

① 〔奥〕弗洛伊德著,丹宁译:《梦的解析》,第230页。
② 郭学利:《张翥〈蜕岩词〉的诗化特征》,《内蒙古师范大学学报》,2012年第2期,第100页。
③ 谢思炜:《梦窗情词考索》,《文学遗产》,1992年第3期。

象比姜夔词要清晰,比吴文英词之"恋物"心理则显得更为从众,也即更接近普通人对恋人容貌的关注。而这个容貌的描写,主要聚焦为对情人眉与鬓的喜爱。这就是张翥情词之情爱心理求雅表现的第三个特点。

女子的眉目与鬓发是女性第二性征中最具有美感和吸引力的所在。它们首先触发的是异性的视觉性感美。"从性选择的角度出发,我们可以说视觉是最重要的官能的感觉。当男女两性在考虑恋爱问题时,他们经常想到的是对方的容貌。""在美的观念中,性的因素和非性的因素从一开始就是交织在一起的。具有性感美的对象,必定具有生理的吸引力;而具有一般美的对象,也同样会导致性感美所能导致的那种兴奋。"①张翥情词之情爱心理所表现出的对情人眉与鬓的眷恋,很好地印证了现代性心理学的这个观点。张翥笔下的情人之眉鬓,如同云山雾罩,常与自然之美联系在一起,如:

> 鬓蝉云低,眉颦山远,去翼宜相映。娇波频送,恍如秋水涵影。(《百字令·眉间雁》)

> 无心却恁多情,闲愁长向眉尖聚。牢笼不定,为谁留恋,为谁归去。……只恐佩环卧冷,好重将、绣帷调护。何人得似,晓妆鬟髻,春娇态度。(《水龙吟·赋情云》)

> 瀛洲种玉。总付与花神,月底深劚。琢就瑶笄,光映鬓云斜蠹。几度借取搔头,别试汉宫妆束。风露冷,幽香半襟,淡伫阑曲。(《露华·玉簪》)

以上诸词中女子,眉如青山远横,如愁雾浓聚;发似碧云低垂,似飞燕翩翩;间或透露出其秋波粼粼之眼神,佩环叮咚之步态,幽香随

---

① 〔英〕哈夫洛克埃利斯著,陈维政等译,陈维政校译:《性心理学》,贵阳:贵州人民出版社,2004年第2版,第46页。

风之气息,与伫立栏杆、静默淡雅之身影。这种美,在某种程度上,已经突破感官刺激,而上升到人的心灵美与自然美合二为一的境界上。俗话说,眉目传情。当张翥写到其所爱女子之眉时,总喜欢用张敞画眉的典故。《汉书》卷76《张敞传》云:"敞无威仪……又为妇画眉,长安中传张京兆眉妩。有司以奏敞。上问之,对曰:'臣闻闺房之内,夫妇之私,有过于画眉者。'"①后人遂以"画眉"之事比喻夫妻感情美满融洽。张翥却把这个原指夫妻感情和谐的典故,用到其情人身上,以喻二人感情曾经甚深甚好。后来二人不得已分手后,"画眉"之事就增添了一重悔恨及分手后的忧伤心思。如:"怪旧日青衫,空流泪满,不解画眉妩。"(《摸鱼儿·赋湘云》)"窃春伴侣。问甚时、重画眉妩。谩铅泪弹风,都付与洗车雨。"(《眉妩·七夕感事》)"春几许。……好与写将乐府。剩与画教眉妩。醉后不知庭院午。隔帘双燕语。"(《谒金门·酒后偶忆》)

总之,张翥情词中所表现出的对情人眉与鬓的眷恋,不仅代表着他的一往情深,也避免了把对方容貌落实的较平庸俗艳的表现方法。眉目相连,眉能传情;鬓发则象征着女子柔顺的品性与茂盛的生命力。如《江城梅花引》(九日杏梅同开,汪国才折以请赋)云:"忆君恨君思悠悠。怕凄凉,不耐秋。艳绝韵绝香更绝,特地风流。宜与云鬓双插倚妆楼。"情人那高耸的云鬓,不仅是她美丽气质的一种表现,也牵系着词人"忆君思君"的无限深情。故可认为,张翥情词中以眉、鬓为情人之突出特征的重点描写,其实是一种避俗趋雅、以局部见深情的写法。

综上考论,把张翥情词作为一个标本来统计、考索和探析,有三方面的意义:一,可观照元顺帝前期词风回归雅正的趋势;二,张翥情词典型地体现着其婉丽典雅的词风特点,而非其他题材和内容的词作;三,不仅填补了元词大家个案研究的空白,更有着充实和深化元

---

① 〔汉〕班固撰,〔唐〕颜师古注:《汉书》卷76,北京:中华书局,1962年,第3222页。

词研究和丰富词史的意义。

第三节 《全金元词》之女真词人兀颜思忠生平、宦游考

兀颜思忠是被收入《全金元词》的一位女真词人,可惜该书中对其全无介绍,其他诸书涉及也极简略,使其至今不为重视。本人通过查证收录兀颜思忠《水调歌头》的最早出处,从而确定了其生年、籍贯,并辑佚词一首。兀颜思忠生平与诸多汉族士人都有交谊,通过考察其交游和宦迹,不仅基本厘清了其任职情况,确定其活跃期在顺帝至元年间到至正十五年左右;也考察出兀颜的存世、存目作品,与其家庭情况。兀颜思忠无论文学或政绩,在元末社会都显得较为超拔,对其进行较全面的考证是有一定价值的。

一、当代著作中关于元代兀颜思忠的介绍

《全金元词》对词人兀颜思忠生平无只字介绍,只录其词《水调歌头》一首。① 兀颜思忠词后,又录有白云山翁的一首和词。而陶然先生《金元词通论》中的介绍则稍微详细一点。其在"女真族词人"专节中云:"元代女真词人的数量与成就都与金朝时无法比拟,实际上有作品流传的仅一位兀颜思忠而已。兀颜思忠(生卒年不详),字子中,元顺帝至正元年(1341)为南台御史,历任总管,至正十二年(1352)复宝庆路,官至淮西宪副。"②仍旧语焉不详。关于其《水调歌头》,陶先生根据词中"明年屈指半百"一句,认为作于词人四十九岁时,但"确切时间尚不能考定",又评其词境词风为:"此词境界开阔,悲壮慷慨,雅近苏、辛。同卷有白云山翁和作,则远不如原唱,平庸杂凑,几不

---

① 唐圭璋:《全金元词》下册,北京:中华书局,1979 年,第 848 页。
② 陶然:《金元词通论》,上海:上海古籍出版社,2001 年,第 161 页。

可读。"①

《中华历史通鉴》亦介绍兀颜思忠生平说:"兀颜师中(一作思忠),字子中,曾于至正元年(1341)任南台御史,后历官总管。至正十二年(1352)官至淮西廉访副使、湖南佥宪。……"②比《金元词通论》中内容又丰富了一点,即指出兀颜曾任过湖南佥宪。而《满族文学史》在元代女真诗人的介绍中仅仅提到了兀颜师中(思忠)的名字。③

此外,《元代少数民族诗选》对兀颜师中简介外,还指出他存诗二首。④ 与诸书所述大同小异,只是多了一条关于兀颜思忠祖先的介绍,即其先人为金之猛安。因没有注明材料出处,故不可进一步考知。该书关于其作品的存世情况及其诗的相关解释,则因失考而断定错误。后文将有所论及。

以上各著作关于兀颜思忠的介绍,其共同特点是,都没有涉及对其生卒年和籍贯的考证,只是略述其生平宦迹,对其个性、才艺、交游、存世作品、家世等也均无考证。通过充分查找和梳理文献资料,以下我先从其《水调歌头》的时、地考证着手,推考其生年,继而从相关地方志、金石志等文献与兀颜思忠的交游对象入手,考察其生平主要宦迹、家庭情况,展示其人生面貌,整理其传世与存目作品,从而尽力丰富兀颜思忠的生平资料。

二、兀颜思忠《水调歌头》作年及其生年考

关于兀颜思忠的生年,可以通过其存世词《水调歌头》的作年而考得。《嘉靖尉氏县志》卷五,对其《水调歌头》一事有详细记载。通过这段材料,不仅可考兀颜思忠生年及其籍贯、家庭情况和交游情

---

① 陶然:《金元词通论》,第162页。
② 李罗力等编著:《中华历史通鉴》(第2部民族与民族文化史卷),北京:国际文化出版公司,1997年,第1495页。
③ 赵志辉:《满族文学史》(一),沈阳:沈阳出版社,1989年,第261—262页。
④ 王叔磐等编:《元代少数民族诗选》,呼和浩特:内蒙古人民出版社,1981年,第325页。

况,且可为元代词辑佚一首。尉氏县属于今河南开封市。《嘉靖尉氏县志》为明代汪心纂修,嘉靖二十七年(1548)刻本,距离元代时间较近,资料来源是可靠的。①《尉氏县志》卷五云:"《水调歌头》三首,序并前后岁月、名氏,依原刻石录之。"其后即该词之序:"至正乙酉(五年,1345)十二月既望,余偕宪掾刘耀卿、王敬忠、江朝彦,分宪至邑。偶得子敬弟家信及友人李仁仲见寄招隐《水调歌头》,倚歌奉和,用写所怀,以纪岁月。鲁人兀颜思忠子中父书。"由此可知,兀颜思忠,字子中,山东人。有弟名子敬。顺帝至正五年任河南宪佥,该年十二月十六日到尉氏邑,并同时接到弟子敬的家信,与友人李仁仲寄赠自己的《水调歌头》,于是感怀岁月,倚歌酬和李词。

《嘉靖尉氏县志》在兀颜思忠词序后即首列其原唱《水调歌头》:

> 白云渺何处,目断楚江天。省【悲】风大江南北,跋涉几山川。手线征衫尘暗,雁足帛书天阔,恨入短长篇。青镜晓慵看,华发早盈颠。 叹流光,真逝水,自堪怜。明年屈指半百,勋业愧前贤。霄汉骖鸾无梦,桑梓归耕有计,醉且付高眠。寄谢鹿门老,待我共谈玄【元】。(按:黑方括号内为《全金元词》中该字,下同。)

据词序所云该词作于至正五年十二月十六日,又据词中"明年屈指半百"一句,则是年词人四十九岁,上推,即可知兀颜思忠的生年,为元成宗元贞二年(1296)。

兀颜思忠的词后,《尉氏县志》又载有两首追和之词,均为至正十年(1350)二月既望所作。其一为河南宪佥白云山翁的次韵,其二为宪掾田文焕的和词。兹将其序与词并载于下。

> 至正庚寅春二月既望,偕贰河南宪佥白云山翁,按治郡

---

① 〔明〕汪心等纂修:《嘉靖尉氏县志》,明嘉靖二十七年刻本,上海:上海古籍书店,1963年,宁波天一阁藏明代方志选刊,影印原书。

分司,偕宪掾田文焕、李元亨、刘汉臣分司至邑,奉和前宪副兀颜子中《水调歌头》韵。

忆分司时节,秋雨正连天。官路满篙流水,舟楫渡【驶】前【如】川。陌上漫漫泥潦,陟【徒】远马瘏(tú)人倦,堪赋去来篇。雪冷梅花萼,春早绿杨颠。　　问东君,春几许,为君怜。浮生恍如蝶梦,栩栩美高贤。客里渐磨岁月,两眼青山图画,松翠看云眠。安得王乔术,飞鸟颇通玄【元】。

文焕亦赓:

清秋开宪府,忽到仲春天。叨侍绣衣使节,延历越山川。遍览荒城形势,畴昔英雄,都付短长篇。揽镜伤华发,不觉雪盈颠。　　宦情疏,羁思苦,正堪怜,仰慕高风千古,屈指数前贤。自笑老淹刀笔,终日劳形案牍,安得枕书眠。尘缘何日了,静听老庄玄。

儒学教谕李克诚书丹,进义副尉氏县主簿大悲奴,至正十年仲春吉日立。

以上追和二词,《全金元词》下册失收田文焕的词。这则材料为元代词辑佚一首。此外,《全金元词》所载兀颜思忠《水调歌头》,与白云山翁的和词,其中个别文字与《尉氏县志》所载有出入,已如上引所标记。查《全金元词》引用书目,兀颜思忠与白云山翁词后所注明的《河南通志》,为乾隆刊本。[①]

经比较《嘉靖尉氏县志》与清代《河南通志》所载,当以前者所记兀颜思忠与白云山翁、田文焕等唱和词属实。三首词的最后一字都为"玄",而唐圭璋引《河南通志》的前二首词最后一字则为"元"。无论从词意贯通或三人唱和的一致来看,都应以《尉氏县志》所载为准。《河南通志》之所以将兀颜与追和二词最后一字改为"元",极可能与

---

① 〔清〕田文镜等撰:《河南通志》卷74,乾隆刊本;《全金元词》上册,第14页。

清代避讳有关,即避言"玄"。因康熙皇帝名"玄烨",其"玄"字是清代的通讳。

三、兀颜思忠生平宦迹与交游考

考索兀颜思忠的生平宦迹,可以从各地方志、金石志等中相关记载,与兀颜思忠和友人的交往唱酬两方面进行。现可考知从顺帝后至元年间到至正年间其先后任职与所在地及其作为。

以下分两方面考论。

(一)地方志和金石志等中兀颜思忠的宦迹

顺帝至正元年(1341),兀颜思忠在金陵任江南行御史台(即上述各书所云南台御史)监察御史,官阶为正七品。《至正金陵新志》记载了该事。其卷六"官守志",在"题名"之"行御史台"后云:"监察御史兀颜思忠,女直氏奉议,至正元年上。"①

《至正金陵新志》由元张铉纂修,刊成于顺帝至正四年(1344)。其可信度是无疑的。据《元史·百官志二》:"御史台,秩从一品。……掌纠察百官善恶、政治得失。……江南诸道行御史台,设官品秩同内台。……二十三年,迁于建康,以监临东南诸省,统制各道宪司,而总诸内台。……察院,秩正七品。监察御史三十二员。"②可知世祖至元二十三年,江南行御史台(又称行台、外台、南台)迁往金陵,而诸道行御史台的官员品秩与内台相同。则至正元年兀颜思忠为七品官。

至正元年元月十五日,金陵江宁县学重建清源真君庙,后立碑并铭刻。事见清严观辑《江宁金石志》卷七《重建清源庙碑铭并序》:"碑后刻集庆路承务郎、集庆路江宁县尹兼劝农事张逊立石。……将仕

---

① 〔元〕张铉纂修:《至正金陵新志》,元至正四年刊本影印本。《宋元珍稀地方志丛刊》乙编之《至正金陵新志》(二),成都:四川大学出版社,2009年,第1034页。按:该书正文中"兀颜思忠"写作"乌延斯忠",而校勘记在三五三条又注为"至正本作'兀颜思忠'",第1098页。

② 〔明〕宋濂等撰:《元史》,北京:中华书局,1976年,卷86第2177—2179页。

郎、宁国路南陵县主簿李桓撰，从仕郎、江南诸道行台御史台监察御史、管勾承发照磨兼狱丞赵俨书，奉议大夫（文散官，正五品）、江南诸道行御史台监察御史兀颜思忠篆额。至正二年岁在壬午三月十九日立额，仿汉制。"①则可知，至正二年，兀颜思忠仍在金陵。并与一干同僚等为清源真君庙立碑篆刻。因兀颜长于写大字，故由其篆额。《金石汇目分编》亦简略载有此事。②

至正五年，兀颜思忠到河南肃政廉访司任佥宪，作《水调歌头》并刻石于尉氏县。

至正六年兀颜思忠在浙江，曾到湖州归安县，作《水调歌头》并以行书刻石。见《寰宇访碑录》卷十二载："浙江归安《水调歌头》词，兀颜思忠撰，并行书。至正六年四月。浙江鄞县范氏拓本。"③鄞县范氏拓本即宁波天一阁藏碑碣拓本。清全祖望《天一阁碑目记》，记范钦对拓本均"手自题签，精细详审，并记其所得之岁月"。就所藏拓本年代来说，"天一阁原藏碑碣拓本均为明代或明以前所捶拓，弥足珍贵。嘉庆七年，金石学家孙星衍编纂《寰宇访碑录》，从中获益良多。冯登府以为：'孙渊如《访碑录》，取鄞县范氏拓本，自汉至宋元几二百种，皆天下无双本也。'"④如此，则兀颜思忠至正六年在浙江归安县之行踪，与写词刻石之事当无疑。

至正十二年，兀颜思忠任宝庆路（今湖南邵阳市）总管。《元史·顺帝本纪五》载曰："（至正十二年七月）己丑，湘乡贼陷宝庆路。……湖南元帅副使小云失海牙、总管兀颜思忠复宝庆路。"⑤《道光宝庆府

---

① 〔清〕严观辑：《江宁金石志》，《六府文藏》金石部、地方类，江苏。
② 〔清〕吴式芬撰：《金石汇目分编》卷 4，《六府文藏》金石部、目录序跋类。
③ 〔清〕孙星衍、邢澍撰：《寰宇访碑录》，《六府文藏》金石部之目录题跋类。《寰宇访碑录》，卷 12 第 556 页，《丛书集成初编》49 册，艺术类，新文丰出版公司印行，1985 年。按：《丛书》本无"浙江归安"四字。
④ 骆兆平著：《天一阁丛谈》，北京：中华书局，1993 年，第 115 页。
⑤ 《元史》，卷 42 第 901 页。

志》亦载有此事,但错误地把兀颜思忠收复宝庆路事记在至正十三年。① 据《元史·百官志七》,元代分诸路总管府为上路和下路,以户籍数十万为区分标准,十万户以上者为上路,其达鲁花赤与总管并正三品,十万户以下者为下路,达鲁花赤与总管并从三品。② 而元代宝庆路人口为72309户,为下路。③ 故是年兀颜思忠官阶为从三品。

此外,《平生壮观》卷四"元人书迹"之"十六札"中列有兀颜思忠,与虞集、柳贯等书法家同列。④ 综观兀颜思忠在多地为官并题字事迹,其擅长书法当无疑。

综上材料,可以暂先整理兀颜氏生平为:兀颜思忠(1296—?)字子中,女真族,山东人,能诗词、擅书法,大字、行书俱好。至正元年至二年任奉议大夫、江南诸道行御史台监察御史。至正五年任河南肃政廉访司廉访副使。至正六年至浙江,任职不详。至正十二年任宝庆路总管。此外,《中华历史通鉴》说兀颜思忠至正十二年(1352)官至淮西廉访副使,显然与《元史》等书云其至正十二年为宝庆路总管相悖,且不知其说法出处。《元诗选》癸集载兀颜师中诗二首,其生平介绍非常简单,末云兀颜思忠"官至淮西廉访副使"。⑤《中华历史通鉴》的该说法可能出自此处。

至正前与至正十三年后,兀颜思忠的经历见下文考析。

(二)兀颜思忠交游及其宦迹考

兀颜思忠一生交游广阔,与多名汉族士人都关系甚好,其与李仁

---

① 〔清〕黄宅中、张镇南修,邓显鹤纂:《道光宝庆府志》卷一百六,清道光二十九刻本,长沙:岳麓书社,2009年,影印本。
② 《元史》,卷91第2316页。
③ 中国人民政治协商会议邵阳市委员会文史资料研究委员会:《邵阳文史》第16辑,1991年,第163页。
④ 〔清〕顾复撰、林虞生校点:《平生壮观》,上海:上海古籍出版社,2011年,卷4第139页。
⑤ 〔清〕顾嗣立、席世臣编,吴申扬点校:《元诗选》癸集下,北京:中华书局,2001年,第957页。

仲、朱德润、吴克恭、卢琦、沈梦麟、王逢、张昱等都有诗、词往来唱和。如下所述。

1. 兀颜思忠与卢琦

卢琦,字希韩,号立斋,福建惠安县(属泉州)人。圭峰即在惠安。琦至正二年进士,授州录事。十二年,迁永春县尹。十六年,改调宁德县尹。历官漕司提举。①卢琦被收入《元史·良吏传》,记其事迹止于至正十六年。永春县属泉州,宁德亦在福建。卢琦在永春县政绩颇著,时动乱四起,琦发动当地民众与起义军奋勇作战,共经历"大小三十余战,斩获一千二百余人,而邑民无死伤者"。②他独立保证着永春的太平,在战火燃遍的周边环境中创造了一个"奇迹"。

卢琦《圭峰集》有《寄沿山别驾乌延子忠》:"我识颜别驾,风度休且闲。近持五色笔,辉光动南蛮。甘饮石井水,卧治鹅湖山。玉峰露洒洒,枫林珮珊珊。表表台阁姿,岂久州县间。……相思不相见,可望不可攀。海风吹夜月,飞度七闽关。"③明《乾坤清气》载有《寄铅山别驾完颜子忠》,即卢琦该诗,但题目略有不同。④实际上,"完颜"为"兀颜"之讹(二者虽都是女真族,但姓氏完全不可混同),"忠"乃"中"之讹,二人实为一人,即《元史》与众多地方志所记"兀颜思忠"。"铅山"之"铅",当读为"沿"音,此乃二字混用之故。铅山即今江西上饶市铅山县。《嘉靖铅山县志》卷二"山川"后载有卢琦诗中所提到的"石井"与"鹅湖山",其卷九亦载有卢琦赠兀颜思忠之诗,却误为萨天锡寄完颜子忠诗。⑤诗题所言"别驾"为判官的别称。元时诸路总管府都设有判官一员,为正七品官。至正元年,兀颜思忠在金陵任行台

---

① 参见《元史·良吏二》与〔清〕永瑢等主编:《四库全书总目》之《圭峰集》提要,北京:中华书局,1965年,卷167第1448页。
② 《元史·良吏二》卷192《卢琦传》,第4372页。
③ 〔元〕卢琦撰:《圭峰集》卷上,《文渊阁四库全书》第1214册,第687页。
④ 〔明〕偶桓编:《乾坤清气》卷1,《文渊阁四库全书》第1370册,第284页。
⑤ 〔明〕费寀纂修:《嘉靖铅山县志》,明嘉靖四年刻本;《天一阁藏明代方志选刊续编》(46册),上海:上海书店,1990年,影印本,第25—26页。

监察御史,已为七品官。后又一路升迁。联系卢琦该诗内容,则可推知,兀颜思忠任铅山别驾应在后至元年间(1335—1340)。卢琦时尚未中第,还在家乡(末句可证),诗即写于此时。

2. 兀颜思忠与李仁仲

如上所述,兀颜思忠在《水调歌头》序中已道明该词乃酬和李仁仲"招隐"词而作,时在至正五年。李仁仲其人,还见于张雨词中。张雨《太常引》序云:"漫翁新制画舫湖中,予为名其舫曰'浮家泛宅'。翁姓李,字仁仲。湖船用布帆,自李始。"词云:

> 莫将西子比西湖,千古一陶朱。生怕在楼居,也用着、风帆短蒲。　　银瓶索酒,并刀斫鲙,船背锦模糊。堤上早传呼,那个是、烟波钓徒?①

结合词序与内容,可知:李仁仲,字仁仲,名不详,号漫翁,杭州人。他不喜楼居,爱水上生活,曾自制挂帆湖船,游于西湖,堤上游人呼为"烟波钓徒",张雨即为其游舫取名为"浮家泛宅"。《西湖志》卷十四"浮家泛宅"条所载李仁仲事迹②,与《西湖文献集成》所载,即根据张雨该词。③

李仁仲的交好还有乔吉。乔吉[双调]《水仙子·赋李仁仲懒慢斋》就是写给李仁仲的。④ 据题目和内容,可知李仁仲还有书房名懒慢斋,其人为朝中官员,性子较急,但喜游玩,故乔吉劝其早点看破官场名利,归隐田园。

---

① 《全金元词》(下册),第915—916页。
② 杭州市园林文物管理局编,施奠东主编:《西湖志》卷14,上海:上海古籍出版社,1995年,第727页。
③ 王国平主编:《西湖文献集成》(第11册),《民国史志西湖文献专辑》,杭州:杭州出版社,2004年,第136页。
④ 〔元〕胡存善:《元人小令七百首》,长春:吉林人民出版社,1999年,第48页。

3. 兀颜思忠与吴克恭

吴克恭有诗答谢兀颜思忠,其《春夏承湖南金宪兀颜子中问讯敬用酬上》云:"有客湖南去,闻公宪节新。……升车访遗逸,问俗愿清淳。"①该诗只见于顾瑛《草堂雅集》。吴克恭与顾瑛交情甚厚,是草堂常客。《草堂雅集》介绍吴克恭云:"字寅夫,毗陵人,好读书。以举子业无益于学,遂力意古文。其为诗体格古淡。为时所称。翰林老成,皆与之交。多游云林(倪瓒)及余草堂,因得其诗云。"②《元诗选》三集收吴克恭诗,对其介绍同于《草堂雅集》,但补充了吴克恭最后因"从逆"罪被诛之事(蕲黄人徐寿辉的军队在至正十二年攻陷常州,吴可能依附过义军),时在至正十二年(1352)十二月。③

顾瑛编《玉山名胜集》之《玉山草堂序》乃吴克恭作,题为至正九年。④ 查该书卷一、卷三与外集所收吴克恭诗,所题时间范围在至正九年四月至十年五月之间。故可推知,吴克恭在顾瑛玉山草堂的活动,主要在这两年间。继而可推知,吴克恭是在这两年间收到兀颜思忠的"问讯"诗并作诗酬谢的。亦可进一步推知,兀颜思忠任湖南金宪的时间即在至正九年到十年之间。至正十二年,吴克恭一定在常州,才能亲历徐寿辉军攻陷常州之事并于不久后被处死。而至正十二年,兀颜思忠在湖南宝庆路任总管。此外,从官阶看,从金宪到总管,从正四品到从三品,兀颜思忠的官品升级也是合理的。

---

① 〔元〕顾瑛辑、杨镰等整理:《草堂雅集》(中册),北京:中华书局,2008 年,卷 5 第 450 页。

② 《草堂雅集》,卷 5 第 440 页。

③ 参见顾嗣立编《元诗选》三集对吴克恭的介绍,北京:中华书局,1987 年,第 453 页。参见《元史》卷 42《顺帝本纪五》至正十二年相关纪事:"十一月辛未,命江浙行省平章政事庆童收捕常州贼。……十二月壬寅,荅失八都鲁复襄阳。辛亥,诏以杭、常、湖、信、广德诸路皆克复。"

④ 〔元〕顾瑛辑、杨镰等整理:《玉山名胜集》卷上,北京:中华书局,2008 年,第 15—16 页。

4. 兀颜思忠与朱德润

朱德润(1294—1365),字泽民,昆山人。擅诗文,善书画,尤工山水人物。历官翰林应奉文字、同知制诰兼国史院编修官、镇东行省儒学提举。至正十二年,因兵乱,被浙江行省平章政事辟为中书省照磨,参议军事,曾摄守长兴,招徕流民甚多。寻以病免,至正二十五年六月去世。著作有《存复斋集》十卷,《存复斋续集》不分卷,《成性斋集》九卷。①

从朱德润现存关于兀颜思忠的四篇作品看,二人交情甚厚。其中,《天明辞寄兀颜子中都事》②、《答招隐寄兀颜子中都司》在创作时间上先于其他两篇。《答招隐》曰:"凤凰鸣兮高冈,梧桐生兮朝阳。时俗美兮清明,峨峨冠冕兮济济衣裳。……子招我兮山之隅。朝可仕兮山可居,禄可养兮志可舒。"③把兀颜比为"凤凰",并描绘当时社会民俗美好、政治清明,从内容看,似乎顺帝朝尚未爆发大规模战乱。据此可推,大致作于至正六年(兀颜在浙江任职)到至正八年之间,因为如上文所述,从吴克恭酬答兀颜思忠诗可推出,至正九年、十年间兀颜已任湖南宪佥。此外,该文道明乃酬答兀颜思忠的"招隐"之作,又可见,兀颜此人较淡泊名利,很早就萌生了退隐之心。从官阶看,"都事"为正七品(御史台或行御史台属官)或从七品官(行中书省、宣慰使司属官)④,其任职也应在兀颜思忠任湖南宪佥之前。

兀颜思忠任湖南宪佥(该词语经常颠倒,在元代诗文中普遍通用)后,朱德润又写下《楚山图铭为兀颜子中宪佥作》:"我兀大夫,忠厚而威。绣衣换节,佥宪南陲。令肃政成,百度惟清。作此好图,以代勒铭。"⑤朱氏赞扬兀颜思忠人品忠厚,不怒自威,治绩清明,故为

---

① 《全元文》第 40 册,卷 1271,第 457 页。
② 李修生主编:《全元文》第 40 册,南京:凤凰出版社,2004 年,卷 1271,第 466 页。
③ 《全元文》第 40 册,卷 1271,第 469 页。
④ 《元史》卷 86《百官志二》,第 2177—2179 页;卷 91《百官志七》第 2305、2308 页。
⑤ 《全元文》第 40 册,卷 1279,第 590 页。

之作画并题文。后来,朱德润与兀颜思忠又在吴地重逢。其诗《兀颜子中宪佥再会吴中》云:"长江如环树依依,连山岩峣水参差。故人相逢江之湄,壮年不偶老为期。"①

5. 兀颜思忠与沈梦麟

沈梦麟(1308—1400),字原昭,湖州归安人。博通群经,尤精于易。至正十三年中乡试,授婺州路学正,迁武康县尹。后避乱辞官,隐居归安县花溪,诗酒自娱。明初,太祖以贤良征入京,辞以老病,后应聘入浙闽校文,终不受官。与赵孟𫖯为姻亲,传其诗法,七律最工,时称"沈八句"。年过九十卒。② 有《花溪集》。

沈梦麟《花溪集》有《送乌延子中赴浙西廉使》:

> 闽省薇垣雨露香,又持绣斧上钱塘。百年礼乐浑凋落,一道纲维要主张。西湖鹤送梅花酒,东序乌啼柏树霜。封章若奏澄清策,最喜夗行有范滂。③

这是首送别诗。诗题明言兀颜思忠这次赴任浙西廉使(廉访史为正三品官)④,而江南浙西道肃政廉访司,置司在杭州路,与诗吻合。通过首句"闽省"又可知,他本次是从福建前往杭州赴任,且是第二次去杭。颈联二句,暗示当时浙西一带已遭兵乱,故诗人希望兀颜思忠前去能维持朝纲,有所作为,为国效力。尾联中的"澄清策",显然寄望兀颜能拿出具体方案,平定一方战乱,使杭州保持安定。最后,诗人把兀颜比为"范滂",高度赞扬了他的人品和治政能力。兀颜思忠去杭州时间接下分析。

---

① 〔元〕朱德润撰:《存复斋续集》;《续修四库全书》1324册,第373页,上海:上海古籍出版社,2002年,影印涵芬楼秘笈本。
② 〔元〕沈梦麟《花溪集》,《四库全书总目》,卷168第1461页。
③ 〔元〕沈梦麟:《花溪集》卷3,《文渊阁四库全书》第1221册,第77页。
④ 《元史》卷86《百官志二》,第2181页。

6. 兀颜思忠与王逢

王逢,字原吉,江阴人。自称席帽山人。至正中,作《河清颂》,台臣荐之,称疾辞。王逢特忠于元朝,张士诚据吴,王逢向其弟士德献策,使其曾一度降元拒明。后朱元璋欲用之,坚卧不起,隐居上海乌泾,歌咏自适。洪武二十一年卒,终七十,有《梧溪诗集》七卷。①

兀颜思忠去杭州上任后,王逢也写有诗相赠。其《梧溪集》卷四《奉寄乌延子忠廉使》云:

> 君侯昔守常郡时,九箭河头喜相见。眼惊烽急未深语,城郭一夜寒暄变。壮哉阳山土著民,能为君侯独酣战。春颂王正在田野,坐卧长对天北面。关梁既撤元气回,赤日焜耀浮云开。五花仪从紫色马,揭罗盖拥吴门来。中朝大夫录殊绩,南省丞相收遗材。方瞻福星照苕水,又报清霜飞柏台。柏台有诏新整饬,十道司存咸率职。似闻青宫急中兴,尚恐岩廊事姑息。频年淆乱甚隋季,在在谏官当任责。君侯素是骨鲠臣,麟角凤毛为世珍。国家溪辟(流泉,流水之意)旧言路,白简实封宜上陈。西湖二月莺花辰,画船不移空绿蘋。几时重逢下车揖,乞我湖阴垂钓缗。②

诗题中的"乌延子忠"即兀颜思忠(与卢琦诗中异写相同),"乌延"是"兀颜"的同音异写法,"子忠"则为"子中"之讹。元代汉族士人诗文中涉及少数民族士人的名字,常有多种写法。故"兀颜"写成"乌延"并不奇怪。

这首七古对于了解元末战乱年代及兀颜思忠的宦迹与作为,具有较重要的文献价值。按照诗歌的叙述线索,兀颜思忠曾镇守常州,

---

① 〔清〕张廷玉等撰:《明史》卷285《文苑一·王逢》,北京:中华书局,1974年,第7313页。

② 〔元〕王逢:《梧溪集》卷4,《文渊阁四库全书》第1218册,第706页。

时值烽烟四起,他带领当地居民与起义军奋战。("常郡"指常州,诗中提到的"九箭河"与"阳山"均在常州。)常州初次陷落与被收复,在至正十二年十一至十二月间,上文已述。兀颜思忠在至正十二年七月收复宝庆路后,即被调任常州平乱。恰在此时,王逢与兀颜在常州重逢,惜因战事告急,而无暇叙旧。这次战事最后取得了胜利,所谓"关梁既撤元气回,赤日焜耀浮云开"。之后,兀颜领命往苏州(当时号"平江",而元人习惯称之为"吴门")任职。不料,因中朝大夫、南省丞相(江浙行中书省丞相,从一品官)等高官欣赏其才干和政绩,他还未至吴门,又被调任浙西廉访司任廉访史。"柏台"即御史台,肃政廉访司为其所属部门。从宝庆路总管到浙西廉访史,即从从三品升任正三品官,兀颜思忠在至正十二年底或至正十三年初被调任浙西廉访史是合理的。

  此外可推想的是,当时朝廷既然还可派官前往吴门与杭州任职,则二地定未陷落。通过考此两地在元末的陷落时间,至少可以考出兀颜思忠前往杭州任职时间与该诗的创作时间的最下限。《元史·顺帝本纪七》载:至正十六年二月,"高邮张士诚陷平江路,据之,改平江路为隆平府,遂陷湖州、松江、常州"。① 据此可知,公元1356年,江浙的重要城市如平江、常州、湖州、松江,已相继成为张士诚的管辖地。《元史·达识帖睦迩传》记张士诚事则更为详细:"十六年正月,张士诚陷平江。七月,逼杭州,达识帖睦迩即弃城遁于富阳。万户普贤奴力拒之,而苗军帅杨完者时驻嘉兴,亦引兵至,败走张士诚,达识帖睦迩乃还。"即,至正十六年初(1356),不仅平江陷落,杭州也已遭遇第一次兵乱。此后,达识帖睦迩联合张士诚除掉了杨完者,"完者既死,士诚兵遂据杭州。十九年,朝廷因授士信(士诚弟)江浙行省平章政事。士信乃大发浙西诸郡民筑杭城。……士诚遂自立为吴王,

---

① 《元史》卷44《顺帝本纪七》,第930页。

即平江治宫阙,立官属"。① 联系二则纪事,可知,兀颜思忠前在杭州的任职时间最晚不超过至正十五年(1355),或,在至正十六年前,兀颜思忠都可能在杭州为官。同理,该诗的创作时间即在至正十三年到至正十五年之间。总之,兀颜思忠的生平活动至少在至正十五年还是较为活跃的。

诗中还简单提到了当时太子欲夺权振兴衰世之事。"青宫",借指东宫。东方属木,色为青,故称太子东宫为青宫。诗中借指太子。元末宫廷斗争激烈,太子与顺帝争权,此处所称东宫急欲中兴,与史事相符。从"频年"到"白简上陈"句,主要讲元末频年战乱,如同隋末,而幸好还有如兀颜思忠这样刚正、尽职的大臣,虽然这类大臣在元末已"凤毛麟角",但诗人还是希望国家广开言路,使谏官能发挥作用,为国家剔除害虫。

7. 兀颜思忠与张昱

张昱,字光弼,自号一笑居士,庐陵人。至正十六年到十八年间,曾辅佐江浙行省右丞杨完者,官至江浙行省左、右司员外郎,行枢密院判官。杨完者死,弃官不仕,不为张士诚所用。留居西湖寿安坊,贫无以葺庐。明初,太祖征召至京,悯其老,曰"可闲矣",厚赐遣还。乃自号可闲老人。终于西湖山水间,年八十三卒。② 有《可闲老人集》《张光弼诗集》。

兀颜思忠任浙西廉使期间,与寓居杭州的张昱,有过唱酬之交,且兀颜思忠是主唱。张昱《绣球花·次兀颜廉使韵》可证。兀颜和张昱都是元末人,故可认为,张昱所和诗的对象即为兀颜思忠,且标题中所注明官职亦与兀颜思忠官职相符。张昱其诗云:"绣球春晚欲生寒,满树玲珑雪未干。落遍杨花浑不觉,飞来蝴蝶忽成团。钗头懒戴

---

① 《元史》卷140《达识帖睦迩传》,第3375—3377页。
② 《明史》卷285《文苑一·张昱》,第7324页;张昱撰《可闲老人集》,《四库全书总目》卷168,第1463页。

应嫌重,手里闲抛却好看。天女夜凉乘月到,羽车偷驻碧阑干。"①原唱如何已不可知,但就其体裁和内容看,可知兀颜思忠七律和咏物诗当写得不错,否则也难引起唱和。

综上考论,顺帝后至元年间,兀颜思忠在江西上饶任铅山通判。至正元年至二年到金陵任行台监察御史。至正五年任河南宪佥。至正六年到八年在浙江任职,官职可能为朱德润诗中所提到的"都事"或"都司"。至正九年到十年间任湖南宪佥。至正十二年任湖南宝庆路总管,该年十一月,兀颜至常州平乱。至正十三年到十五年间任浙西廉使。至正十五年后下落不明。

从兀颜思忠身为元臣的角度看,从顺帝后至元到至正十五年前,他总的治绩都很突出,故能赢得一干汉族友人的高度评价。具体而言,兀颜思忠人品正直、忠厚、清廉,其至正年间主要职务都与纠察、谏言有关,而其严肃、果敢、耿直的性格也为当时士人所认可。他为官湖南时,曾有志于改革,搜访遗逸,关心民俗,从而治绩清明,民风清淳。即所谓"宪节新""时俗美兮清明""令肃政成,百度惟清"(吴克恭诗、朱德润诗)。因此,他被众诗人誉为"范滂""福星""世珍",认为其乃元末官场之凤毛麟角(王逢诗)。兀颜思忠现虽不为人知,但综合各方面材料看,对他生平宦迹和交游进行考证,确是有价值的。

四、兀颜思忠存世作品考

从兀颜思忠与诸位汉族友人的诗文唱酬来看,他不仅是词人,也擅长作诗、文。现兀颜氏除一首存世词外,还有两首诗与一句残句。在顾嗣立《元诗选》癸集下、《康熙宝庆府志》、②《道光宝庆府志》诸书中,都录有兀颜思忠《双清秋月》二首。兹录于下:

<blockquote>古庙英灵在,神光射九州。乱山排万叠,一石砥中流。</blockquote>

---

① 〔元〕张昱撰《张光弼诗集》卷6,上海:商务印书馆,民国23年(1934)再版,内封题名后页镌:上海涵芬楼景印常熟瞿氏铁琴铜剑楼藏明抄本。其"绣球"之"球"为"帝"。

② 〔清〕梁碧海修,刘应祁纂:《康熙宝庆府志》卷36,康熙二十三年刻本。

野水云边寺,夕阳烟外楼。倚栏时一笑,不见故人舟。(其一)

高城木落见清秋,亭馆丹青在上头。落日远邀孤鸟没,苍山长夹两江流。东西舟楫通荆楚,咫尺阑干近斗牛。天地茫茫一杯酒,登临莫问古今愁。(其二)

这两首诗,一首五律、一首七律,都作于至正十二年兀颜思忠任宝庆路(今邵阳市)总管时。《元代少数民族诗选》选录了其二,并注释曰:"'双清',楼名,地点似在湖北武昌城上。此为江滨城楼傍晚远眺之作。"①该书对"双清"的解释,因没有考证而完全错误。据《康熙宝庆府志》卷三十六、《道光宝庆府志》卷六十四,及其他各有关湖南邵阳市的地方志记载,"双清"均指双清亭,为宝庆城的著名古迹之一。而邵阳市也是我的家乡,"双清揽胜",作为本地名胜古迹,几乎无人不晓。它坐落在邵阳市双清区,在资江中砥柱矶上,资江、邵水汇流其下,故名。登双清亭,视野辽阔,胸襟开张,俯瞰资江,眺望江对岸北塔,古今多少感慨即会涌上心头。兀颜思忠这二首诗就是作于这样的历史名胜与时遭战乱的背景下。故二诗雄浑大气,意象阔大,情思深邃,笔力劲拔,充满沧桑感。

除以上二诗外,兀颜思忠还存一句五言残句。《嘉靖隆庆志》卷一"山川"条后记:"螺山在州城西北五十里下,有奉化寺,树木森茂,多资民用。元兀颜子中有'螺山翠可掬'之句。"②因限于时间和财力关系,我没法去实地考察,不知兀颜思忠该诗是否只存一句,抑或尚有刻石流传。

综上而言,目前可以考知的兀颜思忠的作品,词共二首,均为《水调歌头》,存世一首;诗《双清秋月》二首,残句一句。此外,通过他与

---

① 王叔磐等编:《元代少数民族诗选》,呼和浩特:内蒙古人民出版社,1981年,第325页。

② 〔明〕谢庭桂编次:《嘉靖隆庆志》卷1,明嘉靖刻本,中国地方志,北京市延庆区。

诸汉族友人的交往唱酬,亦可整理出其存目作品(题目为本人暂拟):《绣球花》七律一首(张昱有和诗)、《问讯吴寅夫》诗一首、《招隐寄朱泽民》辞赋一篇。兀颜思忠存世作品虽少,但一词二诗,质量上均属上乘,堪为精品。兀颜思忠存世作品的地位,虽不可攀比以"孤篇横绝全唐"的张若虚及其《春江花月夜》,但把他置于元代诗人和词人中,确实难掩其璀璨之光。故当引起一定重视。

五、兀颜思忠家庭考索

兀颜思忠在《水调歌头》序中,提及其有一弟,字子敬。之后,最早提到兀颜子敬的,见于清毛奇龄《王舍人选刻宋元诗序》。① 毛奇龄认为,王某选取宋金元诗的标准是接近唐诗风格者,并在文章最后举例说,元代所选诗人迺贤、郭奎、张宪、兀颜子敬,在诗风上"近方罗,近沧浑哉。"所举诗人均为元末或元末明初人,其中,迺贤死于元末,郭奎、张宪,《明史·文苑一》有传。

吴升《大观录》则详细记载了兀颜子敬擅长鉴赏、题跋之事。该书卷十二载有"李龙眠三马图卷"与"三马记",讲述了三马图的来龙去脉。并录宋元题跋者共九人之诗。元祐年间,苏轼请李公麟为西域贡马画三马图,后历代有人题诗作跋,兀颜子敬即有《题李龙眠青宜结三马图》七古诗跋。其诗云:"'古人画马形与骨,今人画马色与肉。唐有韩干笔意奇,宋有龙眠(按:指龙眠居士李公麟,字伯时)可相续。今朝偶见西马图,眼如悬铃膝团屈。短鬃两耳双竹批,风入四蹄如铁锴。宗伯老苏亦闲雅,赞以诗文过金玉。呜呼安得九方皋,见此应须少回瞩。'齐东野老兀颜子敬题于南徐听雨斋。"② 紧随子敬诗后,所录诗为:"神龙来自大宛西,腾达清秋十二蹄。今日天闲多骏骨,玉门沙远草萋萋。子寿"。此处"子寿"不著其姓,题诗又紧跟子

---

① 〔清〕毛奇龄撰:《西河集》卷45,《景印文渊阁四库全书》第1320册,第384页。
② 〔清〕吴升辑:《大观录》卷12,《六府文藏》子部艺术类,民国九年武进李氏圣译廎铅印本;中国书画全书编纂委员会编:《中国书画全册》第八册《大观录》,上海:上海书画出版社,1993年(影印本),第401页。

敬后,疑为子敬之弟。则可推知,兀颜思忠有两位弟弟,一个字子敬,一个字子寿。三人之字皆共一"子"。

结合《大观录》中相关记载,继而发现,萨都剌(四库本作"拉")的一首诗中似乎透露了关于兀颜思忠家庭背景更多的信息。其《黄河夜雨怀兀颜子方》云:

> 风流俊逸四公子,轻帽短衣过鲁城。紫陌东风闲戏马,绿窗明月醉闻莺。樱桃花下春中酒,沉水香回夜按筝。独有黄河千里客,短篷听雨到天明。①

本诗作于后至元四年(1338)。诗题所云"兀颜子方",从姓名及字来说,与兀颜氏家庭兄弟排序是相符的。且诗首句即提到"风流俊逸四公子",显然兀颜子方有四兄弟。次句则提到"鲁城",又与兀颜思忠《水调歌头》序中自道籍贯相合。鲁城即今山东曲阜的别称,元代为曲阜县,属山东东西道济宁路总管府兖州。②

综合以上材料,可以推知,兀颜思忠有四兄弟,思忠为长兄,次则思敬。二人名中"忠"与"敬"二字相连,按照取名的习惯看,应是伯仲关系。至于子寿与子方,则未可知二人长幼情况。故可推理如后:兀颜氏共四兄弟,其名中均共"思"字,而其字中均共"子"字。四人都富有才华,所谓"风流俊逸",在顺帝至元年间已经享誉曲阜当地。兀颜家在当时汉化程度极高,其文学与文化修养,与一般汉族文人家庭,无甚差异。故兀颜兄弟与汉族士人结下了较深厚的友情。而兀颜家文学发达的状况,作为个案,又可从中窥见,元代以女真和契丹为首的色目人,与汉文化和文学基本融合无间的状况。

以下再简单说明兀颜子敬的情况。除《大观录》,顾复《平生壮

---

① 〔元〕萨都剌:《雁门集》,上海:上海古籍出版社,1982年,卷11第304页(按:该书每卷后即标明该卷诗创作时间,卷11诗注明为顺帝至元四年)。

② 孔侟主编,曲阜市地名志编纂委员会编:《曲阜市地名志》,济南:山东友谊出版社,1998年。参见第三章,第13—17页。

观》、阮元《石渠随笔》①,都载有兀颜思敬为《三马图》题诗事。此外,袁中道记其在范宽雪景图后也有题跋。② 至于子敬与其兄长的关系,目前尚无人提及。如《中华历史通鉴》简单介绍了兀颜思忠,并提到兀颜思敬,但对二人关系无只字涉及。③《满族文学史》也只是一笔带过兀颜师中、兀颜思敬二人。④ 这里简介如后:兀颜思敬,字子敬。女真人。兀颜思忠弟。寓居东平,自称齐东野老。能作诗,善书法,精于鉴赏图画,是元末的书法家和鉴赏家。

综上而论,兀颜思忠虽为女真人,但汉文学修养很高,亦深受汉文化影响,故其为官则忠于职守,治绩突出;为己则乐在闲适逍遥,固有归隐之志。他淡泊名利,个性洒脱、风度闲淡。论其治绩,兀颜思忠在元末昏污的官场中,显得较为超拔而引人注目;故考证其生平主要宦迹与作为,对于从个体角度了解元末社会,也有一定意义。论其文学,兀颜思忠传世作品虽少却精,深沉感慨,情怀真挚,境界阔大,诗词风度均豪迈大气,不可否定。

最后,需要补充的是,作为元代色目人,兀颜思忠与多位汉族士人交好的情况,在元代并不是特例。考察兀颜思忠生平及其与汉族士人的交谊,对于研究元代民、汉关系也具有充实、深化的作用。有元一代,大多数少数民族士人与汉族士人之间,都建立起了真诚、友好的关系,这在当时是一种较为普遍的情形,以后我将继续这方面的研究工作。

---

① 顾复:《平生壮观》卷7,上海:上海古籍出版社,2011年,第265—266页。清阮元撰:《石渠随笔》卷2,阮亨扬州珠湖草堂刻本。

② 〔明〕袁中道撰,阿英校点,施蛰存主编:《袁小修日记·游居柿录》,上海:上海杂志公司,民国24年(1935年),第84页。

③ 李罗力等编著:《中华历史通鉴》(第2部)民族与民族文化史卷,北京:国际文化出版公司,1997年,第1495页。

④ 赵志辉:《满族文学史》(一),沈阳:沈阳出版社,1989年,第261—262页。

第二章　脱脱其人与元顺帝词坛

第一节　脱脱生平·脱脱更化中词人的参与·政局演变

元顺帝统治时期(1333—1368),历时36年,如果不计前元时期,自元军入据中原,元朝灭金(1234)算起,元朝共134年的历史。在这134年的时长中,元朝的末代皇帝(北元不计在内)顺帝(惠宗),其统治时期竟然是元朝历代帝王中历时最长的,就连元世祖忽必烈的为政时长也要屈居其后(1260—1294,历时34年)。如果从元灭宋统一中国算起(1279),则元朝共89年时间,而顺帝时期就占了五分之二以上的时长。应该说,即使从为政时长来看,在元代诸帝中,顺帝时期都是必须引起重视的时期,不管是其政治局面、经济情况、文化背景还是文学状况。

元顺帝统治期间,经历了史称"脱脱更化"的重大革新,与至正十五年(1355)脱脱死后所爆发的红巾军大起义和各路军阀的战争。故在此,可将顺帝时期分为前后两期。其初期经历了元代后期最重要的政治革新——脱脱更化,朝野上下呈现出一片鼓舞人心的新气象。而后,宫廷内部各种斗争炽热和激烈化,最主要的有:帝王和太子权位之争;大臣内部的党争;奸邪斗争。脱脱本人在高邮即将与张士诚大军一决胜负前,竟然遭到奸臣哈麻的诬陷被夺权,进而贬谪和鸩死,元朝从此一蹶不振,走上了末日之途。把顺帝时期分为前后两期,可以非常清楚地观察到其时政局的变化和趋势,同时也能够更好地分析顺帝词坛的格局和发展演变情况。

一、青年脱脱

探讨"脱脱更化"与顺帝朝前期政局的关系,需要先了解和分析脱脱其人。

脱脱,字大用。《元史·脱脱传》载其卒于至正十五年(1355)十二月,卒年42岁,上推,其生年为皇庆二年(1313)。自小拜婺州浦江老儒吴直方为师,深受儒学思想影响,并终身推崇儒学。少年脱脱就怀抱效仿仁人贤者的志向,曾对老师吴直方说:"使脱脱终日危坐读书,不若日记古人嘉言善行服之终身耳。"后至元四年(1338),脱脱25岁,进升御史大夫,《元史》赞其"大振纲纪,中外肃然"。① 他曾扈从顺帝自上都还京,途中,顺帝准备在保安州畋猎,结果马蹶。脱脱趁机谏曰:"古者帝王端居九重之上,日与大臣宿儒讲求治道,至于飞鹰走狗,非其事也。"顺帝接纳了意见,并授予他金紫光禄大夫,兼绍熙宣抚使。从其谏言可知,青年脱脱对于儒学的推崇及其欲凭儒学振兴国事的深切希望。

当时,脱脱的伯父伯颜任中书右丞相,在诛杀了阴谋叛乱的唐其势(文宗时左丞相燕铁木儿之子)后,"益无所忌,擅爵人,赦死罪,任邪佞,杀无辜,诸卫精兵收为己用,府库钱帛听其出纳。帝积不能平"。② 又据《元史·伯颜传》载,自从他诛杀唐其势之后,便"独秉国

---

① 〔明〕宋濂等撰:《元史》卷138《脱脱传》,第3341页。
② 《元史》卷138《脱脱传》,第3341页。

钧,专权自恣,变乱祖宗成宪,虐害天下,渐有奸谋。帝患之"。"伯颜自领诸卫精兵,以燕者不花为屏蔽,导从之盛,填溢街衢。而帝侧仪卫反落落如晨星。势焰薰灼,天下之人惟知有伯颜而已。"①毫无疑问,伯颜的权势已经凌驾于顺帝之上,这是威胁帝位的严重信号,是封建时代的任何帝王都不能容忍的。

　　脱脱自幼寄养在伯颜家,也常常忧虑其有必败之日,他曾私下向父亲马札儿台请教是否应预先对付其伯父。其父认为可以这样去做,但脱脱仍然久久未能决断。于是他再向老师吴直方请教。吴直方说:"《传》有之,'大义灭亲'。大夫但知忠于国家耳,余复何顾焉。"②正是吴直方的大义灭亲和忠君爱国之说,促成了脱脱与伯颜斗争到底的决心。在与伯颜斗法这个艰险的过程中,脱脱曾多次向老师请教。吴直方对于脱脱的影响和扶助是很大的。其时,顺帝身边都是伯颜所树立的亲党,"独世杰班、阿鲁为帝腹心,日与之处。脱脱遂与二人深相结纳。而钱唐杨瑀尝事帝潜邸,为奎章阁广成局副使,得出入禁中,帝知其可用,每三人论事,使瑀参焉"。③

　　据权衡《庚申外史》,至元五年冬十一月,河南行省台掾范孟假传圣旨任河南都元帅,以圣旨的名义,畅通无阻地几乎把河南官员一次性杀光,最后范孟属下冯二舍趁范酒醉砍下其头颅,并杀掉了范的死党。《元史·脱脱传》记曰:"会河南范孟矫杀省臣,事连廉访使段辅,伯颜风台臣言汉人不可为廉访使。"④脱脱为此再次向老师请教。吴直方认为这是前朝的政策,绝不可以改废,要脱脱去告御状。顺帝果然应允了脱脱的请求。伯颜知道后大怒,一度意欲治脱脱之罪。

　　此后,伯颜又奏贬宣让王帖木儿不花和威顺王宽彻普化,不等顺帝下旨就擅自做主贬之。结果是"帝益忿之。伯颜且日益立威,锻炼

---

① 《元史》卷138《伯颜传》,第3338页。
② 《元史》卷138《脱脱传》,第3342页。
③ 《元史》卷138《脱脱传》,第3342页。
④ 《元史》卷138《脱脱传》,第3342页。

诸狱,延及无辜。"①此时到了必须除掉伯颜的关头。《元史》载:"一日,(顺帝)泣语脱脱,脱脱亦泣下,归与直方谋。直方曰:'此宗社安危所系,不可不密。议论之际,左右为谁?'曰:'阿鲁及脱脱木儿。'直方曰:'子之伯父,挟震主之威,此辈苟利富贵,其语一泄,则主危身戮矣。'"②这是脱脱在上台为相前第三次就顺帝生死存亡之大事咨询老师,而吴直方的提示在脱脱发起的这次政变中,起到了极为关键的作用。自此开始,为了驱逐伯颜,脱脱与顺帝身边的亲信等展开了一系列的准备活动,他们蜗居在家,随时伺机擒拿伯颜。

后至元六年二月,伯颜请太子燕帖古思到柳林打猎。脱脱立即与世杰班、阿鲁合谋,以其所掌兵及宿卫士拒伯颜再入内。经过脱脱的精心策划和布置,伯颜被拒于城门之外,继而外贬,病死于道中。是年,脱脱27岁,从此走上了最辉煌的仕途生涯。

二、脱脱更化与顺帝词坛重要词人的参与

至正元年(1341),顺帝"命脱脱为中书右丞相、录军国重事,诏天下。脱脱乃悉更伯颜旧政,复科举取士法,复行太庙四时祭,雪郯王彻彻秃之冤,召还宣让、威顺二王,使居旧籓,以阿鲁图正亲王之位,开马禁,减盐额,蠲负逋,又开经筵,遴选儒臣以劝讲,而脱脱实领经筵事。中外翕然称为贤相。……三年,诏修辽、金、宋三史,命脱脱为都总裁官。又请修《至正条格》颁天下。……"③

这段记载表明,脱脱生平最有为的时期,也是顺帝朝前期最兴盛的时段(以至正十五年脱脱卒年1355为分界线),所谓"脱脱更化"的系列政治革新正式拉开帷幕。

脱脱更化的诸多举措,概括起来,其总体精神就是利国利民,故深得士心。其中,恢复科举取士制度,是革新的首要内容。我将放在

---

① 《元史》卷138《伯颜传》,第3339页。
② 《元史》卷138《脱脱传》,第3342页。
③ 《元史》卷138《脱脱传》,第3343—3344页。

本章第二节论顺帝词坛科举词的产生时,详细论述。这里主要分析顺帝词坛的两个重要词人——张翥与许有壬,在脱脱更化中的工作及其思想和情绪的表达。

1. 脱脱领衔修三史与词人张翥的参与

修宋辽金三史,是脱脱更化中最重要的一项内容,也是该期学术史上最重大和泽被后人的一大贡献。修史涉及三朝谁为正统之辩论,影响较大。

至正三年(1343)三月十四日,以脱脱为首的中书省官员上奏顺帝,顺帝颁旨曰:"这三国为圣朝所取制度、典章、治乱、兴亡之由,恐因岁久散失,合遴选文臣,分史置局,纂修成书,以见祖宗盛德得天下辽、金、宋三国之由,垂鉴后世,做一代盛典。交翰林国史院分局纂修,职专其事。集贤、秘书、崇文并内外诸衙门里,著文学博雅、才德修洁堪充的人每斟酌区用。……遴选位望老成,长于史才,为众所推服的人交做总裁官。"①很快,纂修三史的工作正式开始,脱脱任三史都总裁官。

脱脱挑选和组织了一个修史班子,在用人方面,汉族和少数民族史学家兼顾,开创了各族史学家合作修史的先例。民、汉史家合作修成的这三部史书,后被列入二十四史,而在整个官修正史中,由少数民族宰相主持的只有《宋史》《辽史》《金史》三部。

在组织人力和修史的原则上,脱脱善于听取汉族史学家正确的意见,如揭傒斯的看法。《元史·揭傒斯传》记曰:"诏修辽、金、宋三史,傒斯与为总裁官,丞相问:'修史以何为本?'曰:'用人为本,有学问文章而不知史事者,不可与;有学问文章知史事而心术不正者,不可与。用人之道,又当以心术为本也。'且与僚属言:'欲求作史之法,须求作史之意。古人作史,虽小善必录,小恶必记。不然,何以示惩

---

① 元顺帝:《修三史诏》,《全元文》第55册,卷1677第49页。

劝！'"①正是因为脱脱采取了这种用人以心术为本的原则,使得修史班子的主要成员,基本上都是当时学术界和文学界的精英,才能最终顺利地修成三史。而张翥这位大词人也因其才学与品质兼备而成为修史官。

《元史·张翥传》云:"至元末(1340),同郡傅岩起居中书,荐翥隐逸。至正初,召为国子助教,分教上都生。寻退居淮东。会朝廷修辽、金、宋三史,起为翰林国史院编修官。史成,历应奉、修撰,迁太常博士,升礼仪院判官,又迁翰林,历直学士、侍讲学士,乃以侍读兼祭酒。"②至正四年(1344),张翥在京都任翰林国史院编修官并修史。本年正月,他刚至大都,就怀着兴奋的心情写下了一首《鹊桥仙》,词有小序:"予生丁亥岁戊子日,今戊戌岁初度,亦戊子日,偶作"。唐圭璋先生在《全金元词》该词词序后辨识云:"强村丛书本校记引钱衎石曰,考仲举本传卒于至正二十八年戊申,年八十二,是生于至元二十四年丁亥也。而戊戌为七十二岁,与词中称五十八年不合,疑戊戌为甲申之误,盖至正四年也。"③词云:

> 生朝戊子。今朝戊子。五十八年还是。头童齿豁可怜人,也召入、词林修史。　　前生偶尔。后生偶尔。但喜心头无事。从来不解学神仙,怎会得、长生不死。

该词中明言张翥五十八岁时被召入朝廷修史之事,而至正四年甲申年正是朝廷修宋、辽、金三史的时段。故唐圭璋先生疑"戊戌为甲申之误"。三史从至正三年起修,到至正五年全部修完。因此,可以认为序中所言"戊戌"正是"甲申"之讹误。该词不仅记录了词人一生中最重要的大事之一——修史,更洋溢着一种发自内心的愉悦,表

---

① 《元史》卷181《揭傒斯传》,第4186页。
② 〔明〕宋濂等撰:《元史·张翥传》,卷186第4284页。
③ 唐圭璋主编:《全金元词》(下册),第1019页。

达了一种通脱、达观的生命观,即"从来不解学神仙",而无所谓"长生不死"。应该说,张翥这种情绪和心理上的变化——"心头无事"之感,与脱脱更化所带来的朝野上下的新气象是密切相关的。

其实,早在至正元年(1341),脱脱更化之初,张翥初至大都为官时,政局和国家前景的好转,就使他内心表现出一种十分平和淡泊的情绪。本年正月二十七日,张翥作《洞仙歌·辛巳岁燕城初度》云:

> 功名利达,任纷纷奔竞。纵使得来也侥幸。老眼看多时,钟鼎山林,须信道、造物安排有命。人生行乐耳,对月临风,一咏一觞且乘兴。　　五十五年春,南北东西,自笑萍踪久无定。好学取、渊明赋归来,但种柳栽花,便成三径。①

辛巳岁即至正元年。据《元史》本传,时张翥在大都任国子助教。词中"燕城"指大都。该词为自寿词,词人时年55岁,感叹自我身世漂泊流离,表达了个人淡泊功名利禄与及时行乐的人生态度,抒发了欲学渊明"三径就荒"归隐田园、颐养天年的最终心愿。考其于半百之后才步入仕途,不仅无贪竞之心,反而从容淡定,实为难得。同时,该词也彰显出在脱脱更化的时政背景下尚且和平稳定的时代氛围,和士人重视自我人格和心灵的一种社会情绪。

顺帝时词人,张翥以外,王沂更是一位十分重要的三史编纂官。至正三年起,他即参与修《辽史》《金史》《宋史》,是《辽史》的纂修官,还是《金史》和《宋史》的总裁官之一,时任礼部尚书。至正四年十一月《金史》成,至正五年十月《宋史》成。王沂存词七首。《全金元词》下册中,唐圭璋先生对其生卒年缺乏考证,只云"至正二年尚转侧兵戈间,计其年当过七十。"②然据我考证,王沂至少活到至正八年。③

---

① 唐圭璋主编:《全金元词》(下册),第 1015 页。
② 《全金元词》(下册),第 833 页。
③ 参见本书上篇"元顺帝时期词人主要活动及词作编年"之至正八年下关于王沂送别王冕的两首词所做的考证。

虽然，现在难以考证王沂修史期间有否词作传世，但张翥和王沂词人兼史官的身份，二人在修史期间安定的生活与振作的心态，对于顺帝前期词坛太平宴享之风貌的形成，自有其推波助澜的力量。

参与修史的词人还有三史总裁官之一的张起岩。张起岩，字梦臣，章丘人。延祐二年进士及第一名。存词一首《木兰花慢词饯雪楼承旨南归》。① 按：雪楼，即元中期词人程文海之号。故该词并非张起岩修史期间所作。又因为元末战乱长达十八年，词人流离失所，词作散佚严重，张氏当时还有否其他词传世，未可得知。

至正四年五月，《辽史》修成后，脱脱因病辞职，顺帝令阿鲁图和别儿怯不花领衔修史。但《金》《宋》二史的撰修，实际上仍然由脱脱负责。在《进金史表》和《进宋史表》中，前二者虽领衔署名，然身为都总裁的脱脱还是名列其后，因阿鲁图曾自道"素不读汉人文书，未解其意"，可证。②

2. 脱脱崇儒与儒臣许有壬的参与

脱脱本人终其一生，始终崇信儒学，其更化时期，亦始终重视儒学和重用儒臣。他大兴国子监，置宣文阁，开讲经筵，遴选儒臣以劝讲。脱脱自己实领经筵事，劝导顺帝读经史圣贤之书，崇尚儒学，并遴选才学深厚、德高望重的儒臣为顺帝的老师，有：揭傒斯、黄溍、张起岩、吕思诚、许有壬、欧阳玄、太平等一大批儒士，致使"中外翕然称为贤相"，赢得了普遍的称誉。脱脱本传和《顺帝本纪四》都记载了至正三年脱脱曾劝导顺帝多读经史之事：

> 帝尝御宣文阁，脱脱前奏曰："陛下临御以来，天下无事，宜留心圣学。颇闻左右多沮挠者，设使经史不足观，世祖岂以是教裕皇哉？"③

---

① 参见《全金元词》（下册）订补附记第 1351 页。
② 《元史》卷 139《阿鲁图传》，第 3361 页。
③ 《元史》卷 138《脱脱传》，第 3343—3344 页。

六月壬子,命经筵官月进讲者三。①

经筵讲坛没有设立专门的官员,都由执政大臣兼任,讲课地点主要在宣文阁(由原来文宗时所设奎章阁改立),有时也在明仁殿。有时,顺帝遇到所喜欢的经筵官(如铁木儿塔识),就留宿宣文阁,问政直到半夜。每月进讲次数基本为三次,而每次讲课具体时间不定。总之,一心崇儒的脱脱在选师、兴学、劝讲等方面作出了显著的成绩,使顺帝在其循循善诱下积极向上、一心向学、虚心勤政,一度成为明君。这与脱脱死后顺帝昏聩荒淫的形象形成了鲜明的对比。至正四年闰月,脱脱又领宣政院事。他因崇儒而斥佛,当时"诸山主僧请复僧司",被脱脱驳斥和巧妙拒绝。

在顺帝的诸位儒臣之师中,许有壬既是一位著名的儒臣,又是顺帝时期一位词风独具一格的代表词人。关于许有壬为顺帝宣讲并深得帝心之事,《顺帝本纪三》记载如下:

至正元年四月,许有壬任中书左丞。六月,顺帝"改旧奎章阁为宣文阁。……(九月)壬寅,许有壬进讲明仁殿,帝悦,赐酒宣文阁中,仍赐貂裘、金织文币"。②

从上述史载可见,脱脱更化初期,许有壬在朝廷中曾一度得到了顺帝的重用。据许有壬本传,由于许氏为人正直,为政清廉,得罪了一些权臣,因此,至正三年正月他主动辞职离开了朝廷。经本人考辨,至正二年春、夏,许有壬在大都作词约二首,分别是《摸鱼子·次郭子敬祭酒同赏牡丹韵》及《太常引》(翰克庄、杜德常寓所二松可爱,醉中赋此,以赠二君)。③ 许有壬存词176首,有着鲜明的忧政意识

---

① 《元史》卷41《顺帝本纪四》,第868页。
② 《元史》卷40《顺帝本纪三》,第862页。
③ 参见本书上篇"元顺帝时期词人主要活动及词作编年"之至正二年该二词的考辨。

与讽政态度。但该二词内容上并不关涉时政,反而透露出一种和平的时代气象,与这种气象下词人赏花饮酒的安宁心绪和崇尚闲雅的审美的生活态度。

至正八年,许有壬闲居家乡安阳。至正九年,许有壬《圭塘欸乃集》结集,此乃其在圭塘别墅与家人、门客马熙所酬唱之诗词。至正十年七月十五日,周伯琦为《圭塘欸乃集》作序,该文是研究许有壬晚年在安阳生活和创作心态的重要文献资料。其中关于许氏为人为政为文的一段话颇为重要:

> 安阳公以命世之贤,际熙洽之运,自处士时,已负重望,及居宰辅,慨然以天下为己任,迪德明谟,培元气,植善类,正色立朝,将三十年,天下阴受其赐而不知也。年方耳顺,角巾东第……玩造化于品物,畅情性于彝伦,家传户诵,如获亲炙。……用被于人,德尊于已,乐行忧违,无施不可。非义精仁熟如吾安阳公者,不足以与于此。伯琦从公游非一日,辱知最深,故于圭塘之咏,推本而言之,使知公者,求公于乐山乐水之间,而不可与流连光景、忘世徇情者论也。①

这段话指出了:许有壬位居宰辅时,有着"以天下为己任"的高度的政治责任感,律己崇德,扶助正气,培植人才,正直敢为,施仁政,爱百姓,是一位廉洁自律、一心为公的政府高官。而当许氏退居乡里之时,又能做到暂时放下心中忧患,玩物畅情,适性怡情,觞咏酬唱,寄意于文,在"乐山乐水"之间,彰显了其作为一位政治家的仁者与智者兼有的风范。

至正十一年,许有壬挚友马熙作《圭塘补和序》曰:"欸乃既歌之明年(至正十年),熙如京师,可行洎桢日侍安阳公,觞咏圭塘,更唱迭

---

① 〔元〕周伯琦:《圭塘欸乃集序》,《文渊阁四库全书》第1366册,第864—865页。

和,诗词凡二百四十有九。又明年(十一年),桢(许有壬子)来京师,熙始得伏读全集,大篇云行,短章泉流,无非乐日用之常,而忧国忧民之实,亦未尝不默寓其间也。"①序中指出,许氏退隐后所作诗词,表面上无非都是日常安适乐闲之作,实质上却均"默寓""忧国忧民"之情思。

综观脱脱更化时期,顺帝词坛两位代表词人张翥和许有壬的职务和作为,可以认为,他们在政治革新上的一度被重用,儒学的一度重振,必将影响到他们在词坛上崇雅复雅的创作心态,并成为其他词人通过歌词体味时代和人生的一种风向标。

最后,附带说明一下脱脱再度为相后的新政。至正九年闰七月,脱脱上台后马上着手继续施行更化之初的崇儒兴学之道,开端本堂,敦促太子学习圣贤书,使端本堂不仅成为太子的专门学堂,也是顺帝时常驾临和听讲之地。

三、脱脱再度主政

自从顺帝登基后,全国各地经常发生天灾人祸,水旱引起的饥荒最为常见,甚至常常达到人吃人或父子相食、易子而食的程度。如《顺帝本纪四》所记载的,至正七年六月"彰德路大饥,民相食"。② 在这种形势下,顺帝急需一位贤相再次振兴朝政,脱脱自然成为最佳人选。至正九年七月后,顺帝罢右丞相朵儿只,左丞相太平为翰林学士承旨。随后,脱脱再次被任命为中书右丞相,仍为太傅,"赐上尊、名马、袭衣、玉带。脱脱既复入中书,恩怨无不报。时开端本堂,皇太子学于其中,命脱脱领端本堂事"。③ 人无完人,脱脱尽管为公认的一代贤相,但其因气量小而施展的报复行为,为他再次主政埋下了隐患,致使后来他被哈麻等诬陷,竟无人为他鸣冤辩解。

---

① 李修生主编:《全元文》第 56 册,卷 1700 第 128—129 页。
② 《元史》卷 41《顺帝本纪四》,第 878 页。
③ 《元史》卷 138《脱脱传》,第 3344—3445 页。

（一）变钞

至正十年是脱脱再度主政后,面临元朝兴衰之运,做出重大抉择的一年。本年四月,左司都事武祺已经建言更改钞法。① 十月,正式开始实行变钞之事。脱脱本传记载如下:

> 吏部尚书偰哲笃建言更造至正交钞,脱脱信之,诏集枢密院、御史台、翰林、集贤院诸臣议之,皆唯唯而已,独祭酒吕思诚言其不可,脱脱不悦。既而终变钞法,而钞竟不行。②

《元史·吕思诚传》则详细地记载了脱脱再度执政后变钞之事的过程:

> 吏部尚书偰哲笃、左司都事武祺等,建言更钞法,以楮币一贯文省权铜钱一千文为母,铜钱为子,命廷臣集议。思诚曰:"中统、至元自有母子,上料为母,下料为子,譬之蒙古人以汉人子为后,皆人类也,尚终为汉人之子,岂有故纸为父而立铜为子者乎?"一座咸笑。思诚又曰:"钱钞用法,见为一致,以虚换实也。今历代钱、至正钱、中统钞、至元钞、交钞分为五项,虑下民知之,藏其实而弃其虚,恐不利于国家也。"偰哲笃曰:"至元钞多伪,故更之尔。"思诚曰:"至元钞非伪,人为伪尔。交钞若出,亦为伪者矣。且至元钞犹故咸也,家之童奴且识之;交钞犹新咸也,虽不敢不亲,人未识也,其伪反滋多尔。况祖宗之成宪,其可轻改哉!"偰哲笃曰:"祖宗法弊,亦可改矣。"思诚曰:"汝辈更法,又欲上诬世皇,是汝与世皇争高下也。且自世皇以来,诸帝皆谥曰孝,改其成宪,可谓孝乎?"偰哲笃曰:"钱钞兼行何如?"思诚曰:

---

① 《元史》卷 42《顺帝本纪五》,第 888 页。
② 《元史》卷 138《脱脱传》,第 3345 页。

"钱钞兼行,轻重不伦,何者为母,何者为子?汝不通古今,道听而途说,何足行哉!"契哲笃忿曰:"我等策既不可行,公有何策?"思诚曰:"我有三字策曰:行不得!行不得!"丞相脱脱见思诚言直,颇狐疑未决。御史大夫也先帖木儿独曰:"吕祭酒之言亦有是者,但不当在庙堂上大声历色尔。"已而监察御史承望风旨,劾思诚狂妄,夺其诰命并所赐玉带,复左迁湖广行省左丞,遣太医院宣使秦初即其家迫遣之。①

唯一反对变钞的国子监祭酒吕思诚被外放为湖广行省左丞。其实,顺帝登基后,元朝的国运已经趋向衰败,当时主要的施政方针,应是为政清简。正如元末明初叶子奇所云:"化国之日舒以长,由其事简也。乱国之日短以促,由其事繁也。事繁则长日如短,事简则短日如长。"②这次更改钞法,成为脱脱再任右相后犯的首要错误。加上此后的开黄河故道,百姓的日子雪上加霜,最终成为导致元末韩山童等农民大起义和群雄争霸的导火线。

本年十一月,"诏天下以中统交钞一贯文权铜钱一千文,准至元宝钞贰贯,仍铸至正通宝钱并用,以实钞法,至元宝钞通行如故"。③换言之,变钞的主要内容,即发行新的中统交钞,以中统交钞为母钱,铜钱为子钱,每贯中统钞值一千贯铜钱,进行兑换。新的中统交钞与至元宝钞并行通用,中统交钞每贯值至元宝钞二贯。同时铸造至正通宝铜钱,与历朝铜钱并用。此后,朝廷印行了大量的中统元宝交钞和至元宝钞。最终,市场崩溃、民怨载道成为必然。这个后果,孔齐《至正直记》"楮币之患"记载得很清楚:

> 楮币之患,起于宋季。置会子、交子之类以对货物,如

---

① 《元史》,卷185《吕思诚传》,第4250—4251页。
② 〔明〕叶子奇撰:《草木子》(元明史料笔记丛刊),北京:中华书局,1959年,第33页。
③ 《元史·顺帝本纪五》,卷42第889页。

> 今人开店铺私立纸票也,岂能久乎？至正壬辰(至正十二年,1352),天下大乱,钞法颇艰。癸巳(1353),又艰涩。至于乙未(1355)年,将绝于用,遂有"观音钞、画钞、折腰钞、波钞、爁不烂"之说。观音钞,描不成,画不就,如观音美貌也。画者,如画也。折腰者,折半用也。波者,俗言疾走,谓不乐受,即走去也。爁不烂者,如碎絮筋查也。丙申(1356),绝不用,交易惟用铜钱耳。钱之币亦甚。官使百文,民用八十文,或六十文,或四十文,吴、越各不同。至于湖州、嘉兴,每贯仍旧百文,平江五十四文,杭州二十文,今四明漕至六十文。所以法不归一,民不能便也。且钱之小者、薄者,易失坏。愈久愈减耳。……①

由此可见,至正十年的更改钞法,对于社会经济造成了巨大的破坏。物价飞涨,各地钱不统一,钱化废纸,最后出现以物易物的交易,社会经济发生极大倒退。

那么,应该如何认识和客观评价这次变钞？杨镰先生认为:"钞法变更是元末长期战乱的前奏,也是元廷在长治久安与分崩离析之间的一次选择:为了长治久安,却导致了分崩离析。"②杨先生又认为,与变钞相比,贾鲁开河更加速了元朝走向败亡的步伐。

(二)开河

变钞之后,脱脱实行了其再度执政后的另一项重大举措。《元史·河渠志三》对此记载颇详细:

> (至正)十一年四月初四日,下诏中外,命鲁以工部尚书为总治河防使……发汴梁、大名十有三路民十五万人,庐州

---

① 〔元〕孔齐撰,庄敏、顾新点校:《静斋至正直记》(宋元笔记丛书),上海:上海古籍出版社,1987年,第25页。
② 杨镰著:《元代文学编年史》,太原:山西教育出版社,2005年,第470页。

等戍十有八翼军二万人供役,一切从事大小军民,咸禀节度,便宜兴缮。是月二十二日鸠工,七月疏凿成,八月决水故河,九月舟楫通行,十一月水土工毕,诸埽诸堤成。河乃复故道,南汇于淮,又东入于海。帝遣贵臣报祭河伯,召鲁还京师,论功超拜荣禄大夫、集贤大学士,其宣力诸臣迁赏有差,赐丞相脱脱世袭答剌罕之号,特命翰林学士承旨欧阳玄制河平碑文,以旌劳绩。[1]

有关开黄河故道之事,《顺帝本纪五》和《元史·脱脱传》中都有相同记载。《脱脱传》中说到开河起因于至正十年黄河两度决堤。实际上,黄河引发的水患早已使得民不聊生,而元政府也一直在商讨和试图治理河患。据《顺帝本纪四》,早在至正三年五月,黄河已决开白茅口。而至正四年的河患最为凶猛,据《元史·顺帝本纪四》,本年正月,黄河先后冲决曹州、汴梁。《元史·河渠志三》对本年河患记载颇详:

> 至正四年夏五月,大雨二十余日,黄河暴溢,水平地深二丈许,北决白茅堤。六月,又北决金堤,并河郡邑济宁、单州、虞城、砀山、金乡、鱼台、丰、沛、定陶、楚丘、武城,以至曹州、东明、钜野、郓城、嘉祥、汶上、任城等处皆罹水患,民老弱昏垫,壮者流离四方。水势北侵安山,沿入会通、运河,延袤济南、河间,将坏两漕司盐场,妨国计甚重。省臣以闻,朝廷患之,遣使体量,仍督大臣访求治河方略。[2]

十月,黄河又冲决曹州、汴梁。因此,朝廷议修黄河、淮河堤堰。除了官方记载,关于河患所造成的灾难,余阙《书合鲁易之作颍川老翁歌后续集》中也有相关记载:"至正四年,河南北大饥,明年又疫,民

---

[1] 《元史·河渠志三》,卷66第1646页。
[2] 《元史·河渠志三》,卷66第1645页。

之死者半。……民罹此大困,田莱尽荒,蒿藜没人,狐兔之迹满道。"① 到了至正八年春正月,黄河又决,这次济宁路被迁到济州。二月,顺帝下诏在济宁郓城立行都水监,以贾鲁为都水使者。至正九年五月,顺帝又诏修黄河金堤,民夫日给钞三贯。这次治河造成的结果却是"白茅河东注沛县,遂成巨浸。蜀江大溢,浸汉阳城,民大饥"。② 之后,脱脱于至正九年闰七月,再次登相位。不久黄河即闹水患,这终于促成了脱脱下大力治理河患的决心。《元史·脱脱传》记曰:"至正十年,黄河决于白茅堤,又决金堤,蔓延数千里,百姓饱受其苦。五年不能塞。脱脱用贾鲁之计,请塞黄河,以身任其事,并出告群臣。当时人人异论,皆不听。奏请以贾鲁为工部尚书,总治河防,使发河南北兵民十七万役之,筑决堤成,使复故道。历时八月,功成。"

综上而论,从至正三年到至正十一年开黄河故道前,黄河已决堤九次,对百姓生命财产的危害极大,治河已经达到刻不容缓的地步。沿河之山东、河南、安徽、江苏等多地都遭受到水灾。继而又发生大旱,接着瘟疫蔓延。黄河两岸的人民生活在水深火热、饥寒交迫之中。"据估计,当时饥民的总数达到一百万户、五百余万人。"③ 此时恰逢脱脱再度上台,而他对于挽救苍生、治理河患充满了高度的责任感,于是采纳了贾鲁的建议。而贾鲁对于黄河水患早有考察并有成熟的方案。据《元史·河渠志三》记载,在开河决策下达之前,群臣议论不一,自然有反对之声,对于脱脱和贾鲁的压力极大。但脱脱最终力排众议,坚持了治河的方针策略。

不料,民间对此事过于讥讽和苛责。而更难以预料的是,开河这件利国利民的大事,竟然直接引爆了元末的红巾军大起义!对此,杨镰先生认为:"变钞法与开黄河,是元代后期影响最大的两个举措,从

---

① 〔元〕余阙:《青阳先生文集》(《四部丛刊续编》七二),上海:上海书店出版社,1985年据商务印书馆1934年版重印,卷8第147页。
② 《元史·顺帝本纪五》卷42,第886页。
③ 韩儒林主编:《元朝史》,北京:人民出版社,2008年第2版,第486页。

一出现就备受舆论攻击。"①实际上,当时的百姓并不能真正认清元末动乱的真正根源,只是把变钞与开河,尤其是开河一事当成了乱政的替罪羊,加以严厉抨击。最著名的批评如无名氏的《醉太平》:"堂堂大元,奸佞专权。开河变钞祸根源,惹红巾万千。官法滥,刑法重,黎民怨。人吃人,钞买钞,何曾见。贼作官,官作贼,混贤愚,哀哉可怜。"矛头直指"开河变钞",似乎这就是元末大乱的起因。元末陶宗仪《南村辍耕录》亦就此评论道:"不知谁所造,自京师以至江南,人人能道之。……今此数语,切中时病。"②其实,脱脱主持的开河之事,"在水利史上这是元代最重要的举措,他主持开的那段新河就叫做'贾鲁河'。但他的'功绩'成了元朝进入长期动乱时期的契机。开河直接引发了动乱"。③

本人认为,对于当时影响整个社会民生安定的河患而言,不治理百姓实难以为生,治理则国弱民贫,百姓亦充满怨言。因此,治理与不治理,其实已成为悖论。脱脱与贾鲁治理河患的本意,本在振兴元廷,结果却欲兴反衰,直接启动了元末的农民大起义。究其根底,元朝之亡,并不在开河之举,而在其统治阶级内部早已腐烂败坏,无法可救。

当时的大臣欧阳玄,在奉命撰河平碑文后,详细地询问了贾鲁治河方略,并为之作《至正河防记》。欧阳玄说:

> 是役也,朝廷不惜重费,不吝高爵,为民辟害。脱脱能体上意,不惮焦劳,不恤浮议,为国拯民。鲁能竭其心思智计之巧,乘其精神胆气之壮,不惜劬瘁,不畏讥评,以报君相

---

① 杨镰著:《元代文学编年史》,第472页。
② 〔元〕陶宗仪撰:《南村辍耕录》(元明史料笔记),北京:中华书局,1959年,卷23第283页。
③ 杨镰著:《元代文学编年史》,第478页。

知人之明。宜悉书之,使职史氏者有所考证也。①

(三)脱脱与起义军之战

开河之后,元天下很快陷入了由红巾军起义带来的长期动乱分裂。开河之初,韩山童等预先凿好一只眼的石人,开河道埋之,以"石人一只眼,鼓动黄河天下反"为谶语,鼓动人们造反。于是,至正十一年五月,就在刚刚开凿黄河故道之后,刘福通就以红巾为标志号召造反,很快攻陷颍州(今安徽阜阳)。韩山童下伪诏曰:"贫极江南,富夸塞北。"抓住了当时社会最尖锐的矛盾,与南北不平等的经济形势,来动摇天下民心。

元末明初叶子奇记述当时情形为:"是时,天下承平已久,法度宽纵,人物贫富不均,多乐从乱,曾不旬月,从之者殆数万人。……当时贫者从乱如归。……寇掠汴汝淮泗之间,死者成积,中原丘墟。"②这支红巾军被称为北方红巾军,又称香军。而历史的真相是,红巾军的行为并不都是正义的,甚至十分可怖。据叶子奇记载:"汝宁盗韩山童男陷汴梁……分兵攻掠,其下有刘太保者,每陷一城,以人为粮食。人既尽,复陷一处。故其所过,赤地千里。大抵山东河北山西两淮悉为残破。"③叶子奇是元末明初人,亲身经历了这些战乱,其言大抵可信。可知,起义军带给百姓的,并非如后世某些史学家所鼓吹的都是振奋和希望,战乱带来的灾难、死亡、流离和痛苦是必然的。对于在起义军战事中受到损害的地区和百姓,朝廷常在事后加以经济安抚,《顺帝本纪》里就此有多处记载。如至正十四年十二月,顺帝下诏:"被灾(指脱脱与张士诚之战后)残破之处,令有司赈恤,仍蠲租税三年。赐高年帛。"(《顺帝本纪六》)至正十六年亦下诏:"沿海州县为贼

---

① 欧阳玄《至正河防记》,载《全元文》第34册,南京:凤凰出版社,2004年,卷1099第576页。
② 〔明〕叶子奇撰:《草木子》(元明史料笔记丛刊),北京:中华书局,1959年,第51页。
③ 〔明〕叶子奇撰:《草木子》(元明史料笔记丛刊),第51页。

所残掠者,免田租三年。赐高年帛。"(《顺帝本纪七》)这也从一个侧面说明了,元末起义军的战争同样给民生造成了极大的痛苦。

至正十一年(1351)八月,萧县李二(号芝麻李)、彭早住、赵君用等,以烧香聚众为名义,也揭竿而起,继而攻陷徐州,后发展为十余万人。同时起义的,还有湖北蕲州罗田县徐寿辉等。徐部很快攻陷了蕲水县及黄州路。

面对风起云涌的义军,脱脱奏请以其弟御史大夫也先帖木儿为知枢密院事,在至正十二年(1352)闰三月,领兵十余万讨伐。不料,也先贴木儿驻兵沙河时,被义军吓得不战而逃,径直逃回京城仍任御史大夫。据《顺帝本纪五》和《脱脱传》,这件事引起地方群臣之怒,致使陕西行台监察御史十二人一起参劾也先帖木儿的丧师辱国之罪,结果招致脱脱发怒,左迁西行台御史大夫朵儿直班为湖广行省平章政事,而陕西行台监察御史蒙古鲁海牙十二人,皆除各府添设判官,此后无人敢再批评脱脱。可以认为,脱脱不顾原则庇护其弟的行为,是他后来蒙受不白之冤、招致杀身之祸时而无人为之辩护的一个重要原因。

至正十二年起,脱脱亲自率大军,企图剿灭起义军。他先后指挥了两次大战役。

1. 脱脱与芝麻李的徐州之战。据脱脱本传,至正十二年,芝麻李所率领的红巾军占据徐州。脱脱亲自带兵讨伐,当时招募盐丁等人,共二万名,与其所统兵一起进发。九月,军队驻扎在徐州城外,攻打西门,最后大获全胜,徐州城破,芝麻李等逃走。顺帝闻讯,遣人在军中即命脱脱为太师,依前仍为右丞相,催促还朝。并下诏改徐州为武安州,立碑以表彰脱脱的战绩。

至正十二年八月,顺帝下达了新的朝臣任命。"以同知枢密院事哈麻为中书添设右丞。……以同知枢密院事雪雪出军南阳,同知枢密院事秃赤出军河南,皆有功,各进阶荣禄大夫。中书右丞哈麻进阶荣禄大夫。"①哈麻是一代奸臣,是导致元朝迅速灭亡的罪魁祸首。他不仅诱导顺帝极尽荒淫享乐之事,且完全不顾朝廷大局,为了争权夺利,后来平白无故诬陷脱脱,并矫诏鸩死他,使顺帝朝的形势急转直下,走向毁灭。

  2. 脱脱与张士诚的高邮之战。至正十四年,张士诚占据高邮,朝廷屡屡招谕而不降。顺帝即诏令脱脱总制诸王诸省军讨伐。"黜陟予夺一切庶政,悉听便宜行事",当时西域、西番均发兵相助,队伍中还有高丽、回回民组成的义丁军,大军人数约超过百万。《脱脱传》载其出师盛况为"旌旗累千里,金鼓震野,出师之盛,未有过之者。"②当军队驻扎山东济宁时,脱脱仍不忘礼拜圣人,遣官诣阙里祭祀孔子,过邹县时又祭祀孟子。由此可见,儒学对于脱脱的影响是极其深刻的。十一月,脱脱大军到高邮,此后"连战皆捷"。张士诚军情势十分窘迫。然而好景不长,就在决战一触即发之前,祸从天降。据《顺帝本纪六》和《脱脱传》,正当脱脱大军即将取得决定性胜利之前,哈麻等派人向顺帝再三上奏和谮言,先后以莫须有的罪名,欲置脱脱于死地。至正十四年十二月,哈麻任中书平章政事,进阶光禄大夫。在他的指使下,监察御史袁赛因不花等向顺帝劾奏:"脱脱出师三月,略无寸功,倾国家之财以为己用,半朝廷之官以为自随。又其弟也先帖木儿,庸材鄙器,玷污清台,纲纪之政不修,贪淫之心益著。"③反复上奏后,顺帝诏令夺去也先帖木儿的御史大夫的官职。哈麻等不甘心,又继续向顺帝进谗,于是"诏以脱脱老师费财,已逾三月,坐视寇盗,恬不为意,削脱脱官爵,安置淮安路"。④

  一场本来即将彻底告胜的战役,就这样在宫廷争权夺利的阴谋中悲怆而遗憾地收场。当时,军中参议龚伯遂说脱脱:"将在军,君命

---

① 《元史·顺帝本纪五》,卷42第901—902页。
② 《元史·脱脱传》,卷138第3347页。
③ 《元史·顺帝本纪六》,卷43第917页。
④ 《元史·顺帝本纪六》,卷43第917页。

有所不受。且丞相出师时,尝被密旨,今奉密旨一意进讨可也。诏书且勿开,开则大事去矣。"脱脱却回答说:"天子诏我而我不从,是与天子抗也,君臣之义何在?"①不听劝说。可以说,正是儒家的愚忠思想,毒害了这位文武全才的蒙古族大臣。至正十五年二月,监察御史又进谗言,安置脱脱于云南大理宣慰司镇西路,抄没家产。十二月己未,哈麻矫诏遣使鸩死脱脱,卒年42岁。

元末明初人叶子奇这样分析脱脱被贬死之事的前因后果及其影响:"至正壬辰,丞相脱脱统兵征淮南,兵甫及高邮,答麻(即哈麻)奏天下乱皆由怨脱脱之故,罢脱脱,盗自宁息。上入其说,即军中贬之。脱脱释兵,奉诏赴贬所,兵遂大溃,大率皆归红巾,相与为盗贼,遂不可复制。答麻复矫诏杀之。答麻与脱脱初无仇恨,但欲谋其相位,杜其再来之路耳,邪臣谋身误国,遂至于此,未几,答麻坐配死。"②这段分析,充分说明元朝内部因争权夺势而产生的恶斗,对耗损元朝元气的巨大作用力。同时也说明了罢免脱脱所造成的高邮之役最后的结局,反倒加速了元亡的进程。

脱脱死后,红巾军发展壮大的形势呈现出无法遏止的局面。仅以至正十六年(1356)为例。据《顺帝本纪七》,"十六年春正月……倪文俊建伪都于汉阳,迎徐寿辉据之"。③ 二月,张士诚军攻陷平江路(即)并据之,改平江路为隆平府,接着攻陷湖州、松江、常州。三月,朱元璋的大明兵攻取集庆路(南京)、镇江路。五月,倪文俊攻陷澧州路。六月,大明兵取广德路。七月,张士诚遣兵陷杭州。八月,倪文俊陷衡州路。九月,李武、崔德等破潼关。十一月,河南陷。十二月,倪文俊陷岳州路。总之,这一年从年初到年尾,各路起义军的攻城略地紧锣密鼓地展开,让元政府损失惨重,根本没有喘息的余地。到至

---

① 《元史·脱脱传》,卷138第3347页。
② 〔明〕叶子奇撰:《草木子》(元明史料笔记丛刊),北京:中华书局,1959年,第73页。
③ 《元史·顺帝本纪七》,卷44第729页。

正十九年五月,刘福通攻占汴梁,将其定为宋政权的都城,北方红巾军起义出现鼎盛的局面。《元史·察罕帖木儿传》载当时情势为:"造宫阙,易正朔,号召群盗,巴蜀、荆楚、江淮、齐鲁、辽海,西至甘肃,所在兵起,势相联结。"①起义军这种蓬勃发展、势如破竹的态势,与至正十四年高邮之役中脱脱军前被贬,具有十分直接的关系。

回顾脱脱一生,其最大政绩,即至正初年的政治革新,他革新弊政做出了一系列努力和成绩,为世人和历史所认可。脱脱推崇儒学,重启科举、重振士风;他劝导皇帝,改善民生,恰如一线曙光,照亮了当时的社会,给普通士人的心灵带来希望。虽然,脱脱再度执政后,因为变钞和开河,引发了红巾军大起义。但事实上,这两大举措并不是元朝大乱的根本原因。元末农民起义的根本原因,与历代王朝由盛而衰最终没落的原因是一致的。因为,"元朝毕竟是一个汉族模式王朝,且维持大一统局面七八十年,在时人眼里它仍然是中国历代正统王朝当中的一环。况且元末民众起义的深沉原因,主要并不在于民族冲突,而在于统治腐败、贫富分化、剥削苛重、天灾人祸等社会矛盾,与其他朝代末年的社会动乱性质并无大异"。②

第二节 效忠、坚守与激劝忠义——脱脱更化之恢复科举与顺帝词坛科举词的产生

科举是中国历代士人改变人生命运的最重要选择,对于参加科考的士人在心理上的影响是终身的,相应地,自然也就产生了反映科举的文学。本节旨在探讨的,即元顺帝朝脱脱更化之恢复科举对词坛创作的影响,及科举词所体现的国家意志。元朝正式意义上的科举历程,始于仁宗延祐初年(1314),结束于顺帝至正二十六年

---

① 〔明〕宋濂等撰:《元史》,卷141第3386页。
② 陈高华、张帆、刘晓著:《元代文化史》,广州:广东教育出版社,2009年,第341页。

(1366),所谓废除与恢复科举,都只有一次,且都发生在顺帝朝。从脱脱恢复科举到元亡前两年,每届科举都如期举行,无论时事如何艰难从不中断,与之呼应的,是士子们不惧战火、冒死参考的举动,个中原因委实值得深思和探讨。

一、伯颜废除科举与脱脱起而复之

至正元年(1341),顺帝起用脱脱当政,改元"至正",宣布"更化",史称"脱脱更化"。脱脱上台后立即施行了一系列政治革新,得到了当时人的普遍赞誉。其中首要和最主要的一项革新举措就是恢复科举取士制度。

元朝首科乡试始自仁宗延祐元年,延祐二年(1315)举行了首科会试、殿试。此后每三年开科一次,从无间断,直到顺帝后至元元年(1335)八月,伯颜宣布废除为止。废除科举遭到了当时众多大臣的反对。如欧阳玄。《元史·欧阳玄传》曰:"至正改元,更张朝政,事有不便者,集议廷中,玄极言无隐,科目之复,沮者尤众,玄尤力争之。"①脱脱上台后,立即采纳老师吴直方的意见,加上欧阳玄等大臣的支持,终于在后至元六年(1340)十二月重新恢复科举。②"这一措施对于笼络汉族士大夫,引导他们走读书入仕的道路,对于消除由于伯颜推行排儒政策而带来的隔阂心理,具有一定的作用。"③

元朝从首科科考,到至正二十六年,共历时51年,其中顺帝时期占年为三分之二,而元代共举行十六次殿试,顺帝朝则占了一半之多。《元史·选举一》曾盛赞顺帝统治之初科考的形势为:"元统癸酉(元统初年,1333)科廷试进士同同、李齐等,复增名额,以及百人之数。稍异其制,左右榜各三人,皆赐进士及第,余赐出身有差。科举

---

① 〔明〕宋濂等撰:《元史》卷182《欧阳玄传》,北京:中华书局,1976年,第4197页。
② 参见宋濂《故集贤大学士荣禄大夫致仕吴公行状》,《文宪集》卷25;《文渊阁四库全书》第1224册,台北:商务印书馆,1983年,第337页。
③ 韩儒林主编:《元朝史》(人民文库),北京:人民出版社,2008年第2版,第437—438页。

取士,莫盛于斯。后三年,其制遂罢,又七年而复兴,遂稍变程式。"①据《元代文化史》作者统计,在后至元元年罢科举之前,元朝"共举行御试七科,录取进士539人(一作537人)。重开科举后举行御试九科,共录了764人(一作763人),内各地保送的举子600人(一作599人),国学生员164人。两者合计,有元一代进士总数应在1300~1303人之间"。②终元一代所录取的进士人数虽然与唐宋无法相比,但科考毕竟为当时向往仕途的士人打开通路,也在一定程度上凝聚了士人对元廷的向心力。其对于士人的影响不可谓不大,故不能简单以录取人数多少而轻视元后期的科举,以为无关紧要。

脱脱恢复科举,首先,直接振奋了当时士气,从而促使士人真正效忠元廷。如周伯琦在至正元年主持上京乡试时,就写诗歌颂由恢复科举带来的圣统气象:"至正儒科复,留司造士充。……天净文星丽,寒收士气丛。……事忆欧苏远,词怀贾董雄。……圣统乾坤久,人文日月崇。"③脱脱复兴科举的做法,对元末士人为元廷尽忠死节的心态,也有相当影响。故有"元末殉难者多进士"的说法。④ 如元末为朝廷死节的色目人泰不华(至治元年右榜进士第一)与余阙(元统元年进士)都是进士出身。"议者谓自兵兴以来,死节之臣,阙与褚不华(即泰不华)为第一云。"⑤其他如泰定四年状元李黼、延祐五年进士汪泽民,虽然都不是出身顺帝朝的进士,却都在顺帝朝为元廷殉难。⑥

---

① 《元史》,第2026页。
② 陈高华、张帆、刘晓著:《元代文化史》,广州:广东教育出版社,2009年,第382页。
③ 〔元〕周伯琦:《至正元年复科举取士制,承中书檄以八月十九日至上京即国子监,为试院考试乡贡进士,纪事》,〔清〕顾嗣立编:《元诗选初集》卷52,北京:中华书局,1987年。
④ 〔清〕赵翼撰:《二十二史札记附补遗》(八),上海:商务印书馆,民国26年(1937),卷30第645页。
⑤ 《元史》卷143《余阙传》,第3429页。
⑥ 参见《顺帝本纪五》:至正十二年二月,"徐寿辉兵陷江州,总管李黼死之,遂陷南康路"。《元史》,卷42第895页。《汪泽民传》:"至正十六年,汪氏不屈而死于长枪军琐南班之手。"《元史》,卷185第4253页。

其次,从思想文化方面看,"科举考试是一种选拔人才的制度。但科举考试也是一种导向,对一个时代的思想文化造成重大的影响"。① "科举制是中国古代一项重要的政治、教育、文化和社会制度。在中国历史上,可能再也找不出其他一种制度曾经如此深刻地影响过知识分子的思维方式、人生际遇和生活态度了。"②在元代,这突出地表现为程朱理学作为官方统治思想,通过科举考试的确立和垄断。元代"教育和科举考试都以程朱理学为中心,其他学说概在摈斥之列,程朱理学在文化领域的思想统治地位从此得以确立,这对当时思想文化各个部门都有重大影响,对后代思想文化亦有明显的影响"。③ 而"一旦借助政权的力量,理学得以登上意识形态的宝座,整体衰落中的儒学似乎也找到了振兴的机会。吏权受到一定的抑制,儒生们的地位得到相应的提高"。④ 以后,元朝"以朱学为主的理学,成为明、清的官学,成为统治阶级的正宗思想。而元人修的《宋史》,在正史中首开《道学传》,其所定的理学宗旨和人物,又称为明清的理学规范,影响很大"。⑤ 由此亦可洞察元顺帝时士人梦寐科举并汲汲求取功名的思想动因。

最后,恢复科举,对元后期文学创作也产生明显影响。不仅各种体裁的作品,都有直接或间接反映科考及其所带来的个人命运的改变,那些经历过科考(包括参加过乡试和会试未及第的人员)的士人,也表现出一种十分鲜明的忠于元朝的爱国心态。而科举对士人的吸引力,无疑也影响到顺帝词坛诸人的生存与创作。突出者如许有壬、宋裒等的词中就有相关内容的反映。故有学者指出:"正是由于与科

---

① 《元代文化史》,第375页。
② 刘海峰:《重评科举制度——废科举百年反思》,《厦门大学学报》(哲学社会科学版),2005年第2期,第5页。
③ 《元代文化史》,第386页。
④ 晏选军:《从延祐开科看宋元之际理学消长与士风变迁》,《湘潭大学学报》(哲学社会科学版),2004年第2期,第62页。
⑤ 《元朝史》,第709页。

举有关的作家成为诗坛、文坛的主流,元代中期以后的诗文创作中,已看不到在此以前颇为流行的遗民情操。"[1]从元代恢复科举独尊儒学对文艺造成的影响看,有学者更认为,明初宋濂等人撰修《元史》时,打破前代官方史定例,把"儒林传"与"文苑传"合二为一,立"儒学传","更可见出元代理学整合文艺到了何种地步"。[2]

总之,脱脱更化之恢复科举对士人效忠元廷有相当大的鼓舞作用。需要指出的是,恢复科举对于求取科名的士人的影响,实际上一直持续了整个顺帝朝。追根溯源,伯颜废除科举与脱脱起而复之,是反映科举的词得以产生的根本原因。

二、科举复兴在科举词中的反映:效忠心态与坚守理想

顺帝朝的复兴科举,不仅是一种延续历代科举制度和重振儒学的政治策略,其实质更是一种针对知识分子的笼络手段,目的主要在于加强士人对元廷的向心力,促使他们效忠朝廷。撇开艺术成就不论,则会发现,顺帝朝反映科举的词,不仅在一定程度上表露了当时社会的政治和教育制度对士人的影响,也鲜明地投射了士人对科举复兴的态度,对光宗耀祖的强烈自豪感和荣誉感,对振兴与效忠元廷的忠君爱国思想。

反映科举的词,按照士子科考成败的结果看,大致可分为两种类型,即科场得意与科场失意的写照。二者实际上都贯穿了词人们信守科举与效忠元廷的思想心态。

(一)科场得意:登科与效忠心态

被誉为"元词上驷"的许有壬,[3]对于科举取士和发扬此道,历来十分赞成和支持。故后至元元年,伯颜因敌视和打击汉人之私心要废除科举,便立即遭到许有壬的强烈反对。《元史·许有壬传》云:

---

[1] 《元代文化史》,第386页。
[2] 晏选军:《从延祐开科看宋元之际理学消长与士风变迁》,第62页。
[3] 〔清〕况周颐原著、孙克强辑考:《蕙风词话·广蕙风词话》卷3,郑州:中州古籍出版社,2003年,第61页。

"中书平章政事彻理帖木儿(即伯颜)挟私憾,奏罢进士科,有壬廷争甚苦不能夺,遂称疾在告,帝强起之,拜侍御史。"①当反对无效,许有壬竟做出称病在家拒不上朝的决定,其对于废科举而救无力的愤慨之心,昭显于世。

许有壬及其弟许有孚,都是科场得意者,有壬反映科第的词,鲜明地表现出许氏兄弟作为登科及第者的强烈荣誉感与效忠元廷的心态。许有壬的科举词写法几近叙事,基本无含蓄意味,话语十分直率,如其《沁园春》首三句即云:"老子当年,壮志凌云,巍科起家。"②表现出一种进士出身者特有的强烈的自豪心态,正是因为科举,他才能步入仕途,后累官至中书左丞,成为朝廷高官,故其一生对元廷都忠心耿耿。来看他的两首词:

> 天相吾家,篚笥无金,诗书有人。看发挥胸臆,辞锋凛凛,熏陶气质,韦佩中申。师友渊源,贤才衡鉴,胄馆光华近帝宸。男儿事,便尽输心力,难报君亲。　　读书第一当勤。只孝弟书中是大伦。况人生为学,百年在幼,田家得计,一岁惟春。科占龙头,名高雁序,好与皇家作凤麟。都休问,是地钟河岳,天应星辰。(《沁园春·寿可行弟,次其见寿韵》)

> 四海之间,难弟劣兄,白头二人。记昌期瑞旦,行年在卯,善门余庆,维岳生申。科第佳名,祠宗优秩,常奉天香降紫宸。身通贵,只贫安分定,老益书亲。　　简编不负辛勤。羡进德扬名迈等伦。任家无厚积,融融度日,诗多好句,蔼蔼回春。明月清风,交梨火枣,竹里行厨脯擘麟。吾

---

① 《元史》卷182《许有壬传》,第4201页。
② 唐圭璋:《全金元词》下册,北京:中华书局,1979年,第956页。本节所引元词均出自该书。

何事,但问花携酒,专竟芳辰。(《沁园春》)

二词中强烈的自豪心理,在根底上来自词人顺利登科的人生履历。"男儿事,便尽输心力,难报君亲",与"科占龙头,名高雁序,好与皇家作凤麟",分别是《沁园春》上下片中所表达的最核心意识,也即唯有登科,才能跻身仕途、效忠朝廷,最终成为国家栋梁。由此可见,元代科举,虽然取士不多,仍是一种笼络汉族知识分子的强有力的政治手段。词中也谈到许氏兄弟本就出自书香门第,有着世代诗书传家的优良传统,而二人读书的态度又非常正确,即"第一当勤",因此他俩先后考取科名,自在情理当中。有意思的是,这二首词又都是许氏兄弟互相祝寿的寿词。《沁园春》(四海之间)序云:"可行(按:许有孚字)弟泰定甲子(1324)寿日,赋乐府沁园春,时读书上庠,因勉其进学。后三十九年至正壬寅(至正二十二年,1362),同在京华,遇其寿日,语及旧作,遂再和前韵。"序中追忆了许有孚泰定元年读书于国子学的情况,当时许有壬逢弟生日而赋《沁园春》以资勉励,后来许有孚也考中进士。时隔三十九年后的至正二十二年,许氏兄弟恰好又同在大都,并又逢许有孚生日,许有壬不禁感怀往事,追念科举旧事,以和韵形式写下该词,词之内容仍主要围绕二人的"科第佳名"与报效君亲。

无独有偶。宋氏兄弟与许氏兄弟的登科情况颇为相似。词人宋褧是泰定元年进士,其反映科举的词,创作背景亦与伯颜废除科举密切相关。与许有壬兄弟相同的是,宋本、宋褧兄弟也是先后登科进士(宋本为宋褧之兄)。共同的科考经历,给他们留下了永远的回忆。宋褧《满庭芳·寒食伤先兄正献公》云:

魂黯雪山,泪零风野,转头三度清明。感今怀旧,何事不伤情。文史共、梁园书几,臬虑对、溢浦灯檠。径行处,洞庭彭蠡,同载赴瑶京。 才名。人尽美,朝家大宋,陆氏难兄。但驽骀小李,少后鹏程。丹桂树、何论高下,紫荆花、早变枯荣。微衷苦,乱峰如树,幽恨几时平。

词人后注:"正献与予尝同寓汴中朝元宫一年,又尝客九江,值除夕,共博而守岁,后同归京师赴举。"此首虽为悼亡词,其实大半内容乃回忆兄弟二人往昔勤学登科之事。宋本元统二年(1334)去世①,该词云"转头三度清明",则应作于后至元三年(1337)。后注详细地说明了兄弟二人为科考曾求学于开封、九江之地,考前的除夕,二人还一起读书并守岁,最后共赴京师赶考。上片,词人因清明思亲伤情,而追忆了兄弟俩曾经共读文史,并游历九江、洞庭,最后至大都赶考的经历。下片,词人把宋氏兄弟比为陆机、陆云兄弟,夸赞兄长有人尽羡慕的才学和名气,并自谦为资质驽钝,因此三年后才考中进士。寒窗共读和共同赴考的往事,这段既艰苦又温馨的记忆,是科举考试给宋氏兄弟心灵铭刻下的永远的人生记忆。值得注意的是这首词的创作背景,当时科举因伯颜之故已废。在深刻地伤感和浓厚的怀旧情绪背后,词人通过回忆科考往事,而悄悄透露出一种对恢复科举的向往之情。

宋褧另一首《鹧鸪天》(题应山县城南渡蚁桥,桥东数步法兴寺,即二宋读书处),也是追忆兄弟二人科考之作,且寓有怀念兄长之意。其词后自注云:"先兄正献公至治辛酉(1321)状元,予则泰定甲子十二名。""先兄"二字明示宋本已去世,表明该词的创作上限在后至元元年(1335)。②《元史·宋本传》曰:"至治元年,策天下士于廷,本为第一人,赐进士及第,授翰林修撰。……是年(元统二年,1334)冬十一月二十五日卒,年五十四。……知贡举,取进士满百人额;为读卷

---

① 宋濂等撰:《元史·宋本传》,卷182第4205页。
② 宋褧词《春从天上来》序云:"至元六年庚辰元日立春,将为山南金宪,按部至应城县,作此词奉寄许可用(按:许有壬,字可用)大参,陈景议宪副。"故知后至元六年元旦时,宋褧已在山南湖北道应城县(今孝感市辖境),任肃政廉访司佥事。而其题《鹧鸪天》时所在应山县,与应城县,在元时同属德安府,即均属今湖北孝感地区,二地相距很近。综合考虑词人后至元六年所任官职与所处地理位置,故认为其《鹧鸪天》盖作于后至元六年。

官,增第一甲为三人。……弟褧,字显夫,登泰定元年进士第,授校书郎,累官至翰林直学士,谥文清。褧尝为监察御史,于朝廷政事,多所建明。其文学与本齐名,人称之曰二宋云。"① 由此可知,宋本曾经为科考官,并尽力多录取进士使人数满额(元历次科考基本都很难满百),且把一甲进士赠至为三人,这些都表明了他对于科举取士的重视和努力改善。而宋褧由科考入仕后也一直积极参政,多有建树。文学成就方面,兄弟齐名,当时被称为"二宋"。这首词就是追忆二宋的"同胞同甲"往事的。词云:

> 十万玄驹过两堤。一双丹凤上天池。科名已向生前定,阴德仍从暗里窥。　　龙虎榜,鹡鸰诗。同胞同甲照当时。同宗盛事嗟微异,后折蟾宫向下枝。

词中把弟兄二人比为"一双丹凤",并认为有祖宗积福保佑,科名前生已定,故兄弟同中名扬当时。这虽然唯心,但其中主要流露的还是那种考取功名、光宗耀祖、实现了儒家出仕理想后的自豪心理。试想,如果从元统元年起科举一直废除下去,那么,这首词里恐怕很难有这么高涨的情绪,多少会露出一点对科举不行的忧患意识。总之,该词的时代背景为"脱脱更化"之恢复科举,是科举复兴间接影响下产生的词作。

顺帝词坛还有反映郡县学宫教育与乡试情况的词,如洪希文的《踏莎行·示观堂》、《八声甘州·宪司循行召试》等。限于篇幅,此不赘述。

(二)科场失意:落第与坚守理想

由于元代科举录取人数较前代为最少,更多的士人望穿秋水也与功名无缘,因此科场失意者永远大于科场得意者。前举许有壬和宋褧的词,主要是以登科者和成功者的身份来反映科举的。而事实

---

① 《元史》卷182《宋本传》,第4204—4206页。

上,元代绝大多数参考士人,都是失意者。即使脱脱更化时期(可延长到至正十五年脱脱去世)的科举取士,也不见增多。故元廷对此的策略是:给予落第举人们担任学官的新出路,从而尽量减轻落第者的灰心,使他们不仅能继续坚守科考改变命运的理想,也因怀抱对元廷的感激之情而忠于元廷。因此,内容主要反映落第及其对理想的坚守,或希冀继续通过科举获取功名和改变命运的词,同样具有典型意义。

元统治者对于落第举人的出路,即安排他们充任路、州学校的学正和书院的山长,使科场失意者多少能获得一点安慰,并能发挥其才学。顺帝至正三年(1343)三月,"监察御史成遵等言:'可用终场下第举人充学正、山长,国学生会试不中者,与终场举人同。'"①举人下第,仍不失为国家人才,故元廷设法把落第举人尽量转输到教育系统的路府州县的学校岗位上。"例以下第举人充正、长,备榜举人充谕、录(即教谕、学录),有荐举者,亦参用之。自京学及州县学以及书院,凡生徒之肄业于是者,守令举荐之,台宪考核之,或用为教官,或取为吏属,往往人材辈出矣。"②

对于一位将要赴任学正的举子,许有壬就曾在词中劝慰过他不要怀疑科考改变命运的选择,其云:"少日襟期,不信儒冠,能把身误。长歌拂袖南来,眼底云霄平步。黄金散尽,三年流落京华,区区又上并州路。……今古。男儿万里封侯,休叹云萍羁旅。"(《石州慢·送牛农师赴石州学正》)从词题可知,牛农师为一落第举子,另结合词中所云"三年流落京华"的内容看,他可能还在国子学就读过。其任石州学正,恰好赶上了朝廷的新政策。"学正一职最早设立于宋代的太学,一般以上舍生为之,职责是协助教授进行教学和教育管理工作。……元初,儒学学正设立员数比较混乱并且南北有别,大德中期

---

① 《元史》卷41《顺帝本纪四》,第867页。
② 《元史》卷81《选举志一》,第2033页。

逐渐固定下来。路学在教授之下设学正,州学只设学正一人。"① 可见,学正的职责是比较重要的,而"下州所设的学正一职,由于直接掌管整个州学,其职责应该是更加广泛"的。② 因此,许有壬勉励牛农师千万不要意志消沉,而应目光远大,相信"男儿万里封侯,休叹云萍羁旅"。

许有壬还有《忆秦娥·送牛农师二首》,从内容看,与《石州慢》当属同时期作于大都,时当春季,正是殿试结束之后。其一云:"春山碧。诗成马上应相忆。应相忆。卢沟桥畔,晚云如织。人生有别休多惜。但悲后会知何日。"其二云:"青条无数,为君攀折。……临歧未信心如铁。心如铁。旧怀新恨,满梁残月。"比起《石州慢》,这二首更多一些伤感的意味,毕竟牛农师是要去到遥远的山西(石州在今山西省吕梁市离石区,处于吕梁山脉中部),前途不容乐观。词人把牛农师送到卢沟桥边,临别时流露出依依不舍的真挚情感。

自从至正初恢复科举后,顺帝朝的士人热衷于科举的态度,远远大过延祐初开科后的以往士人。之所以这样说,是因为顺帝朝无论前期或后期,民间各种规模的造反与起义,几乎没有中断过,这种情况在脱脱死后变得难以控制而愈演愈烈,最终造成了元代灭亡。然而,颇值得玩味的,恰恰是在这样的时代背景下,自脱脱复科后,顺帝朝再也没有中断过科举,任时世如何艰难,每届科举都如期举行,脱脱以后的执政者,始终都坚信和坚持着脱脱定下的科举选拔人才的原则,甚至有某种寄望以科举来改变国家衰颓命运的意味。另一方面,更有意思的是,元末的士子们,在战火纷飞、人命如草的天地中,也始终不忘参加科考。他们不远千里万里,不怕生离死别,不惜物价高昂的成本,先是争先恐后斩获乡试,接着满怀希望赶赴大都参加会试。

---

① 申万里著:《元代教育研究》,武汉大学出版社,2007年版,第437页。
② 申万里著:《元代教育研究》,武汉大学出版社,2007年版,第439页。

一个著名的例子是有关隐士王冕的。

据宋濂《王冕传》云:"王冕者,诸暨人。……安阳韩性闻而异之,录为弟子。学遂为通儒。……著作郎李孝光欲荐之为府吏,冕骂曰:'吾有田可耕,有书可读,肯朝夕抱案立庭下,备奴使哉?'……冕屡应进士举不中,叹曰:'此童子羞为者!吾可溺是哉!'竟弃去。买舟下东吴,渡江入淮楚,历览名山川……慷慨悲吟,人斥为狂奴。北游燕都,馆秘书卿泰不华家。泰不华荐以馆职。冕曰:'公诚愚人哉!不满十年,此中狐兔游矣!何以禄仕为?'"①此文乃王冕平生传记,是研究王冕生平的第一手资料。而宋濂与王冕既是同时代人,又都是浙江人,故其言可信度极高。从传记中可以看出,王冕是个十分矛盾的人,一方面他学为通儒、诗画兼长,以风流隐士而著称,似乎高蹈出世;另一方面他又难以抑制和掩饰对科举获取功名的渴望,屡次参加科考而不中,甚至为此而恼羞成怒。他心性高远,不堪为风尘小吏,所以对李孝光的荐举嗤之以鼻。王冕虽为名士,但其科场失意者的印记,却伴随他终身,因而他才如此愤世又狂放,被人斥为"狂奴"。值得探究的,是科场失意后他即北游大都,临行时,曾任礼部尚书的王沂(《辽史》的纂修官,《金史》和《宋史》的总裁官)作《御街行·送王君冕二首》留别。词作内容虽与科考无直接关系,却关联着王冕科考失意的人生背景。② 其一云:"烟中列岫青无数。遮不断、长安路。……元都燕麦又东风,自是刘郎迟暮"。其二云:"君行广武山前路。是阮籍、回车处。问他儒子竟何成,落日大河东注。…… 离宫别馆空禾黍。啸木魅啼苍鼠。悠悠往事不经心,只有闲云来去。"词意非常苍凉落寞,既表达了对王冕科场失意的同情,也记录了王冕的愤世嫉俗及其对元朝命运即将终结的预言。

---

① 〔明〕宋濂:《文宪集》卷10,《文渊阁四库全书》第1223册,第551—552页。
② 王冕最后一次参加乡试当在至正七年。王沂二词作于至正八年(1348),其创作时间和背景考辨,参见本书上篇"元顺帝时期词人主要活动及词作编年"至正八年条下相关内容。

三、顺帝词坛科举词与"激劝忠义"的国家意志

在科考的道路上,王冕虽然屡试不中,但没有一直消沉下去,而是最终以高人逸士之旷达胸怀,得以自我解脱。和王冕有着相似命运的科场失意者大有人在,却不能都如他一般潇洒自适。通过科考获取功名,改变人生命运的想法,已经牢牢绑缚着很多士子的思想,使他们难以自拔。元末词中就有反映此类情况的。

詹仲举的《沁园春》,记载了他的叔祖詹留耕期盼其子高中并督促其发奋读书的故事。词云:

> 儿汝来前,吾与汝言,汝知否乎。自吾家种植,诗书之外,略无一毫,薏苡明珠。□□□□,齑盐旦暮,三世儒冠出此涂。长安道,汝父兄叔们,几度齐驱。　　如今侧足横舒。看一领青衫似摘须。这衫儿着了,要须徐称,莫教黄嘴,暗里揶揄。刺史家声,拾遗直节,要你心情似得渠。心期处,似献之忠孝,更着工夫。

词后自注云:"叔祖留耕忠文公所作,至正辛丑正月二十又二日,侄孙畦拜手谨书。"至正辛丑为至正二十一年(1361),其前一年刚好为开科之年。就词中内容来看,其背景或者为詹留耕之子刚刚落第,他趁机训诫儿子。詹氏的训话流露出一种赤裸裸的渴求科举功名的功利心态,毫无掩饰做作,其内容主要有四点。一,詹家为世代书香门第,詹留耕往前三代都是科举出身,即"三世儒冠"。二,为考取功名,詹留耕兄弟及詹氏长子都曾奔竞在长安道上,为科考付出过相当大的努力。"长安"一词的内涵,在中国古典诗词里主要代指京城和功名,这里应该意指双关。三,詹家不仅登科者代有人在,且家中成员在官场的地位不低,所谓"刺史家声"、"拾遗直节"。四,要成为一个忠孝两全的人,首先要达成父亲望子成龙的心愿,即下大功夫才能赢得科名。

引人深思的是,这首词作于元末乱世,人们大多因战乱而颠沛流

离、生离死别。然而,对于功名梦寐以求的士人来说,他们的梦想却从没有停止过,似乎也不会因为任何外在因素而改变。因此,直到元亡前的两年即至正二十六年(1366)三月,元朝的命运已经朝不保夕了,仍举行了元朝的最后一届科举。当时,"廷试举人,赐赫德溥化、张栋等进士及第、进士出身、同进士出身有差,凡七十有三人,优其品秩……国子生员:蒙古七名,正六品;色目六名,从六品;汉人七名,正七品;通二十人。兵兴已后,科目取士,莫盛于斯;而元之设科,亦止于是岁云"。① 这次开科共录取九十三人,故史官评为"兵兴已后,科目取士,莫盛于斯"。但正是在这个月,朱元璋的大明兵攻取了高邮府,接下来明军占据了原来张士诚在苏北和淮河流域的地盘。这年五月,朱元璋发布了《平周檄》,两军的决战即将开始,元朝的命运也已经岌岌可危。②

读詹仲举的这首词,只有注意和联系到这样的时代和政治背景,才能透析元末科举与士人心态,才能明了科举所体现的国家意志,也才能看到脱脱恢复科举后的深远影响。这就是,不仅元末一些参加科考的士人不顾国之将覆的现实,仍冀望科考来改变个人命运,且更为可笑又可悲的是,一个日暮西山的王朝,内忧外患已达到极致,却也幻想着通过科举选士得人,在一定程度上改变国家命运。为此,顺帝朝统治者从脱脱主政起,在科举上就陆续实施着新的政策,以鼓励士人参与。如科考公平问题。早在后至元六年(1340)十二月,紧接着恢复科举取士制后,关于国学生入仕,朝廷就出台了新的规定:"国子监积分生员,三年一次,依科举例入会试,中者取一十八名。"③这种新规定,要求国子生也必须参加除乡试外的会试和殿试,对于一般考生而言,科举考试变得更加公平,同时也就能够激励更多的考生参

---

① 《元史·百官志八》"选举附录"之"科目"条,第2346—2347页。
② 《元史》卷47《顺帝本纪十》,第976—977页。
③ 《元史》卷40《顺帝本纪三》,第859页。

加科考,从而效忠朝廷。

  为加强和巩固士人的忠君爱国思想,从至正十二年(1352)起,在科举方面,主政者先后实施了一系列笼络人心的政策。包括:至正十二年三月,顺帝下旨,不再实行民族歧视政策,进士中有才学的南人可进入省院台任官员;至正十九年,经中书左丞成遵建议,对于因兵祸而背井离乡或因战乱不能及时返乡的士子,朝廷特设流寓乡试科;至正二十三年六月,对于因战乱而延误至京会考的江浙、福建的六名举人和三名下第举人,均授以教授之职;至正二十五年,扩廓帖木儿奏请皇太子,对于燕南、河南、山东、陕西、河东这几个全国仅有的没因战乱而废除乡试的地区,在乡贡名额上应增加一半人数。① 元廷如此关注科举的目的有二:一,即至正十九年(1359)成遵所建言"则国有得人之效,野无遗贤之叹矣。"二,即至正二十三年(1363)中书省所奏言(为那些耽误了会试的举人):"非徒慰其跋涉险阻之劳,亦及激劝远方忠义之士。"

  概言之,元顺帝时期科举及科举词所体现的国家意志——即"激劝忠义"。这才是元末社会战乱不休、百废不举,却唯有科举坚持贯彻到最终的真正目的。此外,考察脱脱更化之恢复科举对元顺帝词坛科举词的产生与创作的影响,作为一种个案研究,也从一个侧面表明了元代科举对士人人生追求、价值衡量、社会心态与文学创作的重要作用。

---

 ① 事均见《元史·百官志八》"选举附录"之"科目"条载,第2345—2347页。

附：顺帝词坛词人进士身份统计

通过统计顺帝朝词人进士出身的数量和人员（包括参加乡试的举人和落榜者），也可以证实科举对词坛创作直接或间接的影响。制成表格如下。

姓名	是否进士	登科年	存词及佚词数（首）
王沂	是	延祐二年 1315	7
欧阳玄	是	延祐二年	12①＋佚词4②
张起岩	是	延祐二年第一	1＋佚词2
许有壬	是	延祐二年	176
偰玉立	是	延祐五年③ 1318	1
宋褧	是	泰定元年 1324	40
萨都剌	是	泰定四年 1327	17
许有孚	是	至顺元年 1330	20＋佚词10
高明	是	至正五年 1345	1
何继高	是	至正八年 1348	1
王瞒	是	至正中进士	1
金炯	否	元末中乡举	1
凌云翰	否	至正十九年浙江乡试榜	28④＋佚词200

---

① 欧阳玄在《全金元词》中下册收词为12首，但本人通过检索许有壬的词序，发现欧阳玄有佚词四首，许有壬的这四首词都为和韵欧阳玄词而作。

② 各词人佚词数，参见附录一编年中相关考证，与附录二中元末佚词统计表。

③ 偰玉立延祐五年之进士，见〔清〕李景峰修、史炳纂《嘉庆溧阳县志》卷10，清嘉庆十八年修，光绪二十二年重刻本，中国地方志—江苏省—常州市。

④ 凌云翰词在当时远不止28首。据：〔明〕瞿佑著：《归田诗话》，卷下《钟馗图》记凌云翰有号称"梅柳争春"的佚词200首，上海：商务印书馆，1936年版（丛书集成初编），第35页；〔明〕田汝成撰：《西湖游览志余》，卷12记凌云翰："作梅词《霜天晓角》一百首，柳词《柳梢青》一百首，号梅柳争春，韵调俱美。"杭州：浙江人民出版社，1980年，第198页；《乾隆杭州府志》卷93亦载："凌云翰，字彦翀，仁和人。博通经史，工词章。领至正十九年乡荐，除学正，不赴。作梅词《霜天晓角》一百首，柳词《柳梢青》一百首，号梅柳争春，词调俱美。"〔清〕邓澍修、邵晋涵撰：《乾隆杭州府志》，乾隆四十九年刻本。故可知，凌云翰确有佚词200首。

以上共13人。其中虽然有些词人(如张起岩、偰玉立、何继高、高明等)存词仅为一首,但由于这些词人身逢乱世,士人避难迁徙、辗转流离,比比皆是,其作品散佚自在情理当中。如《明史·文苑一》就夸赞高明等为:"元末文人最盛,其以词学知名者,又有张宪、周砥、高明、蓝仁之属。"①因此,不能以这些词人现存词数量多少而论定当时。况且,当时很多文人的作品散佚或丢失情况都很严重,著名者如顾瑛,幸好其《草堂诗集》后失而复得。再则,《全金元词》元词卷所收录的大量的存词为一首或几首的词人,经查证,基本都活动于元末明初。

以上进士词人中,存词数量最多者为许有壬,共176首。词作数量上,元代的重要词人排在许有壬后的均为非进士出身:即邵亨贞143首,其次为张翥133首,最后为谢应芳65首。在词作总数上,他不仅是元后期词人中存词最多者,也是整个元代词人中,除王恽(存词244首,最多)外的亚军。作词多少,虽与许氏进士身份无直接联系,但其词中提及或反映科举的词,较之其他词人则更为显著。

元顺帝词坛上,除了考中进士和乡试的词人外,还有一些词人是曾经参加过科举但最终与之无缘的,即在乡试中就已经失败。最典型的例子就是大词人张翥。至正初年,他在因荐举入朝为官以前,曾参加过两次乡试,但皆落榜。② 因此,虽然他不是通过科举而获取功名,但我们没有理由说他与科举无关,虽然在顺帝朝,他并没有再参加科考。但他之所以没有继续参考的原因,只有两个。一、至顺三年的乡试是为下一年的会试做准备的,而这次乡试张翥落榜了,次年则

---

① 〔清〕张廷玉等撰:《明史》卷285《文苑一》,北京:中华书局,1974年,第7326页。
② 事见李存《俟庵集》卷16《送张仲举明春秋经归试太原序》:"延祐七年春,张仲举将由钱塘归就试太原。"《文渊阁四库全书》第1213册,第686;陈樵《鹿皮子集》卷2《送张仲举归晋阳举进士六首》,《文渊阁四库全书》第1216册,第677页;刘岳申《申斋集》卷2《张仲举集序》:"至顺壬申(三年,1332),余再见之江浙校艺。"《文渊阁四库全书》第1204册,第197页。

进入顺帝元统元年(1333)。二、元统元年的进士考试之后,到后至元元年,伯颜就废除了科举,一直到后至元六年年底才恢复科举。而此时,张翥已经被同郡傅岩起荐举入朝为官。这就意味着,从此,他不再需要通过科考求取功名。

(本章第二节曾以"论顺帝词坛科举词的产生"为题发表于《华中学术》(CSSCI集刊)第十一辑)

附 录

附录一　元末已佚词人及词作统计表

（一）元末已佚词人信息及词作（含《全金元词》已收词人的佚词）数量统计表

姓名	字号	生卒年	籍贯或寓居	身份或作品	可知佚词数
欧阳玄	字原功	1273—1357	湖南浏阳	《圭斋集》	存目4
张翥	字仲举	1287—1368	山西晋宁	《蜕岩词》	存目1
许有孚	字可行，许有壬弟	不详	河南安阳汤阴	编《圭塘欸乃集》	存目10
许桢	字元干，许有壬子	不详	河南安阳汤阴		存目11
邵亨贞	字复孺，号清溪	1309—1401	松江	《蚁术词集》	存目1
钱抱素（原名钱庵，又号泰窝霖）	字子云，号素道人	不详	松江	《醉边余兴》《渔樵谱》，均佚。	存目14首
钱应庚	不详	不详	松江	《全金元词》收其词6首	存目9
马熙	字明初	不详	湖南衡阳	《全金元词》收词	存目21

续表

姓名	字号	生卒年	籍贯或寓居	身份或作品	可知佚词数
凌云翰	字彦翀,号柘轩,又号避俗翁	?—1388	钱塘	《柘轩集》	存目200
王逢	字原吉,自号席帽山人	1319—1388	江苏江阴,后流寓松江	《梧溪集》,《明史·文苑传》有简介	存词1,存目1
熊梦祥	字自得,号松云道人	不详	江西豫章	著《析津志》,工画山水	存词13首,在《析津志辑佚》中
张起岩	字梦臣,谥文穆	1280—1349①	山东济南	历任朝廷要官,《宋》《辽》《金》三史总裁官,官阶至荣禄大夫	存词1首,在《全金元词》下册《订补附记》,存目2
刘光远	不详	不详	湖南浏阳	诗人、文人,许有壬友人	存目1
郭子敬	不详	不详	不详	曾任国子监祭酒	存目5
吕叔泰	不详	不详	不详	不详	存目2
俞和	字子中,号紫芝逸民、紫芝山樵、紫芝老人	1307—1382	浙江桐江,寓居钱塘	元末书法家	存目1
田文焕	不详	不详	不详	至正十年任河南宪掾	《嘉靖尉氏县志》卷五收有其《水调歌头》1首
王可与	字晋卿,自号濯缨	不详	安阳	曾任南台御史、佥江东道按察司事,诗人	不详,见许有壬文《王濯缨集序》

---

① 《全金元词》中不记张起岩生卒年,此处根据《元史》卷182《张起岩传》卒年推算而来。本传云:"史成,年始六十有五,遂上疏乞骸骨以归,后四年卒。"三史修成于至正五年,时张起岩65岁,其四年后卒,即至正九年去世,则卒年69岁。即可知其生年为世祖至元十七年。

续表

姓名	字号	生卒年	籍贯或寓居	身份或作品	可知佚词数
陈旅	字众仲	1287—1342	兴化莆田	《安雅堂集》文章家、诗人	多首,见虞集词序
熊元修	号欧社叟,又号闲叟	?—明洪武初	流寓平江	诗人,谢应芳友人	存目2首
袁华	字子英	1316—1373或以后?	江苏昆山	《耕学斋诗集》及《可传集》;谢应芳友人	存目3首或以上
胡笔峰	不详	不详	不详	陶宗仪友人	存目1
宇舜臣	不详	不详	不详	凌云翰友人	存目1
瞿佑	字宗吉,号存斋	1347—1433①	钱塘	《归田诗话》《剪灯新话》《存斋诗集》等;凌云翰词友	存目200,残词《八声甘州》1首
王桓,又名居仁	字仲武	不详	安阳	处士,许有壬词友	存目4首以上
钱惟善	字思复,号曲江居士,又自号心白道人,至正初年中浙江省乡试	?—明洪武初	钱塘人,张士诚据吴后寓居华亭	《江月松风集》	存目1
曹知白	字又玄,号云西,学者尊为贞素先生	1272—1355	松江	元末著名画家	存目3
曹居竹	不详	不详	松江	曹知白二兄长	存目1
黄公望	字子久,号一峰、大痴道人	1268—1344或以后?	江苏常熟	元末四大画家之首	存目4,残句2
班彦功	字彦功,号恕斋	不详	汴梁人。	擅诗文工词曲、书法家、画家	存目2

---

① 据徐朔方考证。参见徐朔方著:《小说考信编·瞿佑年谱》,上海:上海古籍出版社,1997年,第466—491页;饶宗颐初纂,张璋总纂:《全明词》(第一册),北京:中华书局,2004年,第166页载瞿佑生卒年为1341—1427,为误。

续表

姓名	字号	生卒年	籍贯或寓居	身份或作品	可知佚词数
王士熙	字继学	至正年间卒？	东平	《江亭集》	存目2
郑彦修	字兰玉或号兰玉	元末仍为官	不详	不详	存目2
王本中	字本中,名不详	？—1370（明洪武三年）年后	太原	不详	存目1
卫德嘉	字立礼,友人私谥尚绸先生	1287—1354	华亭（今上海松江县）	《全金元词》收其词1首	存目5
陆行直	字辅之,又字季道,号壶天,亦号壶中天,壶中,壶(湖)天居士	1275—1349以后	祖籍嘉禾,自其祖父起一直寓居苏州汾湖㳺）	《词旨》及《吴中旧事》(已佚)	存目2首或以上
魏彦文	不详	不详	不详	不详	存目3首或以上
王立中	字彦强	？—1364年以后	成都人	善画,能诗词,元末任松江太守	存目3
黄伯阳	不详	不详	不详	不详	存目4
苏昌龄	本名大年,以字行,号愚公	1361年仍在世,1367年前卒。	真定人	画家,擅诗文,元末官翰林院编修,后入张士诚幕,张士德用为参谋	存目1
黄玠	字伯成,号弁山小隐	卒年80	慈溪人,流寓弁山	有《弁山小隐吟录》	存目1
马麐	字公振,又字国瑞	明洪武初仍在世	昆山东沧人	诗人、画家,《醉渔草堂》二集	存目1
蒋公冕	不详	不详	毗陵人？	韩奕词友	存目1
石抹宜孙	字申之,又名萧宜孙。契丹人,封越国公,谥忠愍①	？—1360	台州（今浙江临海）人	武官,官至行枢密院判官,元末为处州元帅	存目2

---

① 参见罗海燕《契丹人石抹宜孙与元末浙东文坛》中关于石抹宜孙的考证,《民族文学研究》,2011年第5期。

(二)元末佚词(存目词)信息统计表

姓名	词牌(词题代拟)	出处(均出自《全金元词》下册)
欧阳玄	《太常引·赠相师陈壶秋》《南乡子》三首	均见许有壬词中：《太常引》(用同年欧阳原功韵,赠相师陈壶秋)、《南乡子·和欧阳玄之韵》《南乡子》(健笔挽银河)、《南乡子·夜寒无寐仍就韵凑来粗语,以供一粲》
张翥	《贺新郎》	张雨《贺新郎·戏次仲举韵》
许有孚	《南乡子》二首、《水调歌头·庚寅秋,寿可翁》《沁园春·寿可翁》《柳梢青》《千秋岁·寿可翁》二首、《清平乐·梅竹韵》三首	均见许有壬词：《南乡子·次可行韵二首》《水调歌头·庚寅秋,即席次可行见寿韵》《沁园春·寿可行弟,次其见寿韵》《柳梢青》(序：老病客燕,值此艰岁,口腹甚窘,记少年寓湖湘读书时度日情况……可行盖亦知味,请同赋,资一笑云)、《千秋岁·即席次可行见寿乐府韵》《清平乐·和可行梅竹韵三首》
许桢	《太常引·六月十八日喜雨》	许有壬《太常引·六月十八日喜雨,酒间应口,和不肖韵》
邵亨贞	《台城路·寄南金》	钱应庚《台城路》(一庭芳草闲春昼)序云："寒食后雨轩独坐,因读复孺先生《台城路》佳词,草草次韵,以纪一时情景……"
钱抱素	《河传·拟古十首》《氏州第一·初冬》《红林檎近·水村冬景》《春草碧·兵后问怀复孺》《江城梅花引》	均见邵亨贞词：《河传·拟古十首》《氏州第一·丙申初冬次钱素庵韵》《红林檎近·水村冬景,次钱素庵韵》《春草碧》(《儒冠不解明韬略》,其序：仆一节从军吴秀间,近始谒告还家,首辱素翁老师叙劳兵间怀,既又调《春草碧》词见遗,以识会合之意……)、《江城梅花引》(陆壶天、钱素庵二老相会,皆有感怀承平故家之作,索予次韵,而不及当道作者,盖俯念草木之味也)
钱应庚	《春从天上来·早春》《埽花游·春晚》《阮郎归·早秋夜思》《南浦·寄复孺》《隔溪梅令·鸳湖舟中》《霜叶飞·小溪岁晚》《春从天上来·庚辰新正》《西江月·村巷抒怀》《春草碧·述怀》	均见邵亨贞词：《春从天上来·次南金早春韵》《埽花游·春晚次南金韵》《阮郎归·次韵南金早秋夜思》《南浦·次韵答南金见寄》《隔溪梅令·和南金鸳湖舟中韵》《霜叶飞·小溪岁晚,与南金夜坐分韵》《东风第一枝》(年来逆境驱驰……庚辰新正,与南金剪灯小酌,分题写怀……予得此调,南金得春从天上来)、《西江月》(酒阑,与南金徜徉村巷,各信意小述)、《春草碧》(南金契兄始托交时,与仆俱未弱冠,今乃百年过半矣……敬借前韵,述怀如左)

续表

姓名	词牌（词题代拟）	出处（均出自《全金元词》下册）
马熙	《摸鱼子·寿可翁》（马熙称有壬为可翁）、《六州歌头·寿可翁》《六州歌头·书所见》《摸鱼子·赋玉簪》《摸鱼子·赋鸡冠花》《沁园春·赋酪》《南乡子·赋鹤饥》《沁园春·赋鹤奴》	均见许有壬词:《摸鱼子·次明初为寿韵》《六州歌头·次明初为寿韵》（避贤解组）、《六州歌头·次马明初韵书所见》《摸鱼子·赋玉簪,用明初韵》《摸鱼子·赋鸡冠花,用明初韵》《沁园春·赋酪,次明初韵》《南乡子·和明初鹤饥韵四首》《沁园春·赋鹤奴,次马明初韵》
凌云翰	《霜天晓角》100首,《柳梢青》100首	瞿佑《归田诗话》卷下"钟馗图"云:"乡丈凌彦翀,名云翰……一日来访叔祖不在,以所和石湖《田园杂兴》诗一帙留寄舍下。……继以梅词《霜天晓角》一百首、柳词《柳梢青》一百首,号'梅柳争春'者,嘱予和之,予亦依韵和就。"
王逢	《齐天乐·龙江别业》	邵亨贞《齐天乐·次韵王原吉龙江别业》
熊梦祥	《渔家傲》13首组词,节令	见熊梦祥著《析津志辑佚》中
张起岩	《玉烛新·题李伯瞻一香图》《玉漏迟》	均见许有壬词:《玉烛新·题李伯瞻一香图次韵》《玉漏迟·同前次张梦臣韵》（考:二词韵脚完全一致,《玉漏迟》题目中又有"同前"二字,则可知《玉烛新》题画词的原唱也是张起岩）
刘光远	《摸鱼子·登洞庭湖连天楼》	许有壬《摸鱼子·登洞庭湖连天楼,和刘光远韵》
郭子敬	《摸鱼子·与许左丞同赏牡丹》《如梦令》四首	均见许有壬词:《摸鱼子·次郭子敬祭酒同赏牡丹韵》《如梦令·次郭子敬韵四首》
吕叔泰	《点绛唇》《贺新郎·南城怀古》	均见许有壬词:《点绛唇·次吕叔泰韵》《贺新郎·次吕叔泰南城怀古韵》。
俞和	《浪淘沙·元夕遇雨》	凌云翰《浪淘沙·元夕遇雨次俞紫芝韵》
田文焕	《水调歌头·奉和前宪副兀颜子中》	〔清〕汪心等纂修《嘉靖尉氏县志》卷5,明嘉靖刻本
陈旅	《贺新郎》	见虞集词:《贺新郎》（五月中,以小疾家居,陈众仲助教言乳燕飞华屋调最宜时,连度数曲,病其词妙则声劣,律稳者语卑。……）
熊元修	《忆王孙·苏州感兴》《满庭芳》	均见谢应芳词:《忆王孙·和熊元修苏州感兴》《满庭芳·熊元修席上次韵》

续表

姓名	词牌(词题代拟)	出处(均出自《全金元词》下册)
袁华	《水调歌头·寄谢子兰》	均见谢应芳词:《水调歌头·再和寄酬袁子英萧寺》《水调歌头·再和前韵》
胡笔峰	《木兰花慢·迁居》	陶宗仪《木兰花慢·次胡笔峰迁居韵》
宇舜臣	《木兰花慢·赋白莲》	凌云翰《木兰花慢·赋白莲和宇舜臣韵》
瞿佑	《霜天晓角》100、《柳梢青》100、《八声甘州》(丙午秋,重到姑苏,登楼有作)	参见瞿佑《归田诗话》卷下"钟馗图"所纪"梅柳争春"本事,及明陈霆《渚山堂词话》卷3载,瞿佑至正二十六年秋,重到姑苏,作《八声甘州》(倚危楼)(今《全明词》失收)
王桓,又名王居仁	《沁园春·寿许公左丞》《太常引·寿许公左丞》《水龙吟·洭堂小酌》二首	均见许有壬词:《沁园春·次王仲武为寿韵》《太常引·次王居仁为寿韵》(按:因至正三年正月许有壬从中书左丞任上退下,故我拟题为"寿许公左丞")、《水龙吟·次前韵二首》(所谓"前韵",即指许有壬《水龙吟·甲申七月二十六日,偕王居仁仲武小酌洭堂》
钱惟善	《八声甘州·怀钱塘旧游》	邵亨贞《八声甘州·次钱思复怀钱唐旧游韵》
曹知白	《祝英台近·秋怀》《齐天乐》《恋绣衾·灯夕》	均见邵亨贞词:《祝英台近·和云西老人秋怀韵》《齐天乐·戊子清明,次云翁韵》、《恋绣衾》(曹幼文以庚午岁……)
曹居竹	《花间诉衷情》	邵亨贞《花间诉衷情·追配曹居竹翁旧作》
黄公望	《木兰花·闻筝》《百字令·寿玄览真人》《石州慢·秋兴》《清平乐》	张雨《木兰花慢·和黄一峰闻筝》、张雨《百字令·寿玄览真人,次黄一峰韵》、张雨《石州慢·和黄一峰秋兴》;邵亨贞《风入松》序:"白仁甫集中《木兰花慢》结句,云'二十四桥明月,玉人何处吹箫。'一峰黄先生每叹赏之。一日作《清平乐》,赠一道人。末云,'未试囊中餐玉,明朝且入蓝田',自以为得意,时举以似人。……"
班彦功	《满江红·玉簪》《沁园春》	张雨《满江红·玉簪次班彦功韵》、许有壬《沁园春·次班彦功韵》
王士熙	《春从天上来》《沁园春·寄题詹事丞张希孟绰然亭》	张翥《春从天上来·同王继学宪使赋》、许有壬《沁园春·寄题詹事丞张希孟(张养浩)绰然亭,用王继学参议韵》

续表

姓名	词牌(词题代拟)	出处(均出自《全金元词》下册)
郑彦修	《水龙吟·赋蓼花》《水龙吟·赋蜡梅》	张翥《水龙吟·广陵送客,次郑兰玉赋蓼韵》、张翥《水龙吟》(郑兰玉赋蜡梅,工甚,予拾其遗意补之)
王本中	《水龙吟·赋楼子芍药》	张翥《水龙吟·次韵王本中赋楼子芍药》
卫德嘉	《八归·庚辰七夕》《南柯子·春街踢月》《花心动·咏梅》《沁园春·咏眉目二首》	均见邵亨贞词:《八归·庚辰七夕,与卫立礼同用此调》《南柯子·次韵卫立礼春街踢月》《花心动》(黄伯阳岁晚见梅……求孙果翁、卫立礼泊予皆和)、《沁园春》(龙洲先生以此词咏指甲小脚……彦强庚兄示我眉目二作……暇日偶于卫立礼座上……因约相与同赋,翼日而成什焉)
陆行直	《暗香》《江城梅花引》	均见邵亨贞词:《暗香》序:"吴中顾氏旧时月色亭,陆壶天倡始用白石先生元韵以咏。黄一峰持卷索赋。"《江城梅花引》序:"陆壶天、钱素庵二老相会,皆有感怀承平故家之作,索予次韵,而不及当道作者,盖俯念草木之味也。"
魏彦文	《摸鱼子》《忆旧游·追清明》《齐天乐》	均见邵亨贞词:《摸鱼子·吴门客中,九日,次魏彦文韵》《忆旧游·追和魏彦文清明韵》《齐天乐》序:"张翔南寓金陵时……且辱彦文寄声,并索近作入卷,乃为倚歌二阕,其一以答彦文,其一以喜翔南还家。"
王立中	《沁园春》二首、《兰陵王·暮春有怀吴中故居》	均见邵亨贞词:《沁园春》序:"龙洲先生以此词咏指甲小脚,为绝代脍炙。……彦强庚兄示我眉目二作,真能追逐古人于百岁之上……因约相与同赋,翼日而成什焉。"《兰陵王》(王彦强以暮春有怀吴中故居之作见示,此公蜀故家,因以蜀语次韵答之)
黄伯阳	《角招·苕溪舟中》《花心动》《太常引·寒夜》《太常引·雪中》	均见邵亨贞词:《花心动》序:"黄伯阳岁晚见梅,适遇旧,赋以赠别,持行卷来,求孙果翁、卫立礼泊予皆和。"邵亨贞《角招·次黄伯阳苕溪舟中韵》、邵亨贞《太常引·次韵黄伯阳寒夜》《太常引·次韵伯阳雪中》
苏昌龄	《木兰花慢·过曹云翁贞溪故居》	邵亨贞《木兰花慢》序:"苏昌龄过曹云翁贞溪故居,赋词致慕蔺之感。幼文来致其意,求次韵入卷。"

续表

姓名	词牌(词题代拟)	出处(均出自《全金元词》下册)
黄玠	《疏帘淡月·吴兴道中韵》	邵亨贞《疏帘淡月·和黄伯成吴兴道中韵》
马廖	《贺圣朝·留别谢子兰》	谢应芳《贺圣朝·马公振见访,以词留别,喜而和之》
蒋公冕	《百字令》	韩奕《百字令·次韵答毗陵蒋公冕见寄》
石抹宜孙	《满江红》《忆秦娥》	均见刘基词:《满江红·次韵和石末元帅》(《全明词》第107页)、《忆秦娥·次石末公韵》(《全明词》第74页)

总　结：

以上词人的佚词考证,参见本人博士论文《元顺帝词坛词的建构与嬗变》第四章"行旅避难、流寓与顺帝朝后期嬗变",以及本书上篇"元顺帝时期词人主要活动及词作编年"中相关内容。

以上词史遗漏的词人,除去已收入《全金元词》和《全明词》的词人,共计31位,佚词总数应在548首以上(有些词人被友人提示有词传世,但语焉不详),实际上其数目还远不止此:一,由于是手动查找和比对,本人的辑佚难免有疏漏;二,一些词人当时本有词集,但后来全部或几乎全部亡佚,如邵亨贞词友钱抱素,如许有壬《王濯缨集序》中提到的安阳籍词人王可与,又如邵亨贞《齐天乐》(当年放浪苏台下)词序所提及的金炯、魏彦文、张翚等词友。他们在元末的词作当日定非一首,只因元末乱世而亡佚,故后人难以考知。

此外,在元末词的题序以外,或也有涉及佚词的文献资料,但由于范围较大,本人精力有限,故不再继续查找。最终,通过元末词人词作及其词序,我们只能尽力去接近事实的真相,而无法得知元末准确的佚词数目。

附录二 论民、汉文化与民、汉士人关系在元词题序中的反映

内容提要：元代词的题序是反映元代民、汉士人关系之一途，不仅表现出汉文化对少数民族士人的深刻影响，也表现出少数民族文化对于汉文化的渗透。通过对元词题序多角度多层次的数量统计和分析，结合民、汉士人集会之个案分析，可以认为，元代民、汉士人关系基本上健康和谐，元词则不仅实现了联结民、汉士人友谊的重要交际功能，本身也起到了传播汉文化的重要作用。

关键词：元词　题序　民汉士人关系　汉文化

无论从元代社会的民族结构来看，或官员、士人的民族成分构成而言，或汉文化对少数民族文化的影响，少数民族士人和汉族士人的关系，都是元代社会人际关系中最重要的关系之一。这种关系不仅反映在社会生活的方方面面，也反映在元代的文学作品中。文史可以互证，文学中所涉及的民、汉关系，为我们深入了解和探讨元代的民、汉士人关系提供了重要的佐证。以下即以元代词的题序为分析对象，考察其所反映的民、汉士人关系与民、汉文化，并从该角度确定汉文化对于少数民族士人的深刻影响。

附录二　论民、汉文化与民、汉士人关系在元词题序中的反映　249

一、数量统计所带来的思考

（一）涉及民、汉关系的元词题序及其作者的数量统计与辨析

首先，以唐圭璋先生所编《全金元词》之元词部分为对象①，通过初步统计，元词题序中反映了民、汉士人关系的词作共36首。该类词的作者及其数量分别为：白朴1首、耶律铸3首、王恽7首、魏初2首、张之翰1首、姚燧2首、蒲道源1首、刘敏中1首、程文海1首、曹伯启1首、白云山翁1首、虞集1首、王旭1首、张雨1首、张可久2首、许有壬1首、张翥1首、宋褧1首、邵亨贞1首、袁士元1首、邢叔亨5首。显而易见，这类词作数量不多，但其作者却包括了元代几乎所有的重要词人。这就意味着，元代民、汉士人的交往是非常普遍的现象，双方并没有因为元统治者的民族歧视政策而产生较大的民族隔阂，或深刻的民族矛盾。相反，作为同僚和友人，民、汉士人间的关系是真挚而深沉的，这不仅基于双方对彼此人格的认识和了解，也表明了少数民族士人对汉文化由衷地接受，与双方彼此信任和欣赏。

其次，通过辨明元词题序中提到的少数民族士人的族别，可以认为，元代各少数民族士人与汉族士人都建立起了较和谐的关系。元词题序中涉及的少数民族士人如后：耶律铸、耶律希逸、耶律舜中、兀颜思忠、奥敦周卿、徒单文、阿里仁甫、瓜尔夹士常、廉希宪、贯云石、马昂夫（又名薛昂夫）、扎忽鹘、忽治中英甫、万奴、完颜振之、完颜正甫、唐古氏②、千奴、元明善、尉迟亨亨甫、八儿思不花、马哈马拉、朵罗歹。以上少数民族士人中，廉希宪与贯云石是畏兀（吾）儿族，马昂夫是回族③；耶律为契丹族姓氏；完颜是女真王族的姓氏。据陶宗仪《南村辍耕录》"氏族"之"金人姓氏"条，可知，阿里、兀颜、奥屯（又写

---

① 唐圭璋：《全金元词》（下册），北京：中华书局，1979年。
② 姚燧《定风波·南州以筼生竹间为蕈……》词序中提到，但人名不全。参见《全金元词》（下册），第737页。
③ 陈垣：《元西域人华化考》卷4，第71—72页，上海：世纪出版集团／上海古籍出版社，2008年。陈垣认为马昂夫是回族。

作奥敦)、徒单、夹谷等均为女真姓氏。① 千奴(程文海《蝶恋花·寿千奴监司十二月朔》)是和尚(人名)的儿子,为"玉耳别里伯牙吾台氏"②,即钦察族,色目人。据《元史》卷128记:"土土哈,其先本武平北折连川按答罕山部族,自曲出(人名)徙居西北玉里伯里山,因以为氏,号其国曰钦察。其地去中国三万余里,夏夜极短,日暂没即出。"③其中"玉里伯里氏"与"玉耳别里"实指同一族,元时各民族的写法本出于汉语译音,故汉字写法略有差异很常见。八儿思不花(见宋褧《菩萨蛮》)也应为蒙古人,其人现虽不可考,但"不花"为元时很多蒙古人名字的汉译后缀,如《元史》卷117云:"帖木儿不花,世祖孙,镇南王脱欢第四子也。……脱欢薨,子老章袭封镇南王。老章薨,弟脱不花袭封镇南王。脱不花薨,子孛罗不花幼,帖木儿不花乃嗣为镇南王。"④唐古,元时又写作唐兀,据陶宗仪《南村辍耕录》,亦为色目人31种中的一种。元明善,字复初,大名清河人,北魏拓跋氏之后裔。⑤ 尉迟则为鲜卑族中的一支以部落命名的姓氏。忽治中英甫,其原名为忽治中别乘合剌思,王恽作有《忽治中名字说》一文,⑥云其"世为唐瀚海军都护府人",按地理位置所在,应属于元西域色目人。

通过以上初步统计和分析,发现与汉族士人交往的少数民族士人族别较丰富,主要为:蒙古族1人、契丹族3人、女真族7人、回族1人、畏兀儿2人、钦察族(色目)1人、唐古氏1人(色目)。这还不包括现在无从考证与族别不明的少数民族士人,如朵罗歹、万奴、马哈马拉等。由族别分析可见,比起其他民族对于汉文化的接受而言,女真族各姓氏士人的汉化程度是最高的,其次则是契丹族,他们擅长于

---

① 〔元〕陶宗仪:《南村辍耕录》卷1,第14页,北京:中华书局,1959年。
② 〔明〕宋濂等撰:《元史》卷134,第3256页,北京:中华书局,1976年。
③ 〔明〕宋濂等撰:《元史》卷128,第3131页,北京:中华书局,1976年。
④ 〔明〕宋濂等撰:《元史》卷117,第2912页,北京:中华书局,1976年。
⑤ 〔明〕宋濂等撰:《元史》卷181,第4171页,北京:中华书局,1976年。
⑥ 李修生:《全元文》(第6册)卷179,第286页,江苏古籍出版社,1999年。

汉语文学创作，对汉文化的接受是较全面的。而在当时，契丹、高丽、女真等民族均被蒙元统治者视为"汉人"，被包括在"汉人"八种之中。① 故这三个民族的士人与汉族士人的关系较融洽，他们对汉文化的接受也较主动和全面。此外，畏兀儿与回族等西域少数民族对汉文化与文学的掌握也很精到，尤其是出现了贯云石这样的大家。陈垣先生在《元西域人华化考》一书中对西域各少数民族在各方面的汉化都有着详细而笃实的考证。

再次，通过题序，发现《全金元词》中不收实为已经遗佚了原词的少数民族词人有：奥敦周卿、耶律舜中、耶律希逸。而少数民族词人的佚词及数量为：奥敦周卿佚词 1 首为《木兰花慢》，白朴等有和词。耶律铸佚词 1 首为《水龙吟》，王恽有步韵之作。元明善佚词 1 首为《沁园春》，曹伯启有和词。马昂夫佚词 2 首，分别为《木兰花慢》(张雨有和词)、《绿头鸭》(张可久有和词)。贯云石佚词 3 首，一为《六州歌头》，张可久与其唱和；一为《贺新郎》(琵琶词)，邵亨贞、沙德润、任以南与其酬和；一为《木兰花慢》，与许有壬一起应其舅廉希宪之请题廉氏南园，现只存许词。耶律舜中佚词 1 首，为《满江红·樟亭观潮》，张翥有次韵之词。此外，汉族士人方面，卢挚题完颜正甫舒啸园之《沁园春》词已佚，现存刘敏中的和词。周干臣陪徒单文与雷彦正夜话所作《鹧鸪引》已佚，王恽有和周干臣词。

最后，因为现存元词有部分散佚的情况，必须要提一下在元词题序中没有出现的少数民族士人，他们中有些本身就是元代词人。身为元代词人的少数民族士人有 11 位：耶律楚材、耶律铸、耶律希逸、廉希宪、兀颜思忠、贯云石、马昂夫、李齐贤(高丽人)、偰玉立(高昌回纥人)、萨都剌、奥敦周卿、耶律舜中。其中，耶律楚材、李齐贤、偰玉立、萨都剌，就其生平而言，都与汉族士人有交游唱酬，却没有出现在元词题序中。可以推想的是，在元代表现民、汉关系的文学作品中，

---

① 〔元〕陶宗仪：《南村辍耕录》卷 1，第 13—14 页，北京：中华书局，1959 年。

元词仅为其一途,实际上,这种内容在元诗、元曲和元文中还有着大量的表现,值得深入探究。

(二)反映民、汉士人关系的元词题序所引起的多方面思考

首先,在民、汉士人的交往、集会、唱和与以词纪事中,作为首倡与首创者,主要是汉人,这表明在民、汉互动中,汉文化和文学始终居于主导地位,并始终影响着少数民族士人。但是,少数民族士人中,奥敦周卿、耶律铸、耶律舜中、马昂夫、贯云石五人也处于过主导地位,集会作词时还是首倡与首创者,故此五人在当时整体士人中的地位是不应忽视的,尤其是耶律铸、马昂夫、贯云石可谓久负盛名。更有几首词的词序,表明了当时民、汉士人的集会实际是由少数民族士人主持并在其宅邸进行的(后文将论到),如廉希宪、完颜正甫。这就意味着,在民、汉士人的交往中,汉族士人虽一般处于较主动的地位,但同时,一些有地位有号召力的少数民族士人也争当领导者和组织者。这还从反面意味着,汉文化与汉族士人的交游和生活方式,对少数民族士人具有强大的吸引力,他们在不知不觉或显意识中,已逐渐融入到作为主流文化的汉文化中,成为中华民族这个大家族中不可或缺的一部分。

其次,从民、汉士人雅集唱酬所用词调看,共用词调 14 种,较为丰富,大多数为常用词调,不仅表明了少数民族士人对词这种体裁的熟悉和掌握,也表明了词作为文士间一种重要的交际方式,并没有如清陈廷焯等词评家所说那样——"词衰于元"了。① 其中,《木兰花慢》共 15 首,应是民、汉双方最喜爱的词调。此外,《沁园春》5 首、《鹧鸪引》(即《鹧鸪天》)5 首、《满江红》4 首、《贺新郎》4 首、《水调歌头》3 首、《水龙吟》3 首,《绿头鸭》2 首、《鹊桥仙》1 首、《点绛唇》1 首、《定风波》1 首、《六州歌头》1 首、《蝶恋花》1 首、《满庭芳》1 首、《太常引》1 首、《菩萨蛮》1 首、《酹江月》1 首。

---

① 陈廷焯:《白雨斋词话》卷 8,唐圭璋《词话丛编》,北京:中华书局,1986 年,第 3977 页。

再次,从词的题材看,有咏物词、咏怀词、音乐词、酬和词、题画词、题园词、写景抒情词、纪行词、刻石词、祝寿词等,类型十分丰富。从写作内容来看,覆盖面非常广泛,如赏花观景、纪行咏怀、写景抒情、雅集宴饮、酬唱赠答、同题唱和、秉烛夜话、谈古论今、评论时政、园林游赏、观潮览胜、巡行政务、登山祀神、祝寿兼人生写照等,凡文士间风雅韵事几乎无不包举。这也表明了少数民族士人在文化习俗和生活方式诸多方面,都受到汉文化的影响,并基本上接受和融入了汉族的生活方式。从这些词所表达的基本主题和情怀来看,主要为:叙民、汉之友情,抒归隐之心意,抨时政之弊端,发兴亡之感慨,送真诚之祝愿。这也可以说,民、汉士人均以诚挚之心为建立双方情谊的基础,并在对社会历史的看法、对士人命运的总结,对人生归宿的思考等方面,具有一致性的认识,最终达到了民、汉士人和谐共处、相知相惜的境地。

最后,从词在民、汉士人之间实现的交际功能来看,有以下数端。首先,词成为联结双方友谊的重要桥梁。比方:以词为信,如虞集《鹊桥仙·寄阿里仁甫》,表达了对少数民族友人的牵挂和关怀。[①] 秉烛夜谈,如王恽和周干臣二人陪徒单文与雷彦正夜话所作《鹧鸪引》。[②] 双方谈论时政、人生与抱负,情怀融洽。所谓"眼中时事惊天运……思远定,拟高飞。此心安得与时违。"以词祝寿,如汉族词人为少数民族友人所写的共8首寿词(现存数目而已),其中,王恽2首、魏初2首、蒲道源1首、程文海1首、王旭1、袁士元1首。其次,沟通双方心灵,促进双方为朝政而共同努力。民、汉士人执行政务、同行巡查即是一例,如宋褧"与八儿思不花御史同行,按行河南四道",作《菩萨蛮》词云"按行多雅志,解起澄清志"。[③] 最后,继续推进词这种文体

---

① 唐圭璋:《全金元词》(下册),第862页,北京:中华书局,1979年。
② 唐圭璋:《全金元词》(下册),第680页。
③ 唐圭璋:《全金元词》(下册),第1052页。

的发展。总之,打开元词题序这扇视窗,透过其中所反映的民、汉关系,我们看到了,元词对于促进当时社会民、汉士人间人际关系的和谐和健康发展确实起到了一定的作用,这同时也表明,词在元代,在士人的交际应酬中仍具有不可忽视的地位。

二、从雅集看汉文化对少数民族士人的影响及民、汉文化互动

通过展示民、汉士人双方在传统方式的雅集中的主要活动内容(所谓传统方式,指雅集的组织和内容是按照中国历代士人雅集的惯例来进行的,如宴饮、赏景、听乐观舞、吟诗作词等),可从中探究汉文化作为主流文化通过汉族优秀士人对少数民族优秀士人的影响,以及少数民族文化通过少数民族士人对汉族士人的影响。

(一)民、汉文化互动——以王恽与忽治中英甫、扎忽觯的雅集为例

王恽(1228—1304),字仲谋,号秋涧,卫辉汲县(在河南省)人。曾任监察御史,翰林学士。有《秋涧先生大全文集》。王恽作词喜欢写题序,往往交代创作背景、时间、地点与人物。其词序中提到他与数名少数民族士人的交游与情谊,反映了在汉文化实际仍是主流文化的时代背景下,元代汉族士大夫文人与少数民族官员文人的交往,就词的创作、欣赏与交际、娱乐等方面,都具有积极的文化意义。并且,词作为一种日益雅化的诗体,在民、汉士人之间,已经成为促进双方情谊的重要工具。这是元词中极可注意的现象。如民、汉士人经常共同宴饮谈笑、赏景开怀,并写词以纪怀。请看王恽《点绛唇》序:"后六月二十二日,同府僚宴饮白云楼,时积雨新晴,川原四开,青嶂白波,非复尘境。忽治中英甫坚索鄙语,酒酣耳热,以乐府歌之。"这次宴饮盖以王恽为主,成员为王恽的府僚和忽治中英甫,内容主要为赏景开怀。可注意的是,忽治中英甫坚持请王恽写词,盛情难却,故王恽于席间即兴作词并歌唱。由此可看出,既然忽治中英甫"坚索"王词,那么,一则至少他懂得欣赏词,二则他很了解王恽其为人与才

能,也即二人的关系非同一般。王恽《酹江月》词也提到忽治中英甫,序曰:"平阳府倅第,有来禽两株,以托根官舍,有空谷幽居之叹。逮亚尹明卿来培植顾护,始知重惜。今年清明前,花盛开,芳姿绰约,顿增容色。侯置酒高会,遂极欢赏。予因念草木之微,岂轻重显晦,亦有数存其间耶,乃以酹江月歌之。同饮者忽治中英甫,刘提举老哥,时至元甲戌(十一年,1274年)春二月十有三日也。"词序交代的创作背景与动机,明确地表明了当时少数民族士人在汉文化的影响下,其生活方式与文化作风都与汉族文士没有什么区别。赏花惜花、饮宴赋词,本是汉族士人雅集中最平常的一种活动与交际方式,然而,从不同民族文化传统与背景的比较来看,正是这种对于汉族士人本来极平常的风雅歌酒之会,彰显了本来根本没有此文化传统的少数民族士人对汉文化的接受,同时,这也表明他们已经融入到汉族士人的生活方式中。

此外,从忽治中英甫的名字中,也可看出元代少数民族士人对于汉文化的高度崇拜与接受。元代许多少数民族士人都取有汉姓名字和称号,忽治中英甫也不例外。他的名字就是王恽为他定下的。王恽曾为许多少数民族士人取过名字,他把他们名字中的"字",皆命曰"英甫"。其作于至元九年(1272)秋的《忽治中名字说》云:"予官御史时,闻尚书工部郎中、今治中别乘合剌思,喜功名,乐善言,而与士君子游。至元壬申秋,得同僚平阳,相接如平生欢。共事既久,爱其才识通敏,廉洁有守,处心临政,多中事宜……一日,请名于予,且求其说。……君姓忽氏,盖父字也,世为唐瀚海军都护府人,其国郊于乾兑之间,据云天之雄,故其人多沈潜刚克,内明而外毅。今君子秉彝奇特,超拔伦萃,表著于一时,岂非能明其初德而光扬于外者乎……故以德辉名君,而英甫字之。盖英者,德之光发见于外者;甫者,男子之美称也。"①由这篇名字说可知,忽治中本名别乘合剌思,西域人,

---

① 李修生:《全元文》第6册,南京:江苏古籍出版社,1999年,卷179第286页。

曾与王恽为多年同僚兼好友,其为人多受儒家文化影响,故为政廉洁,为人沉静刚毅,深得王恽欣赏。通过词、文互证,笔者认为,如忽治中英甫等少数民族士人,无论从取汉名、与汉族士人的相处之道,其为政立身之道,其文学创作与欣赏方面,都深受汉文化的影响。

另一方面,不仅汉文化深深影响着少数民族士人,改变着他们的整个人生,少数民族文化也在某些方面影响着汉族士人的生活。如王恽《水龙吟》序云:"丙戌(至元二十三年,1286)八月十二日宴李氏宅,郡侯扎忽鰤酒酣,为余亲弹琵琶劝酒,明日赋此曲以谢。"词云:

> 相逢一醉金荷,气豪长恨欢娱少。貂蝉贵待,内家声伎,琵琶最好。铁拨鹍丝,划然中有,繁音急调。笑黄云出塞,青衫拭泪,恩怨事,君休道。　　且听新声硬抹,更银筝、与相缭绕。空堂雪辊,玉盘珠迸,清雄缥缈。汉殿承恩,侯藩作牧,此心未老。付曲中细写,他年事业,拜红云岛。

该词不仅是王恽酬谢扎忽鰤的酬赠词,也是一首音乐词,主要描绘了琵琶与银筝合奏所创造的"清雄缥缈"的音乐。尤其值得注意的,是该词题序所写到的创作背景,扎忽鰤亲自为王恽弹琵琶劝酒,这是因为他有着出自少数民族的豪爽而无所顾忌的天性。需知,在历代文人宴集中,弹琵琶者通常都是歌女,而文士们只是歌女的欣赏者,他们最多只是即席创作歌词付与歌妓演唱。故可认为,扎忽鰤亲弹琵琶之做法,是有违汉族士人在饮宴交游中之常规的,同时也正因为他的真率热忱,为宴会造成了一种非常和谐愉快的氛围,并深深打动王恽,使其作词以谢。

(二)相知相敬的民、汉同僚情——以张之翰等汉族士人与耶律柳溪的雅集为例

张之翰,字周卿,邯郸人。至元末,自翰林侍讲学士,知松江府事。有《西岩集》。他有一首《沁园春》,记载了一次民、汉士人共聚一

堂的重要雅集之会。其序曰：

> 不肖掾内台，时西溪王公（王博文）为侍御史，遵晦韩兄（韩彦文）为监察御史，恕斋霍兄（霍肃）为前台掾。其后柳溪耶律公（耶律希逸）提刑河北，颐轩李兄（李昂）都司台幕，皆平昔所敬慕者。至元甲申（二十一年，1284）春，不肖以南台里行求去，退居高沙。又二年冬十月，迫以北归，由维扬至金陵，别行台诸公。适西溪、柳溪拜中丞，遵晦擢侍御，颐轩、恕斋授治书。越二十有五日，会饮颐轩寓第。时风雨间作，以助清兴。西溪草书风雨会饮之句，柳溪复出燕脂井阑之制，遵晦、恕斋道古今之事，颐轩歌乐府之章，某虽不才，亦尝浮钟举白，鼓噪其旁，一谈一笑，不觉竟醉。窃尝谓人生同僚为难，同僚相知为难，相知久敬为尤难。今欢会若此，可谓一台盛事，因作《沁园春》歌之。

序中说明这次雅集共六人，除作者外的五人为：王博文、韩彦文、霍肃、耶律柳溪、李昂。① 五人在《元史》中都无传。其中，王博文，字子冕，号西溪，东鲁人。累官至河东山西道提刑按察使，历任吏部尚书、大明路总管，迁江南道行御史台中丞。② 据刘晓考证，所谓"柳溪耶律公"即耶律希逸，字羲甫，一作义甫，号柳溪，又号梅轩，乃一代名相耶律楚材之孙，中书左丞耶律铸第九子。王博文作于至元十八年的《耶律公楚材神庙碑》曰："至元辛巳（至元十八年）之春，公（耶律楚材）之孙希逸为本道宪使，奠拜祠下。……公之子中书左丞相名铸，字成仲。希逸，丞相之第九子也。"③ 他一生交游广阔，与许多汉族名士皆有往来和诗文唱酬赠答。如本词序中提到的五人。此外，经刘晓先

---

① 参见刘晓：《耶律希逸生平杂考》，原载《暨大史学》第2辑，广州：暨南大学出版社，2003年。中国国学网 http://www.confucianism.com.cn/html/lishi/1428467.html
② 李修生：《全元文》第5册，南京：江苏古籍出版社，1998年，卷140，第89页。
③ 李修生：《全元文》第5册，南京：江苏古籍出版社，1998年，卷140，第98页。

生查实,与希逸唱酬诗作的汉族友人,还有胡祗遹、王恽、刘敏中。

据张之翰词序,该词作于至元二十三年(1286)冬。耶律柳溪与王博文都被任命为中丞,其余人等官阶都有擢升。张之翰适从维扬到金陵告别诸人,于是一众人等相聚于李昂寓所,便诞生了这一场民、汉士人之雅集盛会。其活动内容包括书法展示、诗词即兴创作、谈古论今、与会者亲自演唱歌词、宴饮谈笑等。时室外风雨间作,却更添众人兴致。可以说,这是民、汉士人欢聚一堂之重要集会,不能等同于一般文士的官场应酬。这六人既是同僚又是知交,甚为难得,这次雅集作为民、汉士人相知相契的一次欢会,其意义正如词人所云:"人生同僚为难,同僚相知为难,相知久敬为尤难。今欢会若此,可谓一台盛事"。这段话的重点在于"相知相敬"四个字。文人自古相轻,士人之间,相知难相敬尤难,何况其中还有少数民族士人。以此为例,可想而知,元代的民、汉士人之间培养起了怎样深厚的感情,可谓真正做到了不同民族文化的交融,就像血溶于水一样。词中描绘了与会者的情怀、风度与精神面貌,感叹人生聚少离多,赞美了诸位同僚知交的政绩。

三、从民、汉士人的交游场所及空间拓展看汉文化对少数民族士人的影响

根据对元词题序的相关分析,元代民、汉士人的交游场所主要为名胜景点、官邸、寓所、私人园林。其中,少数民族士人的私人园林作为民、汉士人交游的"基地",比起传统的在汉族士人的官邸和寓所进行的交游,更值得注目和探析。此外,民、汉士人的交游场所在一定程度上还有着空间拓展,如下文将做个案分析的民、汉士人共同登山与祀神。

(一)交游"基地"与民、汉士人的关系——以廉希宪、完颜正甫的园林为例

元代一些著名的少数民族士人,如廉希宪、完颜正甫都有自己的

私人园林。他们的私人园林,在建筑设计和命名乃至交游的功能方面,都完全向前朝一些著名汉族士人的园林看齐,如李德裕在洛阳所建之平泉山庄,又如中唐著名的丞相裴度退居洛阳以后所建午桥之绿野堂。请看元初著名丞相廉希宪的相关事迹。

廉希宪(1231—1280),一名忻都,字善甫,号野云。畏兀儿人,布鲁海牙之子。关于廉姓的由来,陶宗仪《南村辍耕录》卷2"以官为氏"条云:"中书平章政事廉希宪,字善甫,封恒阳王,谥文正,本畏吾氏。王之父讳布鲁凯,为回鹘王,归朝,官至顺德诸路宣慰使,封魏国公,谥孝懿。拜廉访使之命,时适王生,顾曰:'是儿必大吾门。吾闻古者以官受氏,天将以廉氏吾宗乎?吾其从之,举族承命。'"① 廉希宪酷爱儒家文化,"笃好经史",达到"手不释卷"的地步。他博学多才,又文武双全,从十九岁起就被元世祖呼为"廉孟子"。② 由于功勋卓著,他在世时在京城拥有两处园林:一为万柳堂,一为南园。据元明善《平章政事廉文正王神道碑》,廉希宪死时,"天子痛悼,士大夫走哭相吊。天下知者无不嗟伤,咸曰:'良相死矣,吾复何望?'"③ 可见他在当时的影响力。此外,他的六个儿子全部取为汉名,其中,第二任完颜夫人所生三个女儿都与汉族通婚,也可一窥他深受汉文化的影响并力践到其现实生活中。陈垣先生更认为:"元色目人中,足称为理学名臣者,以希宪为第一。"④

元词中有两首题序是关于廉希宪及其南园的。

一为姚燧《满江红·廉野云左揆求赋南园》:

面势林塘,紧横睇、觚棱如削。还更比、城南韦杜,去天

---

① 〔元〕陶宗仪:《南村辍耕录》(元明史料笔记丛刊),北京:中华书局,1959年,卷2第22页。
② 〔明〕宋濂等撰:《元史》,北京:中华书局,1976年,卷126第3085页。
③ 李修生:《全元文》(第24册)卷760,第361页,南京:江苏古籍出版社,2001年。
④ 陈垣:《元西域人华化考》,上海:世纪出版集团/上海古籍出版社,2008年,第10页。

盈握。便有名园能甲乙，他山岿巍先尊岳。甚一花一石，总都将平泉学。　　虽鬓发，流光觉。浑未厌，明来数。有庆云善谱，新声天乐。正尔关弓鸿鹄至，可知弃展麒麟阁。只北山遁客负尘缨，沧浪濯。（自注：庆云，都城善讴者）

一为许有壬《木兰花慢》，其序云："至大戊申（1308年）八月二十五日，同疏仙（贯云石）万户游城南廉园，园甲京师，主人野云左丞未老休致，指清露堂扁，命予二人分赋长短句，予得清字，皆即席成章，喜甚，榜之堂上。疏仙其甥也，后更号酸斋云。"词云：

渺西风天地，拂吟袖，出重城。正秋满名园，松枯石润，竹瘦霜清。扁舟采菱歌断，但一泓寒碧画桥平。放眼奇观台上，太行飞入檐楹。　　主人声利一毫轻。爱客见高情。便芡剥骊珠，莲分冰茧，酒注金瓶。风流故家文献，况登高能赋有诸甥。清露堂前好月，多应喜我留名。

从两首词的题序及内容可以看出：一，南园的规模很大，景致优美宜人，所谓"园甲京师"。二，南园在设计和建造上，有意效仿前朝名相的名园，即"甚一花一石，总都将平泉学"。"平泉"指中唐宰相李德裕的洛阳名园平泉山庄，李德裕有《平泉草木记》、有《平泉山庄记》。综合二词的描述，可以认为，廉氏南园面朝山林和水塘，园内高楼林立"去天盈握"，花草丰美、山石林立、松竹参天、荷塘可泛舟、画桥映碧水。其中有景点名为清露堂、奇观台。三，廉氏园林成为民、汉士人的交游基地。廉希宪不仅屡屡邀请汉族名士前往游赏做客，也请他们为廉园题词，如这两首词的作者姚燧和许有壬，不仅是当朝名僚与名士，也是元代词人中的重量级人物。许有壬就被况周颐誉为"元词中上驷也"。[①]　四，主人廉希宪轻财仗义，好客爱才，为人谦

---

① （清）况周颐著，孙克强导读：《蕙风词话》，上海：上海古籍出版社，2009年，第94页。

和亲善,故能团结众多民、汉之名士,使自己的园林在当时民、汉士人中享有美誉。五,在这两次南园聚会中,不仅有汉族名士,也有少数民族名士。如许有壬与会的这次,他赞美廉希宪家族"登高能赋有诸甥",其中之一就是廉希宪的外甥,著名的畏兀儿士人贯云石。六,在民、汉士人的园林雅集中,有歌妓佐酒。如姚燧与会的这次。这其实就是继承了唐宋时名士雅集惯以歌妓佐欢的习俗。同时也表明歌词这种文体在元代士人的交游中仍然起着重要的社交作用。除了南园外,廉希宪在京师还有一处著名的园林,陶宗仪《南村辍耕录》云:"京师城外万柳堂,亦一宴游处也。野云廉公,一日于中置酒,招疏斋卢公、松雪赵公同饮。时歌儿刘氏名解语花者,左手折荷花,右手执杯,歌《小圣乐》云……《小圣乐》乃小石调曲,元遗山先生好问所制,而名姬多歌之。"①

完颜正甫的舒啸园,也是当时民、汉士人交游的基地。请看刘敏中《沁园春》(题户部郎完颜正甫舒啸园,仍用卢疏斋韵):

"华屋高轩,富贵之心,人皆有之。甚伯伦挈榼,惟知瓣瓣酒,浩然踏雪,只解吟诗。一见令人,利名都忘,更有高情元紫芝。还知否,盖道分彼此,事有参差。　看君绿发雄姿。况千载风云正遇时。便登高舒啸,如今太早,扬眉吐气,过此还迟。愧我衰残,终然无补,久矣寒灰枯树枝。云山梦,被画图唤起,情见乎辞。"

透过词序与词中内容,可以认为,刘敏中与卢挚(号疏斋)都是完颜正甫的好友,应其邀请游赏其园林,并题词于园。可惜卢挚词已佚。完颜该园之名,取自于陶渊明《归去来兮辞》中"登东皋以舒啸,临清流而赋诗"之句意,其中寓有归隐田园之情。刘敏中赞美了完颜

---

① 〔元〕陶宗仪:《南村辍耕录》(元明史料笔记丛刊),北京:中华书局,1959年,卷9第110页。

正甫的高情雅致,劝说对方休要太早致仕归隐,而要趁大好年华"扬眉吐气"有为于世。据查《四库全书》,完颜正甫任过金事、行台御史、户部郎中等职,有舒啸园,与张之翰、曹伯启、刘敏中、卢挚等都有交游。①

总之,通过廉希宪和完颜正甫的园林,我们发现了,他们不仅在园林的建制上完全效仿汉族名士的做法,更从内心里把营造庄园作为自己修身养性的灵台,并让这座灵台成为民、汉士人交游的基地。滴水可观沧海,虽然只是几首园林词,却大可以见出汉文化对少数民族士人影响之深远。

(二)祭祀与元末民、汉士人关系——以邢叔亨等与马哈马拉的交游为例

元末士人邢叔亨曾写有一组词反映民、汉士人一同登山拜庙祀神之事,途中众人谈论时政,讽刺时事,颇为酣畅淋漓。其《木兰花慢》五首,其一题为:"蒲县东神山庙柱石刻五首"。序曰:"时至正辛丑(1361年)春三月廿有八日,会同寅蒲邑监燕京马哈马拉尹镇阳,扬从道尹晋,霍邑邢叔亨,簿乡张时敏,仙尉襄陵陈德新,儒学论忻州王秉钧,共祀岱岳庙。叔亨走笔书木兰花慢数篇,音韵铿锵,意象豪宕,刺军政之得失,滔滔缕缕,若大河之出昆仑,恒星之丽碧虚,水镜之析埃漠,令人心怀洒然,愈吮而味加,铭心而口口,乃可见口平蓄之有余也。"

蒲县在山西。邢叔亨,霍邑(今山西省霍州市)人,至正间为蒲县尹。祭祀自古就是汉文化中的大事,历代皇帝登山封禅,都要给予山神封号,如对泰山山神的封禅。唐代泰山南有岳庙。"开元十三年(725)冬,玄宗登封泰山。……其日大赦,以灵岳昭感,封泰山神为

---

① 分别见:曹伯启《曹文贞公诗集》卷1,五古《和完颜正甫金事见寄》,《文渊阁四库全书》1202册,第478页;张之翰《西岩集》卷10,《题东坡醉帖二绝》诗序:"余在翰林,行台御史完颜正父尝求作梦会图序。……"《文渊阁四库全书》1204册,第445页。

'天齐王'。"①其后,蒙元的皇帝依旧继承了汉文化中历代皇帝祀神重神的传统。据《元史》记载,"至元二十八年正月,帝(世祖)谓中书省臣言曰:'五岳四渎祠事,朕宜亲往,道远不可。大臣如卿等又有国务,宜遣重臣代朕祠之,汉人选名儒及道士习祀事者。'……至元二十八年春二月,加上东岳为天齐大生仁圣帝"。②邢叔亨等这次祭拜的虽然不是东岳泰山之神,但据词中内容看,蒲县东也有一座号称供奉东岳泰山之神的神山庙,大概仿效泰山之庙而造,奉祀之神即为词中所云"天齐圣帝"或"仁圣天齐",乃泰山山神的封号。由此可见,邢叔亨等这次祀神在其形式意义上完全是仿效大臣祭拜东岳泰山的规模的,而他们祀神背后的心态则更耐人琢磨。联系到元末大起义的动乱现实,加上序言中"刺军政之得失"的深意,可知,这一行人大概有借祀神来祈求挽救国运的用意,故才耿耿于时事,愤激不平。

如组词其一写道:"一上蒲东东岳,山头陡起神宫。……年年今朝此日,王孙仕女骤骄骢。十载妖兵乱国,一时豪杰潜踪。……眼下太平可幸,官军分散息兵戎。剑戟变为家器,四民乐业无穷。"其二:"朝中大官佐政,轻衣盖体坐肥骢。谄谀面谀时尚,好人遁迹无踪。　一心报国契心胸。……纪律军中大事,运筹谁是旧元戎。我本尧都贱士,窗前经史研究。"其三:"休笑书生已醉,黄金印挂笑元戎。下笔鬼神尤惧,眼前景况何穷。"其四:"东岳天齐圣帝,创建起一行宫。……几处总兵节制,太平何术教军戎。天下典章狼籍,多门政出谁穷。"其五:"人说泰山神庙,金碧炫似皇宫。对仁圣天齐,每年三月,云雨雷风。……气吞北海志盘胸。怜老背龙钟。说即日时光,人民困竭,囷乏囊空。满地旌旗无数,楼头鼓角仗兵戎。若识往来兴废,六爻细细推穷。"

---

① 〔唐〕李吉甫撰,贺次君点校:《元和郡县图志》,北京:中华书局,1983年,卷10第268页。

② 〔明〕宋濂等撰:《元史》,北京:中华书局,1976年,卷76第1900页。

这五首组词,在表现民、汉关系方面具有重要的意义。一,这次包括少数民族官员的六人团体共赴蒲县东神山庙祀神,所祭祀之神为东岳天齐圣帝,并由邢叔亨写下组词纪事抒怀。二,从民、汉士人交往的角度和关系看,本次祀神活动中的民、汉关系非常融洽,虽然少数民族官员仅为其中一人。三,祭祀为汉文化之固有仪式和活动,故马哈马拉定深受汉文化影响,才参与这次活动。四,就词中内容和抒发的情怀看,六人除祀神还谈论时政,并对当局怀有强烈不满之情。尤其是,词人毫不畏惧地直刺乱政,词笔犀利,凡兵祸战乱、奸臣弄权、寒士无用、法纪败坏、民不聊生等重大社会问题皆诉之笔端,悲愤之气充溢始终。由此可知,元代末年,民、汉士人对于政权和时事的看法基本是一致的,双方心灵上产生了强烈的共鸣,由对时政和国运的失望,而普遍产生了避世归隐的心愿。这大概也是少数民族官员参加这次祀神活动的深层原因。

综上所述,通过对元词题序所传达出的各方面信息的统计,结合具体词作与民、汉士人群体的事例分析,可以认为,元词不仅是联结民、汉士人友谊的重要桥梁,本身也起到了传播汉文化的重要作用。透过元词题序及内容,一幅幅生动活泼的民、汉士人欢聚一堂的画面得以展示,我们发现,在以汉文化为主导文化的元代社会生活中,少数民族的文化也渗透到汉文化中。这真是一个伟大的各民族文化交融互渗的时代!因此,应该重新而慎重地审视和探索元词。

(本文发表于《民族文学研究》2013年第3期)

附录三 元代民、汉士人关系在寿词中的反映

元代汉族与少数民族士人间的交往是非常普遍和重要的一种社会现象,在文学作品中有着很多表现。其中,汉族士人以词为各少数民族士人祝寿,实际上间接反映了民族士人对汉文化的广泛接受。同时,以词祝寿作为汉文化在表达人伦亲情与人际关系方面特有的一种文学形式,在一定程度上反映了民、汉双方的交往及其心态,成为沟通汉、民双方心灵与增进其友情的一座重要桥梁。

一

祝寿风俗是中国古人礼仪中的重要组成部分。据《尚书·洪范》记载:"五福,一曰寿,二曰福,三曰康宁,四曰攸好德,五曰考终命。"①"寿"居"五福"之首,可见上古时代人们对于长寿就极为重视。其次是富贵与健康安宁、遵行美德和高寿善终。总之,"五福"从本质上都与长寿有关,没有长寿就无法尽情享受富贵,没有康宁就谈不上长寿,如果长寿就能更好地遵行美德,至于寿终正寝更是建立在长寿的基础上。由此可见,中国人自古远以来,就已根深蒂固地形成了渴

---

① 江灏 钱宗武译注,周秉钧审校:《今古文尚书全译》,贵阳:贵州人民出版社,1993年第2版,第245页。

求长寿的心理,也伴随而来了世世代代的祝寿风俗礼仪和祝寿文学。元代虽是蒙古族当家亦不能例外,传统的祝寿文学(主要是诗词)被广泛地运用于汉族与各少数民族文士的交往中,而寿词作为一种文化风俗行为,仍一如既往地承担和表现了寿词既有的社交和实用功能。

历来,词学界有着"词衰于元"的传统偏见①,在元词遭到冷落的情况下,元代寿词自然也被忽略了。然而,就笔者初步统计②,元代寿词共345首,而元词共3721首,如不计僧人词(61首)、道士词(567首)和无名氏词(266首),初步统计为2827首,则寿词占元代文士词十分之一多的比例。从创作数量看,寿词确实是元词不可忽略的一大部分,在元词所反映的众多社会文化特点中,它是不容忽视的一大文化亮点。从寿词作者的数量看,元代共212位词人,其中文士为182位,如果不计僧道词人和存词仅一首的78位词人,则词人总数为104位,而写有寿词的词人共49位(不计入3名道士词人和1名无名氏),其数量已超过这个总数的一半。这批寿词作者中,寿词占其词作总数接近一半甚至一半以上者有:魏初、张伯淳、程文海、陈栎、王旭、马熙、许有孚。有意味的是,这些写有寿词的词人,其中很大一部分是元代较有特色的词人,他们在总体上成为元代词坛的中坚力量。因此,我认为,从词人中写有寿词者所占比例这个角度分析,也可以说明,寿词在元词中确实是值得重视的一大类词,它所传达的文化意蕴与表现的士人心态,其新的历史文化背景与思想动向,其不同于宋代寿词的新质与亮点,都是值得我们重视的研究内容。

元代各民族人士之间的交往是非常普遍的,但主要还是在汉文化的大背景下,汉、民双方依照汉文化中一贯重要的交际方式来进行

---

① 陈廷焯撰:《白雨斋词话》,唐圭璋《词话丛编》,北京:中华书局,1986年,卷8第3977页。
② 唐圭璋编:《全金元词》(下册),北京:中华书局,1979年。本文有关元词的统计与词作引用都出自该书。

交流，从而建立真挚的友情。对于汉、民双方中的文士与官员的交往来说，沿袭宋金时代曾盛行的以词祝寿的文化风俗，就是增进双方友情的一种非常好的交际方式。因此，不仅汉族士人间祝寿写祝寿诗词，汉族士人在与少数民族官员和士人的交往与应酬中也应用了寿词，甚至如萨都剌这样著名的回族词人也专门创作了寿词向其宗伯祝寿，这充分说明以词祝寿这种交际形式已经广为当时士人所接受，并影响到民、汉双方的关系。同时，以词祝寿作为汉文化在表达人伦亲情与人际关系方面特有的一种文学形式，而使得少数民族词人与官员欣然接受，实际上也就表明了他们对于汉文化内容的较广泛接受。对于汉族士人来说，用词向少数民族官员祝寿，则主要表现了他们对于少数民族官员、士人或同僚的民族友情，也从一个侧面，表现了他们对于少数民族士人从政生涯、心态和人格品质的理解，及双方历经忧患后对于世事人生的认识。

二

以下我将分别简述汉族士人为各民族官员、士人的祝寿词，从而更加明确祝寿作为一种文化风俗与寿词作为其表征形式，已经较广泛而深刻地影响到民、汉双方交往的关系与心态。

1. 汉族士人为女真族士人祝寿。如魏初的《木兰花慢·为完颜振之寿》：

"笑功名谩我，都几许、竟匆匆。记玉佩红鞬，长安陌上，人指青骢。归来买田故园，尽人间社燕与秋鸿。唤奴挐鱼溪上，看儿种豆村东。　　算来何物是穷通。只有读书功。爱杖履风流，崖西古石，舍北长松。宦尘千丈如海，更何心、鞍马避奴童。万古醉中天地，井蛙湖海元龙。"

完颜是女真族的姓氏。查新旧《元史》，无完颜振之其人的记载。女真、契丹、渤海、高丽等族与原金朝统治下的汉族在元代都属于第三等人,即汉人。作为社会同一阶层的种族,汉族与女真等族的关系显然好过汉族与作为第一等人的蒙古族,这从金元词中汉族士人与少数民族士人的酬唱中就可略窥一二,其中汉族与色目人和同为第三等人的各少数民族的酬和更多一些。该词借祝寿抒发了词人与寿星企图归田园居、不问世事,读书饮酒,以度余生的生存理想,同时也暗示了对"宦尘千丈如海"的畏惧之情。"长安"一词,在中国古典诗词中频频出现,从其本义和语源来看,该词的意蕴已象征着士子对功名富贵的追求,因而其早已成为一个文学符号,或代码。该词语也屡屡出现在魏初其他的寿词中,意指官场生涯。总之,这首词借祝寿抒发了词人自己和寿星淡看功名、期望买田归隐的心曲,表达了一种平淡真实而美好的生存理想,并以之反衬艰险的宦海风浪,也嘲笑了那些只知道为自己谋私利的人。

女真族除皇姓完颜氏外,还有很多姓氏,而各姓氏因为朝代的更替,在后来大都改成了汉姓。对此,《金史·金国语解·姓氏》有明确的记载,如"完颜,汉姓曰王。乌古论曰商。纥石烈曰高。徒单曰杜。女奚烈曰郎。兀颜曰朱。蒲察曰李。颜盏曰张。温迪罕曰温。石抹曰萧。奥屯曰曹。孛术鲁曰鲁。移剌曰刘。斡勒曰石。纳剌曰康。夹谷曰仝。……"①本文将涉及的是其中的夹谷氏。请看王旭《木兰花慢·扬州寿瓜尔夹士常》:

> 醉西湖寿酒,歌旧曲,已三年。喜万里湖山,归来相见,淮海楼边。春风绣衣无恙,唤竹西歌吹共留连。世事浮云千变,灵台孤月长圆。　　一官聊办买书钱。行橐故萧然。有梦里青山,词中白云,徽外鸣弦。悠悠紫台归路,乐因循、诗酒堕凡缘。借问蓬莱官府,何如平地神仙。

据《元史》卷一百七十四所云:"夹谷之奇字士常,其先出女真加

---

① (元)脱脱等撰:《金史·外国下》,北京:中华书局,1975年,卷135第2896页。

古部,后讹为夹谷,由马纪岭撒曷水徙家于滕州。之奇少孤,舅杜氏携之至东平,因受业于康晔。授济宁教授,辟中书省掾。"①又据清《御选宋金元明四朝诗》之《御选元诗·姓名爵里》,在"瓜尔佳之奇"此人后用小字注曰:"字士常,其先出女真瓜尔佳部,后讹为夹谷,徙家滕州。初授济宁教授,历江淮按察佥事,累迁翰林直学士侍御,拜吏部尚书。"②该书《御选元诗》部分还选有瓜尔佳之奇的一首五古《题周孝侯庙》。由以上三书所记相比照,瓜尔夹士常、夹谷之奇、瓜尔佳之奇,三者实为同一人之姓名的不同写法。由此,可以认定,王旭所祝寿的对象瓜尔夹士常,是女真瓜尔佳部的后裔。

这首词表现了汉族士人与同为"汉人"的女真族官员的友谊,表明祝寿这种礼俗不仅拓展到民族交往中,并且成为词人抒发少数民族与汉族士人对世态人生之共同理解的一种交际化的文学形式。该词起句就明示了王旭与寿主的友情已非一般,三年前词人曾在杭州为夹士常祝过寿,三年后二人又在扬州重逢,适逢夹士常生日,王旭再次为其祝寿并借机抒发二人对仕宦人生的真实感受。上片叙说二人重聚历程与心情。所谓"世事浮云千变,灵台孤月长圆。"其中已隐含许多忧患意识,无论世事如何变幻,词人说,我们内心总有一轮明亮皎洁的孤月常相伴随,也即二人心地光明无私。下片抒写二人淡看功名、乐享诗酒、向往隐逸与神仙之道的人生态度。"紫台",指神仙所住的地方,实际上表现了元代盛行的道教追求长生的思想对汉、民双方士人的影响。

2.汉族士人为契丹族官员祝寿。如魏初《满江红·为双溪丞相寿》:

> 借问中朝,谁得似、相公勋旧。记前日、风云惨淡,雷霆

---

① (明)宋濂等撰:《元史》,北京:中华书局,1976年,卷174第4061页。
② (清)张豫章等编纂:《御选宋金元明四朝诗》,《文渊阁四库全书》,第1440册。

奔走。万里野烟空绿树,旌旗莫卷熊罴吼。更挺身、飞出虎狼群,人能否。　　元自有,谈天口。初不负,经纶手。更诗书万卷,文章星斗。乐圣衔杯应暂耳,不妨桐院闲清昼。愿寿杯、青与北山松,俱长久。

"双溪丞相",指耶律楚材之子耶律铸(1221—1285),字成仲,号双溪,谥号文忠,能文能武,懂音乐,曾为朝廷制定雅乐,乐舞成后,又上表请求赐名为《大成》,有《双溪醉隐集》,存词9首。耶律铸曾于中统二年、至元五年、至元十九年三次被元世祖拜为中书左丞相,极得世祖信任,"朝廷有大事,必咨访焉。"[1]当时许多汉族士人都与其有过交往。魏初该词意在画出一副文武双全的丞相肖像,笔力刚健,虎虎生风,大有辛弃疾词之清刚雄豪的气味。至于该词对耶律铸的赞誉并非是虚美之词,而是紧密结合其生平事迹抒写赞赏,使得这首寿词成为耶律铸的小小传记。词上片所云"记前日、风云惨淡,雷霆奔走。万里野烟空绿树,旌旗莫卷熊罴吼。更挺身、飞出虎狼群,人能否",大致指的是耶律铸曾随蒙哥征蜀,其后又在宪宗去世后逃出阿里不哥的叛军投奔忽必烈的事情。《元史·耶律楚材传》中记曰:"戊午,宪宗征蜀,诏铸领侍卫骁果以从,屡出奇计,攻下城邑,赐以尚方金锁甲及内厩骢马。乙未,宪宗崩,阿里不哥叛,铸弃妻子,挺身自朔方来归,世祖嘉其忠,即日召见,赏赐优厚。中统二年,拜中书左丞相。是年冬,诏将兵备御北边,后征兵扈从,败阿里不哥于上都之北。"[2]宪宗死后,阿里不哥叛变,耶律铸于此时毅然抛弃妻儿冲出叛兵重围,奔往刚刚即位的忽必烈,因此赢得了世祖的宠信。下片"乐圣衔杯应暂耳,不妨桐院闲清昼",是魏初借祝寿委婉地劝说耶律铸在忙于政务之余,不妨暂时饮酒行乐,及时享受清闲生活的乐趣。

---

[1] (明)宋濂等撰:《元史》,北京:中华书局,1976年,卷146第3465页。
[2] (明)宋濂等撰:《元史》,北京:中华书局,1976年,卷146第3465页。

又,王恽(1228—1304)《鹧鸪引》(辽海千年将相家),题为"为耶律总管太夫人寿",体味首句意思,结合耶律楚材一家的身世,再加上王恽与耶律铸为同时代人,可以认为,该词是王恽通过耶律铸为其母亲祝寿之词,实质上也是一首反映词人与少数民族官员文士交往并建立友好关系的词。词中,词人将耶律铸的母亲比为具有林下风度的名媛才女。

蒲道源(1260—1336)《鹧鸪天·寿耶律总管》也是一首为契丹族官员祝寿的词,联系到蒲道源的生卒年与耶律铸的生卒年并不对应,其所寿对象为谁不得而知。词云:

霢霂春膏兆有年。街头粟贱不论钱。时机似见天心顺,物理端由刺史贤。　　人富贵,寿绵延。满城桃李动芳妍。邦民香火才收罢,黄阁声名次第传。

如果不是虚美之词,词中这位政绩贤良的耶律刺史,在当时确实是深得民心的。

3. 汉族士人为色目官员祝寿。汉族士人与一些秉性刚直的为国为民的色目人官员,性情相投,关系较好,这也反映到寿词中。如程文海《蝶恋花·寿千奴监司十二月朔》:

黄鹤山前梅半吐。岁岁年年,谁是冰霜侣。自有使君来共住。黄昏不怕风吹雨。　　见说和羹天已许。带得春来,又怕春将去。记取澄清堂上语。八千眉寿从今数。

千奴是和尚(人名)的儿子,为"玉耳别里伯牙吾台氏"[①],即钦察族。据《元史》卷一百二十八记曰:"土土哈,其先本武平北折连川按答罕山部族,自曲出(人名)徙居西北玉里伯里山,因以为氏,号其国

---

① 〔明〕宋濂等撰:《元史》,北京:中华书局,1976年,卷134第3256页。

曰钦察。其地去中国三万余里,夏夜极短,日暂没即出。"① 其中"玉里伯里氏"与"玉耳别里"实指同一族,元时各民族的写法本就出于汉语译音,故汉字写法略有差异是常见之事。如前述女真瓜尔加古部当时又写为"夹谷",后到清朝写定为瓜尔佳氏。元时钦察族属于色目人,是陶宗仪《南村辍耕录》所记"色目三十一种"之一。② 千奴为人刚正,为官志在"兴利除害",当权臣桑哥、伯颜分别当朝、权势熏天之时,"人莫敢言",独千奴毫无惧色,前后两次入朝进谏皇帝,据实而论,陈述二人之罪,最终使得桑哥被诛,伯颜被黜。千奴"前后七持宪节,刚正不挠,闻朝廷事有不便,必上章极论,未尝以内外为嫌。"延祐五年(1318)退休以后,他"退居濮上,筑先圣宴居祠堂于历山之下,聚书万卷,延名师教其乡里子弟,出私田百亩以给养之。有司以闻,赐额历山书院。家居七年而卒,年七十一"。③ 可以说,正是千奴正直敢言的个性与其官场作为,以及他对儒家文化与教育的推重,使他赢得了汉族士人和友人真心的钦佩与真诚的祝福。程文海的这首寿词就是民、汉之间诚挚友谊在元代的一个见证。

该词以梅祝寿,巧妙切合寿星十二月的生日,以梅冰霜伴侣的品格,与寿星相映衬;又以梅能和羹的典故,比喻赞美寿星的政治才能,显得高雅含蓄。尤其是"黄昏不怕风吹雨"所描写的意境,反用陆游《卜算子》中梅的形象,既可想象成不怕黄昏风雨摧残的孤梅,也可理解成梅与寿星相互支撑不惧恶劣环境的打击。

4. 汉族士人为蒙古族官员祝寿。如袁士元《满庭芳·寿朵罗歹元帅》:

> 菊后秋深,梅边春近,江天积雨初晴。日湖南畔,光现

---

① 〔明〕宋濂等撰:《元史》,北京:中华书局,1976年,卷128第3131页。
② 〔元〕陶宗仪撰:《南村辍耕录》.(元明史料笔记丛刊),北京:中华书局,1959年,卷1第13页。
③ 〔明〕宋濂等撰:《元史》,北京:中华书局,1976年,卷134第3257—3259页。

老人星。尽道元戎公相,今朝里、福寿相仍。当华诞,黄麻诏下,万里被恩荣。　　生来真活佛,心田一片,宽厚和平。好贤哉乔梓,雍肃家庭。顾我寒楣书客,经年里、眼特垂青。情欢处,新词一曲,把酒祝长生。

该词所寿对象朵罗歹与《广东通志》卷四十五所载之朵罗歹有可能是同一人,其曰:"郑荣叟香山人,果敢有谋。元末巨寇劫掠县治,宣差达鲁花赤朵罗歹力不能支,乃率荣叟及邑人杨昆等移县于古寨山上屯守。已而,朵罗歹卒,人心动摇。……"①元代任各地达鲁花赤的官员基本是蒙古人,据此可以认为,该词中朵罗歹为蒙古族官员。词意主要是祝颂朵罗歹福寿双至的恩荣,并赞扬了对方"宽厚和平"的心地,表达了对朵罗歹"垂青"眷顾于自己一介寒生的感激之情。

除了汉族士人喜用寿词祝寿外,回族词人也有采用寿词形式为其宗族祝寿的。萨都剌《法曲献仙音》(寿大宗伯致仕于公大宗伯)两首即是。关于萨都剌的族别,本文认同陈垣先生在《元西域人华化考》中的看法,认为其是回族人。②萨都剌是元代著名文人,有《雁门集》传世,他与许多汉族士人都有交往。在现存元词中,他也是唯一一位用寿词形式为其宗族长辈祝寿的少数民族词人。

综上所述,可见汉族士人用寿词为少数民族官员或士人祝寿,已成为元时各民族文士交往中一种较普遍的风气。加上如萨都剌等著名少数民族文人已在其族群中习用寿词祝寿,可以认为,寿词作为原本属于汉族人之间一种固有的文化与文学的交际形式,时至元代,却在文学形式和文化习俗两方面,影响到少数民族文士及官员与汉族文士及官员的双方的交往心态,成为少数民族士人与官员所接受的

---

① 〔清〕郝玉麟等监修,鲁曾煜等编纂:《广东通志》卷45,《文渊阁四库全书》第564册。
② 陈垣撰:《元西域人华化考》,上海:上海古籍出版社,2008年,第61—62页。

众多汉文化中的一个小方面。更重要的是,寿词作为一座小小的桥梁,在民族官员和文士与汉族官员和文士的心灵之间,起到了搭建友谊桥梁、沟通感情的特殊作用。我们从以上寿词中,既可以看到汉族文士对民族文士的真诚友情,也能感受到民、汉士人在仕途上的一些共同心态:既勤政爱民、秉持操守,又向往回归自我、保持独立人格的闲逸生活。这里,我仅以寿词为一扇小小的窗口,来观看汉族士人与少数民族士人的交往及心态,其实,记载和表现二者交往的诗、词、文章在元代还有很多,是值得我们深入研究的。

总之,寿词作为词学史上一种客观的存在物,作为一个文学整体,作为一种学者们历来所忽视的文化现象,它的确具有一定文化价值和能起到滴水以观沧海的作用。如元寿词中士人借祝寿而抒发的牢骚语,寿词所反映的道教思想,汉族与少数民族的交往及其心态和友情的表现,这些内容不仅为元代所独有,也在一定程度上反映了元代社会的主导文化生活与时代所赋予的特定内涵。

附录四　道教思想对元代寿词创作的影响

摘要：元代道教各教派自全真教丘处机起就与士人结下友好关系,形成了道士与士人结交并相互亲敬的优良传统。道教思想及其修炼方式不仅表现为元代道士专为宣传教义教旨所写的词作,道教追求长生的理想,也反映到部分寿词中,表明了道教思想及其修炼方式对当时士人普遍而深刻的影响。寿词中的道教意象实际反映了一种人类集体无意识心理,即一种人类自原始时代就开始的因为生命苦短而祈盼长生的心理。道教及其偶像的产生就是人类为自己建立的一个可以让灵魂永远安放的地方。

关键词：道教　修炼　寿词　道士　士人

自古以来,文学与哲学都密切相关。从主导中国封建社会的哲学背景看,儒道二家是最主要的思想力量。乃至于元代寿词的创作,也依旧如此。闻一多先生认为,典型的儒家道德观念的核心是个"敬"字,而《尚书·洪范》"五福"排第一的便是寿。"这表明以'寿'为目的,以'敬'为手段,是古代人生观最大特色。"因为"'祈眉寿'归根无非是'救命'的呼声"。① 就寿词的内容而言,综观宋元寿词,笔者认为闻先生不仅对儒家道德观指导下的传统人生观把握得非常精准,并且也道出了引导古代寿词创作的哲学背景的核心思想。从道家方面看,"道家哲学对人超越生死的世俗渴望是有承诺的,它采取的一个重要的妥协策略就是试图在此在的终结处引入长生不老的理想,通过长生的许诺使人对死亡的恐惧得以缓解。"②"东汉以后,依托道家哲学发展而成的道教,它的出现在很大程度上就是为了解决死亡问题。其中,所谓的炼丹术、服食术、内采术,是道教追求长生的实践,而服食丹药则被视为延年益寿,甚至成道成仙的最重要手段。"③金元时期的全真教特别盛行,元词中不仅有道士写的大量宣扬道教教义的词,一些寿词也反映了道教的教旨、追求乃至具体的修炼方式的内容,甚至有的寿词就是士人专门写给真人,或道士写给士人与世俗之人,或道士写给道士、士人写给士人的。这些都可以看作是转化了道家之长生思想的道教,对于元代寿词创作的直接影响。

一、元代各道教掌教所奠定的道士与士人的友好关系

道教从元太祖开始,在元代的势力就很大,尤其全真教,曾是金元时期最为流行并一度颇受统治者尊崇和影响最大的宗教。此外,还有正一道、真大道、太一教。终元一代,道教和士人的关系都非常密切,在各类文学作品中都有广泛的反映,也包括下面将要论述的元代寿词。至于元代士人何以会普遍地接受道教,二者的关系为何如此密切,对于我们弄明白文学作品中道教身影的频频出现,实在是个关键的问题。据《元史·释老传》记载,全真七子之一长春宫掌教丘

---

① 闻一多著,闻立雕编:《大家国学·闻一多卷》,天津:天津人民出版社,2008年,第276页。
② 刘成纪:《青山道场——庄禅与中国诗学精神》,北京:东方出版社,2005年,第313页。
③ 刘成纪:《青山道场——庄禅与中国诗学精神》,北京:东方出版社,2005年,第313页。

处机,曾前后两次得到元太祖的召见,因言谈深契其心,元太祖从此不呼其名而只称之为"神仙",恩宠确非一般。丘处机接触太祖后,并没有成为一个追求利益之徒,而是为天下苍生做了许多好事,《元史》中有较详细的记载:

> 太祖时方西征,日事攻战,处机每言欲一天下者,必在乎不嗜杀人。及问为治之方,则对以敬天爱民为本。问长生久视之道,则告以清心寡欲为要。太祖深契其言,曰:"天锡仙翁,以寤朕志。"命左右书之,且以训诸子焉。于是锡之虎符,副以玺书,不斥其名,惟曰"神仙"。一日雷震,太祖以问,处机对曰:"雷,天威也。人罪莫大于不孝,不孝则不顺乎天,故天威震动以警之。似闻境内不孝者多,陛下宜明天威,以导有众。"太祖从之。岁癸未,太祖大猎于东山,马踣,处机请曰:"天道好生,陛下春秋高,数畋猎,非宜。"太祖为罢猎者久之。时国兵践踩中原,河南、北尤甚,民罹俘戮,无所逃命。处机还燕,使其徒持牒招求于战伐之余,由是为人奴者得复为良,与滨死而得更生者,毋虑二三万人。中州人至今称道之。①

在这段记载中,关于丘处机为当时政治所做的贡献,可以明确为如后几点:一,反复劝诫元太祖好生爱民,力戒杀戮,宣扬"以敬天爱民为本"的治国之道,这是典型的儒家思想。二,托名于天象,而借机阐发人伦之大莫过于孝的思想,这也是儒家维持宗法制社会的根本原则。三,尽量做实事,挽救在蒙古侵略战争中被俘为奴的汉人,达二三万人之多,赢得了中原汉族人民的爱戴。丘处机作为全真教大名鼎鼎之人物,在与统治者的交往中其不图名利心系苍生的做法,为后来的全真教历代掌教以及元时其他道教之掌门做出了榜样,自此

---

① 〔明〕宋濂等:《元史》,北京:中华书局,1976 年,卷 202 第 4524—4525 页。

后,形成了一个道士与文士结交并相互亲敬的优良传统。

如正一天师道张留孙之徒吴全节,曾深得成宗宠幸,被封为"上卿、玄教大宗师、崇文弘道玄德真人、总摄江淮荆襄等处道教、知集贤院道教事"。但他并不以之自傲或忘乎所以,而是谦和待人,倾其全力交结当时士大夫,并仗义疏财周济穷人,有着一副侠骨仁心。《元史》记其曾向成宗成功地推荐过卢挚,仁宗时曾进谏挽救过遭到谗言陷害的阎复。"当时以为朝廷得敬大臣体,而不以口语伤贤者,全节盖有力焉。全节雅好结士大夫,无所不倾其交,长者尤见亲而敬,推毂善类,唯恐不尽其力。至于振穷周急,又未尝以恩怨异其心,当时以为颇有侠气云。"①可见,吴全节为维护汉族大臣、士人在元朝廷的地位方面所做出的成绩。

再如以苦节危行作为要旨的真大道,第八代掌教张清志,被授为"演教大宗师、凝神冲妙玄应真人",但并不以之故弄玄虚,而是"事亲孝,尤耐辛苦,制行坚峻",几乎是一派儒家的行事作风。他曾"徒步至京师,深居简出,人或不识其面。贵人达官来见,率告病,伏卧内不起。至于道德缙绅先生,则纳屦杖屦求见,不以为难。时人高其风,至画为图以相传焉"。②

通过以上各道教掌教事迹可以认为,元代以全真教为首的各道教,其教旨和处世方式都吸取了儒家的精华思想,也因此获得了广大士人的尊重和爱戴,使彼此结下良好的关系,并把这种关系反映到文学作品中,包括反映到寿词的创作中。可以肯定的是,在士人与道士的双向互动中,道教的思想与道士的修炼方式,在寿词中的表现明显地大于士人对道士的影响。

二、元代道教影响下的寿词词作分析

(一)士人寿道士词

---

① 〔明〕宋濂等:《元史》,北京:中华书局,1976年,卷202第4528—4529页。
② 〔明〕宋濂等:《元史》,北京:中华书局,1976年,卷202第4529—4530页。

处机,曾前后两次得到元太祖的召见,因言谈深契其心,元太祖从此不呼其名而只称之为"神仙",恩宠确非一般。丘处机接触太祖后,并没有成为一个追求利益之徒,而是为天下苍生做了许多好事,《元史》中有较详细的记载:

> 太祖时方西征,日事攻战,处机每言欲一天下者,必在乎不嗜杀人。及问为治之方,则对以敬天爱民为本。问长生久视之道,则告以清心寡欲为要。太祖深契其言,曰:"天锡仙翁,以寤朕志。"命左右书之,且以训诸子焉。于是锡之虎符,副以玺书,不斥其名,惟曰"神仙"。一日雷震,太祖以问,处机对曰:"雷,天威也。人罪莫大于不孝,不孝则不顺乎天,故天威震动以警之。似闻境内不孝者多,陛下宜明天威,以导有众。"太祖从之。岁癸未,太祖大猎于东山,马踣,处机请曰:"天道好生,陛下春秋高,数畋猎,非宜。"太祖为罢猎者久之。时国兵践蹂中原,河南、北尤甚,民罹俘戮,无所逃命。处机还燕,使其徒持牒招求于战伐之余,由是为人奴者得复为良,与滨死而得更生者,毋虑二三万人。中州人至今称道之。①

在这段记载中,关于丘处机为当时政治所做的贡献,可以明确为如后几点:一,反复劝诫元太祖好生爱民,力戒杀戮,宣扬"以敬天爱民为本"的治国之道,这是典型的儒家思想。二,托名于天象,而借机阐发人伦之大莫过于孝的思想,这也是儒家维持宗法制社会的根本原则。三,尽量做实事,挽救在蒙古侵略战争中被俘为奴的汉人,达二三万人之多,赢得了中原汉族人民的爱戴。丘处机作为全真教大名鼎鼎之人物,在与统治者的交往中其不图名利心系苍生的做法,为后来的全真教历代掌教以及元时其他道教之掌门做出了榜样,自此

---

① 〔明〕宋濂等:《元史》,北京:中华书局,1976年,卷202 第4524—4525页。

后,形成了一个道士与文士结交并相互亲敬的优良传统。

如正一天师道张留孙之徒吴全节,曾深得成宗宠幸,被封为"上卿、玄教大宗师、崇文弘道玄德真人、总摄江淮荆襄等处道教、知集贤院道教事"。但他并不以之自傲或忘乎所以,而是谦和待人,倾其全力交结当时士大夫,并仗义疏财周济穷人,有着一副侠骨仁心。《元史》记其曾向成宗成功地推荐过卢挚,仁宗时曾进谏挽救过遭到谗言陷害的阎复。"当时以为朝廷得敬大臣体,而不以口语伤贤者,全节盖有力焉。全节雅好结士大夫,无所不倾其交,长者尤见亲而敬,推毂善类,唯恐不尽其力。至于振穷周急,又未尝以恩怨异其心,当时以为颇有侠气云。"① 可见,吴全节为维护汉族大臣、士人在元朝廷的地位方面所做出的成绩。

再如以苦节危行作为要旨的真大道,第八代掌教张清志,被授为"演教大宗师、凝神冲妙玄应真人",但并不以之故弄玄虚,而是"事亲孝,尤耐辛苦,制行坚峻",几乎是一派儒家的行事作风。他曾"徒步至京师,深居简出,人或不识其面。贵人达官来见,率告病,伏卧内不起。至于道德缙绅先生,则纳屦杖屦求见,不以为难。时人高其风,至画为图以相传焉"。②

通过以上各道教掌教事迹可以认为,元代以全真教为首的各道教,其教旨和处世方式都吸取了儒家的精华思想,也因此获得了广大士人的尊重和爱戴,使彼此结下良好的关系,并把这种关系反映到文学作品中,包括反映到寿词的创作中。可以肯定的是,在士人与道士的双向互动中,道教的思想与道士的修炼方式,在寿词中的表现明显地大于士人对道士的影响。

二、元代道教影响下的寿词词作分析

(一)士人寿道士词

---

① 〔明〕宋濂等:《元史》,北京:中华书局,1976 年,卷 202 第 4528—4529 页。
② 〔明〕宋濂等:《元史》,北京:中华书局,1976 年,卷 202 第 4529—4530 页。

处机,曾前后两次得到元太祖的召见,因言谈深契其心,元太祖从此不呼其名而只称之为"神仙",恩宠确非一般。丘处机接触太祖后,并没有成为一个追求利益之徒,而是为天下苍生做了许多好事,《元史》中有较详细的记载:

> 太祖时方西征,日事攻战,处机每言欲一天下者,必在乎不嗜杀人。及问为治之方,则对以敬天爱民为本。问长生久视之道,则告以清心寡欲为要。太祖深契其言,曰:"天锡仙翁,以寤朕志。"命左右书之,且以训诸子焉。于是锡之虎符,副以玺书,不斥其名,惟曰"神仙"。一日雷震,太祖以问,处机对曰:"雷,天威也。人罪莫大于不孝,不孝则不顺乎天,故天威震动以警之。似闻境内不孝者多,陛下宜明天威,以导有众。"太祖从之。岁癸未,太祖大猎于东山,马踣,处机请曰:"天道好生,陛下春秋高,数畋猎,非宜。"太祖为罢猎者久之。时国兵践踩中原,河南、北尤甚,民罹俘戮,无所逃命。处机还燕,使其徒持牒招求于战伐之余,由是为人奴者得复为良,与滨死而得更生者,毋虑二三万人。中州人至今称道之。①

在这段记载中,关于丘处机为当时政治所做的贡献,可以明确为如后几点:一,反复劝诫元太祖好生爱民,力戒杀戮,宣扬"以敬天爱民为本"的治国之道,这是典型的儒家思想。二,托名于天象,而借机阐发人伦之大莫过于孝的思想,这也是儒家维持宗法制社会的根本原则。三,尽量做实事,挽救在蒙古侵略战争中被俘为奴的汉人,达二三万人之多,赢得了中原汉族人民的爱戴。丘处机作为全真教大名鼎鼎之人物,在与统治者的交往中其不图名利心系苍生的做法,为后来的全真教历代掌教以及元时其他道教之掌门做出了榜样,自此

---

① 〔明〕宋濂等:《元史》,北京:中华书局,1976年,卷202第4524—4525页。

后,形成了一个道士与文士结交并相互亲敬的优良传统。

如正一天师道张留孙之徒吴全节,曾深得成宗宠幸,被封为"上卿、玄教大宗师、崇文弘道玄德真人、总摄江淮荆襄等处道教、知集贤院道教事"。但他并不以之自傲或忘乎所以,而是谦和待人,倾其全力交结当时士大夫,并仗义疏财周济穷人,有着一副侠骨仁心。《元史》记其曾向成宗成功地推荐过卢挚,仁宗时曾进谏挽救过遭到谗言陷害的阎复。"当时以为朝廷得敬大臣体,而不以口语伤贤者,全节盖有力焉。全节雅好结士大夫,无所不倾其交,长者尤见亲而敬,推毂善类,唯恐不尽其力。至于振穷周急,又未尝以恩怨异其心,当时以为颇有侠气云。"①可见,吴全节为维护汉族大臣、士人在元朝廷的地位方面所做出的成绩。

再如以苦节危行作为要旨的真大道,第八代掌教张清志,被授为"演教大宗师、凝神冲妙玄应真人",但并不以之故弄玄虚,而是"事亲孝,尤耐辛苦,制行坚峻",几乎是一派儒家的行事作风。他曾"徒步至京师,深居简出,人或不识其面。贵人达官来见,率告病,伏卧内不起。至于道德缙绅先生,则纳屦杖屡求见,不以为难。时人高其风,至画为图以相传焉"。②

通过以上各道教掌教事迹可以认为,元代以全真教为首的各道教,其教旨和处世方式都吸取了儒家的精华思想,也因此获得了广大士人的尊重和爱戴,使彼此结下良好的关系,并把这种关系反映到文学作品中,包括反映到寿词的创作中。可以肯定的是,在士人与道士的双向互动中,道教的思想与道士的修炼方式,在寿词中的表现明显地大于士人对道士的影响。

二、元代道教影响下的寿词词作分析

(一)士人寿道士词

---

① 〔明〕宋濂等:《元史》,北京:中华书局,1976年,卷202第4528—4529页。
② 〔明〕宋濂等:《元史》,北京:中华书局,1976年,卷202第4529—4530页。

及的,然而,它们终究是道士们所创造的偶像。寻思制作这些偶像背后的心理,那种人类自原始时代就开始的祈盼长生的心理,实际是对自远古以来就产生的一种集体无意识心理的遗传。荣格认为:"除了我们的即刻意识——它是完全个人性的,以及我们认为它是唯一的经验性精神,还存在着第二种精神系统,这一系统具有在所有个人身上完全相同的集体性、普世性、非个人性本质。这种集体无意识并非是单独发展而来的,而是遗传而得的。它由事先存在的形式、原型组成;原型只能继发性地成为意识,赋予某些精神内容以确定的形式。"① 而"原型概念是集体无意识概念的一个不可或缺的关联物,它表示似乎无时不在、无处不在的种种确定形式在精神中的存在"。② 就此概念,可以认为,道教中的群仙形象是因人类精神世界中始终追求长生的心理而产生的原型形象。如果这样理解寿词中频频出现的有关道教的神仙形象和故事,或许就能更深地明白,这些道教形象作为原型对后世渴望长生者所产生的支配力量。"不同于个人无意识在很大程度上是由情结构成,集体无意识的内容基本上是由原型构成。"③ 由此,则可进一步明确,长生意识与其执着的追求是普适于人类的一种集体无意识心理。

列菲伏尔则以所谓"超验论"解释人类追求长生的心理。他认为:"当人类成为工具时,当人类的活动只有实用主义的目的时,就产生了一种非人性的现象。人类认为自己是一种超验力量——命运、神仙的工具。为了解决人类作为工具而存在和人类对自由的要求之间的矛盾,一些哲学家求助于一种超验论:人在死后或在地球以外的别的地方即神秘地'拯救'自己的地方才能认识自己,而在这种解放

---

① 〔瑞士〕卡尔·古斯塔夫·荣格著,徐德林译:《原型与集体无意识》(荣格文集第五卷),北京:国际文化出版公司,2011年,第37页。
② 〔瑞士〕卡尔·古斯塔夫·荣格著,徐德林译:《原型与集体无意识》(荣格文集第五卷),北京:国际文化出版公司,2011年,第36页。
③ 〔瑞士〕卡尔·古斯塔夫·荣格著,徐德林译:《原型与集体无意识》(荣格文集第五卷),北京:国际文化出版公司,2011年,第36页。

最终到来之前只得服从超验力量所安排的命运。"①换言之,所谓能够于死后拯救人类的地方,就道教而论,就是仙界。中国古代的士人们,之所以多少都和道教及道教中人发生关系,与他们潜意识心理中对生命苦短的恐惧与对长生的追求是分不开的。这也许是有关道教意象的寿词,其创作心理的最深层原因。

(本文发表于《衡阳师范学院学报》2015年第2期)

---

① 陈学明,吴松,远东编:《让日常生活成为艺术品——列菲伏尔、赫勒论日常生活》,昆明:云南人民出版社,1998年,第90页。

及的,然而,它们终究是道士们所创造的偶像。寻思制作这些偶像背后的心理,那种人类自原始时代就开始的祈盼长生的心理,实际是对自远古以来就产生的一种集体无意识心理的遗传。荣格认为:"除了我们的即刻意识——它是完全个人性的,以及我们认为它是唯一的经验性精神,还存在着第二种精神系统,这一系统具有在所有个人身上完全相同的集体性、普世性、非个人性本质。这种集体无意识并非是单独发展而来的,而是遗传而得的。它由事先存在的形式、原型组成;原型只能继发性地成为意识,赋予某些精神内容以确定的形式。"①而"原型概念是集体无意识概念的一个不可或缺的关联物,它表示似乎无时不在、无处不在的种种确定形式在精神中的存在"。②就此概念,可以认为,道教中的群仙形象是因人类精神世界中始终追求长生的心理而产生的原型形象。如果这样理解寿词中频频出现的有关道教的神仙形象和故事,或许就能更深地明白,这些道教形象作为原型对后世渴望长生者所产生的支配力量。"不同于个人无意识在很大程度上是由情结构成,集体无意识的内容基本上是由原型构成。"③由此,则可进一步明确,长生意识与其执着的追求是普适于人类的一种集体无意识心理。

列菲伏尔则以所谓"超验论"解释人类追求长生的心理。他认为:"当人类成为工具时,当人类的活动只有实用主义的目的时,就产生了一种非人性的现象。人类认为自己是一种超验力量——命运、神仙的工具。为了解决人类作为工具而存在和人类对自由的要求之间的矛盾,一些哲学家求助于一种超验论:人在死后或在地球以外的别的地方即神秘地'拯救'自己的地方才能认识自己,而在这种解放

---

① 〔瑞士〕卡尔·古斯塔夫·荣格著,徐德林译:《原型与集体无意识》(荣格文集第五卷),北京:国际文化出版公司,2011年,第37页。
② 〔瑞士〕卡尔·古斯塔夫·荣格著,徐德林译:《原型与集体无意识》(荣格文集第五卷),北京:国际文化出版公司,2011年,第36页。
③ 〔瑞士〕卡尔·古斯塔夫·荣格著,徐德林译:《原型与集体无意识》(荣格文集第五卷),北京:国际文化出版公司,2011年,第36页。

最终到来之前只得服从超验力量所安排的命运。"① 换言之,所谓能够于死后拯救人类的地方,就道教而论,就是仙界。中国古代的士人们,之所以多少都和道教及道教中人发生关系,与他们潜意识心理中对生命苦短的恐惧与对长生的追求是分不开的。这也许是有关道教意象的寿词,其创作心理的最深层原因。

(本文发表于《衡阳师范学院学报》2015年第2期)

---

① 陈学明,吴松,远东编:《让日常生活成为艺术品——列菲伏尔、赫勒论日常生活》,昆明:云南人民出版社,1998年,第90页。

及的,然而,它们终究是道士们所创造的偶像。寻思制作这些偶像背后的心理,那种人类自原始时代就开始的祈盼长生的心理,实际是对自远古以来就产生的一种集体无意识心理的遗传。荣格认为:"除了我们的即刻意识——它是完全个人性的,以及我们认为它是唯一的经验性精神,还存在着第二种精神系统,这一系统具有在所有个人身上完全相同的集体性、普世性、非个人性本质。这种集体无意识并非是单独发展而来的,而是遗传而得的。它由事先存在的形式、原型组成;原型只能继发性地成为意识,赋予某些精神内容以确定的形式。"①而"原型概念是集体无意识概念的一个不可或缺的关联物,它表示似乎无时不在、无处不在的种种确定形式在精神中的存在"。②就此概念,可以认为,道教中的群仙形象是因人类精神世界中始终追求长生的心理而产生的原型形象。如果这样理解寿词中频频出现的有关道教的神仙形象和故事,或许就能更深地明白,这些道教形象作为原型对后世渴望长生者所产生的支配力量。"不同于个人无意识在很大程度上是由情结构成,集体无意识的内容基本上是由原型构成。"③由此,则可进一步明确,长生意识与其执着的追求是普适于人类的一种集体无意识心理。

列菲伏尔则以所谓"超验论"解释人类追求长生的心理。他认为:"当人类成为工具时,当人类的活动只有实用主义的目的时,就产生了一种非人性的现象。人类认为自己是一种超验力量——命运、神仙的工具。为了解决人类作为工具而存在和人类对自由的要求之间的矛盾,一些哲学家求助于一种超验论:人在死后或在地球以外的别的地方即神秘地'拯救'自己的地方才能认识自己,而在这种解放

---

① 〔瑞士〕卡尔·古斯塔夫·荣格著,徐德林译:《原型与集体无意识》(荣格文集第五卷),北京:国际文化出版公司,2011年,第37页。

② 〔瑞士〕卡尔·古斯塔夫·荣格著,徐德林译:《原型与集体无意识》(荣格文集第五卷),北京:国际文化出版公司,2011年,第36页。

③ 〔瑞士〕卡尔·古斯塔夫·荣格著,徐德林译:《原型与集体无意识》(荣格文集第五卷),北京:国际文化出版公司,2011年,第36页。

最终到来之前只得服从超验力量所安排的命运。"①换言之,所谓能够于死后拯救人类的地方,就道教而论,就是仙界。中国古代的士人们,之所以多少都和道教及道教中人发生关系,与他们潜意识心理中对生命苦短的恐惧与对长生的追求是分不开的。这也许是有关道教意象的寿词,其创作心理的最深层原因。

(本文发表于《衡阳师范学院学报》2015年第2期)

---

① 陈学明,吴松,远东编:《让日常生活成为艺术品——列菲伏尔、赫勒论日常生活》,昆明:云南人民出版社,1998年,第90页。

附录五 宋、元寿词兴盛的原因与二者间的关系

摘要:宋、元两代寿词曾兴盛一时,在宋、元全部词作总数中占有不小的比例。然学界对于元代寿词尚无关注,对于宋、元寿词间的关系亦无探讨。实际上,无论从内因或外因来看,元代寿词都是宋代寿词的延续与发展,却又在诸多方面形成了自身独特的成就,不容忽视。

关键词:宋代　元代　寿词　延续　发展

一、元代寿词是宋代寿词的延续与发展

随着对于词这种具有很强的社会文化意义的文学体裁的深入认识,有关寿词的研究终于从 20 世纪 90 年代展开了,学者们开始肯定寿词所反映的文化风俗乃至交际功能。然而,有关寿词的研究却主要集中在宋词领域,对于元代寿词,尚无人关注和探讨。就宋代寿词而言,无论从数量、创作队伍、内容、类型、内在意蕴、繁盛之因、社会风尚、哲学背景等方面,学者们基本上都进行了广泛而详细的探讨,并肯定了寿词作为一种重要而普遍的创作题材的客观意义和文化价值。

然而,寿词的颂美和谀佞的气味,却曾经使学者们鄙弃甚至蔑视

它,忽略了它本为一种客观的文学现象,是客观存在的事实。但正如陈序经先生所说:"现象的分类,是人类研究智识的必要条件。而且这种分类,是否精确,可以说是与人类的智识能否进步,又有了密切的关系。"①随着文学观念的进步,随着对文化与文学客观现象的尊重,当代研究者们终于从20世纪90年代开始陆续展开了对宋代寿词的研究。他们首先从数量上对宋代寿词展开了统计,如吴永江先生说:"《全宋词》辑录词家1330余人,词作19900余首(不含残篇),其中作有寿词者270余人,寿词近1400首,比例分别占20%、7%左右,这还不包括百余位无名氏的300余首寿词。一种题材而占有如此的分量,实在是值得重视和研究的一个问题。"②孟露芳的硕士论文《宋代寿词浅论》中统计的数字则更全面深入一些:"《全宋词》共辑录词家1330余人,词作19900余首,其中作有寿词者430余人(包括有名者和无名者),寿词2478首,比例分别高达32%、13%之多。"③孟露芳称其根据《全宋词》所作的粗略统计,"北宋有30位词人作有寿词,词作约为180首……其中晏殊的寿词更是有30首之多。到了南宋,寿词数量约为2298首,词作者约有402人,作品在10首以上的有56人之多,魏了翁……等25人的寿词数量在20首以上,其中魏了翁又以101首的数量居众人之首。从寿词的作者及其数量来看,寿词的创作在宋代不是一种个别的偶然现象,而是一种普遍而流行的社会风气"。④

面对这些详细的数字,我们应该肯定以上研究者在寿词研究领域所付出的劳动。但是,必须指出的是,目前关于寿词的研究主要针对宋代展开,至于紧随其后的金元时代,金代寿词近来尚有学者以专

---

① 陈序经:《文化学概观》,长沙:岳麓书社,2010年,第3页。
② 吴永江:《宋代寿词初论》,《中国韵文学刊》,1996年第2期,第46页。
③ 孟露芳:《宋代寿词浅论》,曲阜师范大学硕士论文,2010年4月,第1页。
④ 孟露芳:《宋代寿词浅论》,曲阜师范大学硕士论文,2010年4月,第7页。

文讨论①,而元代寿词,则基本无人关注。这其中也有来自"词衰于元"的传统偏见。② 实际上,金元寿词与宋代寿词是一脉相承的。比较宋金寿词,"宋代寿词多富贵、功名、神仙之事,而金代寿词则呈现出鄙弃富贵功名、反对长寿升仙的思想趋向,这是金、宋寿词的显著差异"。③ 因本文的主要研究对象为元词,限于篇幅,关于金代寿词的探讨就不展开了。

关于元代寿词,首先,从创作数量看,就笔者初步统计共 345 首,而元代词共 3721 首,如不计僧人词(61 首)、道士词(567 首)和无名氏词(266 首),初步统计为 2827 首,则寿词占元代文士词的十分之一多的分量。由此可证,寿词确是元词不可忽略的一大部分,是元词中不容忽视的一大文化亮点。通过对元代寿词的数量统计与分析,可知:元词人中作寿词最多者是王恽,其次是程文海、魏初。元代写有寿词的共 53 名词人(包括 3 名道士词人,1 名少数民族词人,1 名无名氏),词人寿词占其词作总数接近一半甚至一半以上者有:魏初、张伯淳、程文海、陈栎、王旭、马煦、许有孚。此外,存词很少但所存完全是寿词的词人有 3 位,即李庭、萧㪺斗、张养浩。可以认为,他们仅存的几首词兴许就是靠寿词——这种有着重要的文化交际功能的题材得以保留的。总之,据唐圭璋先生所编《全金元词》,元代共 212 位词人(其中文士为 182 位),如果不计僧道词人和存词仅一首的 78 位词人,则词人总数为 104 位,而写有寿词的词人 53 位,其数量已超过总数的一半。有意味的是,这些写有寿词的词人,大多较有特色,他们在总体上成为元代词坛的中坚力量。故我认为,从词人中写有寿词者所占比例这个角度分析,也可以说明,寿词在元词中确实是值得重视的一大类词,其所传达的文化意蕴与表现的士人心态,其新的历

---

① 王定勇:《金代寿词论纲》,《山东青年政治学院学报》,2011 年第 3 期。
② 陈廷焯:《白雨斋词话》,唐圭璋:《词话丛编》,北京:中华书局,1986 年,卷 8 第 3977 页。
③ 王定勇:《金代寿词论纲》,《山东青年政治学院学报》,2011 年第 3 期,第 126 页。

史文化背景与思想动向,其不同于宋代寿词的新质与亮点,其多样化的形式特点,则应是研究的重点所在。

从形式方面来说,元代寿词的分类一如宋代寿词,都大致可分为他寿词与自寿词,但二者在祝寿的内容上已有一定差异。笔者在仔细解读元代寿词的基础上,认为元代寿词展现了文士特有的文化心态,往往借祝寿而咏怀咏史、抒情写性和反思自我,同时也展现了元代社会习俗和文化风貌的一角,并在艺术上有着许多亮色。可以肯定,元代寿词是宋代寿词的延续与发展,它继承了宋代寿词的创作经验,却有着自身独特的成就,是值得深入探讨的。

二、宋、元寿词兴盛的原因

关于宋、元两代寿词兴盛的原因,首先,从作者的创作心理来看,自人类有生命以来就有对长寿的追求。从众多寿词作者的创作心理来看,无论宋代或元代,最主要的创作心理还是来自对祈望和祝福长寿这种既定的流传已久的社会习俗与文化风俗的接受。求生怕死是人的本能,而怕死自然会引出人类渴盼长寿的心理,有生固有死,有死则固有长生之求。因而也可以说,祝寿祈福是来自人类心灵深处的一种本能。人对本能的态度是难以抵制的,不管某种本能是生理性的还是带着"先天的"集体潜意识性的。因此发展与生俱来的本能,是人类生活无法抗拒的内容之一。就寿词创作而言,无论祝福对象是谁,无论何种类型,都潜藏着一种对生死与对生命质量的思考,这种思考源自生命对于死亡本能的畏惧,却又超越了浅层意识的畏惧之情而走向探寻生命的价值和意义的终极层次。

其次,从主导中国封建社会的哲学背景看,儒道二家是最主要的思想力量。闻一多先生认为,典型的儒家道德观念的核心是个"敬"字,而《尚书·洪范》"五福"排第一的便是寿。"这表明以'寿'为目的,以'敬'为手段,是古代人生观最大特色。"因为"'祈眉寿'归根无非是'救命'的呼声。"① 就寿词的内容而言,综观宋元寿词,笔者认为闻先生不仅对儒家道德观指导下的传统人生观把握得非常精准,并且也道出了引导古代寿词创作的哲学背景的核心思想。从道家方面看,"道家哲学对人超越生死的世俗渴望是有承诺的,它采取的一个重要的妥协策略就是试图在此在的终结处引入长生不老的理想,通过长生的许诺使人对死亡的恐惧得以缓解。"② "东汉以后,依托道家哲学发展而成的道教,它的出现在很大程度上就是为了解决死亡问题。其中,所谓的炼丹术、服食术、内采术,是道教追求长生的实践,而服食丹药则被视为延年益寿,甚至成道成仙的最重要手段。"③ 金元时期的全真教特别盛行,元词中不仅有道士写的大量宣扬道教教义的词,有些寿词也反映了道教的教旨、追求乃至具体的修炼方式的内容,甚至有的就是士人专门写给真人,或道士写给士人与世俗之人的。这可以看作转化了道家之长生思想的道教,对于寿词创作的直接影响。

儒学发展到宋代,出现了理学这个新阶段。而理学在元代才正式成为官学。太宗窝阔台七年(1235),太子阔率大军伐宋,攻下德安(今湖北安陆)后,随军出征的姚枢在被俘虏的儒生中发现了德安人赵复。姚枢与"九族俱残"的赵复交谈后,认为他是"奇士",极力劝慰和挽留,并劝止住了他当时想投水自尽的念头,他只好勉强跟随姚枢来到燕京。赵复来到北方之前,南北方在理学方面的交流情况是"南北道绝,载籍不相通;至是,复以所记程、朱所著诸经传注,尽录以付枢"。④ 此后,赵复的学生达到百余人。杨惟中和姚枢又共同商量建

---

① 闻一多著,闻立雕编:《大家国学·闻一多卷》,天津:天津人民出版社,2008年,第276页。
② 刘成纪著,刘士林主编:《青山道场——庄禅与中国诗学精神》,北京:东方出版社,2005年,第313页。
③ 刘成纪著,刘士林主编:《青山道场——庄禅与中国诗学精神》,第313页。
④ 〔明〕宋濂等撰:《元史》,北京:中华书局,1976年,卷189第4314页。

立了太极书院,"立周子祠,以二程、张、杨、游、朱六君子配食,选取遗书八千余卷,请复讲授其中"。① 姚枢退隐苏门后,又向赵复学习并传授其学问,"由是许衡、郝经、刘因,皆得其书而尊信之。北方知有程、朱之学,自复始"。② 当时学者称赵复为"江汉先生"。仁宗延祐初年,正式实行科举考试,考试儒家经典(四书)规定用朱熹之注。③ 对此,虞集在《考亭书院重建朱文公祠堂记》中论为:"群经《四书》之说,自朱子折衷论定,学者传之。我国家尊信其学,而讲诵授受,必以是为则。而天下之学,皆朱子之书。"④在《跋济宁李璋所刻九经四书》中,他又说:"而朱氏诸书,定为国是,学者尊信,无敢疑二。其于天理民彝,诚非小补,所以继绝学开来世。"⑤理学自此成为元代的官学。当代学者认为:"在某种意义上说,元代定程朱理学为一尊,相似于汉武帝罢黜百家,独尊儒学,影响十分深远。"⑥理学对宋、元两代文人创作寿词的心理和寿词兴盛的现象是有影响的。李红霞认为:"理学的兴盛是寿词勃兴的社会机缘,通过祝寿仪礼和寿词创作正是'卫道'的绝好手段,成为孝道宣传和教化的重要媒介,体现着孝道文化精神。"⑦笔者同意她的看法:"理学的道德哲学可以用来教化世道人心,巩固皇权。因为建立在发达血缘关系基础上的宗法社会,家族是社会的核心,'君君、臣臣、父父、子子'正是封建礼教道德之本位,而且它所带有的人伦情调更易被社会各阶层认同并接受。从这一点看,铺张侈靡的宫廷祝寿庆典虽有强烈的享乐性质,但也不难看出其借宣扬理学孝道精神来教化臣民的深刻用意。……当时文人大肆挥

---

① 〔明〕宋濂等撰:《元史》,卷189第4314页。
② 〔明〕宋濂等撰:《元史》,卷189第4314页。
③ 〔明〕宋濂等撰:《元史》,卷81第2019页。
④ 李修生主编:《全元文》第26册,南京:凤凰出版社,2004年,卷844第524页。
⑤ 李修生主编:《全元文》第26册,南京:凤凰出版社,2004年,卷833第333页。
⑥ 邓绍基主编:《元代文学史》,北京:人民文学出版社,1991年,第14页。
⑦ 李红霞:《从文化学角度解读南宋寿词的勃兴》,《江淮论坛》,2004年第3期,第128页。

写南宋诸帝奉老养亲的'圣孝'之举并大量创作寿亲词,正是基于新儒学寓性理于情感体验的价值追求。而诸多寿亲词的出现,也说明了理学思想对士人伦理观念的强化和渗透。"①

再次,从寿词产生的社会文化风俗看,祝寿,自古以来就是中国社会一个非常重要的文化习俗,无论高高在上的帝王与官僚贵族,还是身处底层社会的平民百姓,人们无不欢喜地接受与承传着这种风俗,因为祝寿是符合人类心理要求——完善自身并持续发展这个方向的,它也符合人类利己主义中逃避痛苦而追求快乐的欲望。"祝寿是一种以封建伦常观念为思想根底、以喜庆祥和为基调的风俗行为,其生成发展源于中华民族的文化心理积淀。原始先民有感于死亡的威胁而祭天法祖,向神灵祈求福寿,寿辞作为这种泛生命意识人生仪礼的伴生姐妹随之萌生。此后,统治者为满足其本能的享乐意识与虚幻的长生欲求而大兴祝寿庆典,使带有歌功颂德性质的寿诗配合着专用乐歌得以流延不绝。"②并且,不同时代的寿词文学,必然反映着不同时代的祝寿风俗和创作心理。"从文化学的角度看,祝寿、乞寿是人类社会中从未间断过的生活内容,人们热衷于祝寿不仅只是因为这一形式的喜庆和热闹,更在于它潜藏着人类追求长生不老的古老情结,世俗中没有比以'万岁'来称颂一个人更为尊贵的了,所以,人们总是用多种形式包括诗词歌赋在内的文学形式来表达寿辰的喜悦。从文学发展的范畴来看,宋代寿词产生及兴盛的因由也有较明显的轨迹可寻。早在词产生以前,寿诗即已存在,翻开《诗经》,在《小雅》中就有不少的寿诗或祝寿诗句,《南山有台》堪称是最早的一篇以祝寿为主题的诗作。"③由上述可见,寿词发生、发展的文化机

---

① 李红霞:《从文化学角度解读南宋寿词的勃兴》,《江淮论坛》,2004年第3期,第128页。
② 李红霞:《从文化学角度解读南宋寿词的勃兴》,《江淮论坛》,2004年第3期,第127页。
③ 吴永江:《宋代寿词初论》,《中国韵文学刊》,1996年第2期,第46—47页。

制是源远流长的。时至当代,祝寿仍然是一种非常普遍的文化习俗,而祝寿文学也在继续地产生。也许,只要人类存在一天,人对于康健和长寿的愿望就将一直延续下去,它的根扎在人类生命史的源头,研究寿词文学应该重视到这一点。

陈序经先生则认为,从文化的生物的基础看,人类躯体的强弱、人类的年龄与性别对于文化多少都有着关系。"强壮的身体大致是寿命延长的表示,而寿命的延长,在个人的成就上,固有了关系,在文化的贡献上,也有关系。"①因为一个人不管多聪明,若是因身体衰弱而早夭对于文化的贡献也就很有限。这样看来,寿命的长短确实影响着一个人尤其是杰出的人对社会文化所做出贡献的多少。如此看来,寿词的大量出现的确有着其合理的因素与生存的土壤。

此外,从宋元两代最高统治者对祝寿风俗的倡行来看,宋元两代都有相当数量的寿圣词。值得探究的是,元朝作为由异族统治的第一个大一统的封建王朝,其统治者们对于为自己祝寿并行之以文学的这种作风的倡行,应该说,与受到宋朝帝王们的寿圣风俗的影响有着很密切的关系。"从赵匡胤建立北宋起,宋代的每一个皇帝几乎都以自己的生日甚至于祖母太后的生日,定为一个圣节,令全体臣民为之庆祝,宫廷为之祝寿。如太宗以十月七日为干明节,真宗以十二月二日为承天节,仁宗以四月十四日为干元节,神宗以四月十日为同天节,哲宗以太皇太后(英宗后、哲宗祖母)七月十六日为坤成节等。到后来,慢慢发展及后宫的皇后公主嫔妃等人。"②可见,宋代的寿圣风俗曾经多么强大。而元代蒙古族帝王们在入主中原以后,那些本来剽悍不羁的马上征服者,竟然被这种寿圣的风俗给"征服"了!元代帝王的生日称为"天寿节",也称"圣节"。从忽必烈开始,元朝各皇帝在其生辰都要举行盛大的庆典,官府也规定天寿节放假三天。对于

---

① 陈序经:《文化学概观》,长沙:岳麓书社,2010年,第217页。
② 孟露芳:《宋代寿词浅论》,曲阜师范大学硕士论文,2010年4月,第8页。

天寿圣节皇帝接受朝拜的过程有详细的记载。① 意大利旅行家马可·波罗1275年来到中国,在其游记中对世祖时万寿节有详细的记载:"大汗的万寿日是九月二十八日,全体鞑靼人和大汗的其他臣民都必须进行庆祝。……陛下的万寿日是最隆重而盛大的节日了。这一天,大汗穿上华丽无比的金袍,同时有整整二千的贵族和武官由他赐给同样颜色和样式的衣服。……每逢大汗的万寿日,他的所有鞑靼臣民和他领域内的各王国和各省区的臣民,都要按照既定的惯例,献出珍贵的礼物。……在陛下万寿日这天,所有的基督教徒、佛教徒、萨拉逊人和各色人等,都分别虔诚地祷告他们的上帝和偶像,祈求保佑皇上万寿无疆,民富国强。一年一度的皇帝陛下的万寿日,就是在这样薄海欢腾、普天同庆中渡过的。"② 再看赵孟頫《长寿仙·道宫》(皇庆三年三月三日圣节大宴)所描绘的壮观的寿圣场面:

> 瑞日当天。对绛阙蓬莱,非雾非烟。翠光覆禁苑。正淑景芳妍。采仗和风细转。御香飘满黄金殿。喜万国会朝,千官拜舞,亿兆同欢。福祉如山如川。应玉渚流虹,璇枢飞电。八音奏舜韶,庆玉烛调元。岁岁龙与凤辇。九重春醉蟠桃宴。天下太平,祝吾皇,寿与天地齐年。③

据《御定词谱》④,该词调创自赵孟頫,始见于其《松雪集》,可知该词谱是其为向皇帝祝寿而专门创作的寿曲。该词不仅是一首寿圣词,也表明了元朝在鼎盛时期的气象,虽然是皇帝的生日圣节,朝廷却正好借此大肆宣扬元朝的国威和天子的恩威,以至于"万国会朝,

---

① 〔明〕宋濂等撰:《元史》,北京:中华书局,1976年,卷67第1669—1670页。
② 马可·波罗口述,鲁思梯谦笔录,曼纽尔·科姆罗夫英译:《马可波罗游记》,陈开俊 戴树英、林贞琼、林键 合译,福州:福建科学技术出版社,1981年,第100—101页。
③ 唐圭璋编:《全金元词》(下册),中华书局,1979年,本书所引元词均出自该书。
④ 曾枣庄著:《中国古代文体学·附卷四·清代文体资料集成(二)》,上海:上海人民出版社/上海书店出版社,2012年,第542页。按:该卷新收书即陈廷敬、王奕清等撰《御定词谱》。

千官拜舞,亿兆同欢",场面极其盛大喜庆。从政治意义上看,圣节已不仅仅是为皇帝庆生,而是展示元朝的国力和气魄,展现元朝国泰民安的勃勃发展局面,给周遭属国以政治上恩威并施的压力。又如赵孟頫《月中仙·应制》云:"四海太平,致民物雍熙,朝野歌讴。千官齐拜舞,玉杯进、长生春酒。愿皇庆万年,天子与天齐寿。"同样也意在展现天下太平、国势强盛、朝野上下齐心协力的局面。这种借寿圣词来展示和张扬元朝国力的创作心态,在其他词人寿词中表现得也很清楚,如刘敏中《念奴娇·圣节进酒词》:

《念奴娇》:龙飞九五,记虹流电绕,天开华旦。万宝成时秋正好,四海皇皇枕奠。教雨仁风,声名文物,允协斯民愿。途歌里咏,太平今日真见。　　遥想禹子汤孙,尧臣汉相,拂晓班如剪。万国衣冠同拜舞,春满九重宫殿。湛露恩隆,南山庆远,处处须新宴。瞻天望圣,玉卮万寿遥献。

不管词中的"太平盛世"是否属实,至少"万国衣冠同拜舞"这样盛大的场面不是虚造的,这的确是宋代各大圣节所无法相比的一种强盛国势的表现。而词人以"禹子汤孙"这样的荣耀称许元天子,究其实质还是承认了元统治者作为中原王朝正统继承者的地位。王旭《春从天上来·贺正词》也表达了对元朝的自豪感与对元天子成为正统继承者的认可,其下片云:"休言太平无象,看武偃文修,岁稔时康。惠泽横流,仁风远被,四海歌颂洋洋。戴尧天舜日,将何报、金鼎焚香。捧瑶觞。奏钧天一曲,万寿无疆。"再如蒲道源《秦楼月》云:"蛮荒凯奏风尘弭。群臣虎拜同归美。同归美。山呼万岁,太平天子。"所谓"蛮荒凯奏风尘弭",显然具有政治意味,是臣子趁向帝王祝寿的机会而夸耀元朝开拓疆土的强大国力,这种勇武开张的国力正是宋代寿词所缺乏的。元寿词所隐含的政治层面上的意义,及其所隐藏的统治者的政治心态,恰恰是"文弱"的总是向"异邦"低头的宋朝统治者们在各大寿圣节时所不曾有的心态。因此可说,元代的统治者们不仅继承了宋代的寿圣风俗,也开拓了这种风俗的政治内涵。

最后,从寿词本身所担负的使命与功能看,宋元寿词的主要目的或任务,对他人而言都是祝福与加强人际关系的友谊链,对自身而言(自寿词)则都旨在珍重自我生命与反思生存之道或抒发情性。"作为反映现实、观照人生的一种文体,词不可能不涉及世俗人生、日常生活的祝寿庆寿的领域;作为娱宾遣兴、酬酢赠和的一种工具,词理所当然地担负起祈祷祝寿、庆颂祝愿的实用交际功能。"①从祝寿对象的分类与祝寿的主要功能来看,元代寿词确实沿着宋代寿词既有的道路在前进,但是,元代寿词因为其不同于宋代寿词的新的文化背景——尤其是异族统治下的民族歧视的背景,使元代士人的心态基本不同于宋代士人,最典型的,即缺乏宋代士人那种对国家高度的责任感和忧患意识,同时也缺乏由于宋代统治者对文人的高度信赖而产生的那种自信自豪感。因此,元寿词在内蕴与表现手法诸方面表现出更多自身的特色,更普遍地呈现出一种高于寿词的社交功能的咏怀抒情的特征,这是其对于宋代寿词创作成就的发展和拓新。

以上从宋、元两代寿词产生和兴盛的原因,探讨了两代寿词在发生、发展机制上的一贯性和传承性,也简要说明了元代寿词对于宋代寿词的拓展。以下再从寿词类型、形式与创作手法等外因方面,谈谈元代寿词对于宋代寿词的继承与发展。

三、元寿词在类型、形式与创作手法方面对宋寿词的继承与发展

(一)元代寿词的类型

宋代寿词主要分为寿他、自寿两大类,元代寿词在这两大类上基本与之相同,但元代寿词的类型又稍有拓展,主要有:祝寿他人(上级、同僚、友朋包括女性友人)、祝寿亲人(寿父母、寿内、寿兄弟、寿子、寿亲戚、长辈)、自寿、祝寿皇帝、祝寿他国首领、国王(如程文海

---

① 李扬:《生命与才情的咏叹——宋代寿词创作的审美描述》,《名作欣赏》,1995年第6期,第71页。

《太常引·寿高丽王》)、寿道士真人、寿少数民族官员和士人、祝寿兼贺升官、贺生子并贺寿、贺新婚并贺寿、代人祝寿(包括代人写祝寿的和词)等。从祝寿对象而言,祝寿他国首领、道士真人与少数民族官员等,都是元代社会背景下特有的内容。如程文海《太常引·寿高丽王》,内容上虽无特别之处,却间接反映了祝寿文学这种形式已经影响到元朝和他国的外交关系,进而因为高丽王对祝寿文化的接受而影响到他国的文化。这样,该寿词本身虽无可称道,但在推动两国文化交流的方面却起到了一点加强沟通的作用,具有了超越寿词本身的文化交流的意义。

(二)元代寿词的形式特点

元代寿词的形式主要有四种:单首、组词、次韵寿词、代寿词。除了单首形式的祝寿词外,其他三种不仅是对寿词形式的开拓,同时也是对寿词内容的拓展。因为形式是离不开内容的支撑的,形式的变化必然带来内容的变动,甚至对固有范围的突破。

1. 寿词采取组词形式,是对传统寿词取材内容的极大拓展

因为如果组词全部围绕祝寿的主题,不仅内容索然无味,也必然浪费了组词这种容量极大的写作形式,使其失去存在的价值。全元词中规模最大的组词形式的寿词,出自许有壬、许有孚(许有壬弟)、许桢(许有壬子)、马熙(许氏兄弟友人)在唱和中写就的三十二首《摸鱼子》(即《摸鱼儿》)。其他还有魏初的三首《浣溪沙·为刘归愚寿》,谢应芳的五首自寿词《点绛唇》,萨都剌的二首《法曲献仙音》(寿大宗伯致仕于公大宗伯)等。

关于三十二首《摸鱼子》的创作起因与写作过程,许、马二人的词序有很清楚的交代。这三十二首词的创作起因缘于为许有壬祝寿,其后,四人采取步韵的形式写成主题基本一致的大型组词。事情的因果,许有孚的《摸鱼子并引》记载得很明白:"至正戊子秋,吾兄中丞公以赐金得康氏废园于相城之西。……公尝谓池成,当用晁补之《摸

鱼子》首句'买陂塘旋载杨柳'为乐府。未几,明初马先生(马熙)摭此以为公寿。公欢然,即席和之,命有孚同赋,得二首。池既成,载赓八韵,通为十阕,以成初意,且以为同声唱和张本。公因题之曰《圭塘欸乃》,是池得佳名矣。"所谓"同声唱和",不仅指同一词牌和韵脚,还可理解为三人实际上是以祝寿与和寿为名,在组词中抒发了共同的心声。

马熙《摸鱼子》词序其说法与许有孚的一致。序云:"中执法安阳公(许有壬)初度之辰,熙赋乐府为寿,以'买陂塘旋栽杨柳'为首句,为新得园池,成公志也。公洎可行(许有孚)都司各和二首,桢和二首。既而可行、董浚筑之役,竣事,复八赓公韵,公亦和之,愈出而愈奇,有本者如是夫。公命熙复赓,而龉技穷矣,搜枯得九首,并倡为十阕,谨录以呈,优希指教"。由序语可知,马熙最初写《摸鱼子》的目的,是为许有壬祝寿兼祝贺许氏新购园池,继而许氏兄弟与许桢各酬和二首(《元史》许有壬传记载许桢为其子,但许桢所写这两首词很可能失传了,故《全金元词》不载)。等到该园池布置竣工,许有孚把唱和的二首《摸鱼子》继续扩充写成十首组词,许有壬也随之继写成十首组词,马熙见兄弟二人"愈出而愈奇"之状,加上许有壬的酬唱邀请,就把原先祝寿的《摸鱼子》也续写成十首组词。许有壬《摸鱼子》序曰:"明初赋摸鱼子寿予,既次其韵,而可行塘成,和之成什,衰病技痒,亦足为十首。"虽简单明了,但与其弟许有孚和马熙所写的意思一致。

2.次韵寿词,是把寿词的内涵和外延扩大的一种写法

次韵,也称"步韵",是古代诗词写作的一种方式,即按照原唱诗词的韵脚和用韵次序来唱和的诗词。这种写作方式是文士之间联络友谊和交流感情的一种常见的、重要的交际方式。如许有壬《千秋岁·即席次可行见寿乐府韵》、许有壬《沁园春》(寿可行弟,次其见寿韵),及该词"后三十九年至正壬寅""再和前韵"的《沁园春》(四海之

间)等。词人采用次韵寿词的形式抒发了兄弟情义,并回顾了二人勤奋苦读、科举及第、跻身仕途的奋斗史,总结了兄弟俩从追求功名到安于诗书之乐、向往闲适人生的心路历程。且看《沁园春》(寿可行弟,次其见寿韵):

> 天相吾家,箧笥无金,诗书有人。看发挥胸臆,辞锋凛凛,熏陶气质,韦佩申申。师友渊源,贤才衡鉴,胄馆光华近帝宸。男儿事,便尽输心力,难报君亲。　　读书第一当勤。只孝弟书中是大伦。况人生为学,百年在幼,田家得计,一岁惟春。科占龙头,名高雁序,好与皇家作凤麟。都休问,是地钟河岳,天应星辰。

词人借为弟许有孚祝寿,总结了其家族的荣耀史,说明人生读书求学的要旨乃在勤奋,回忆兄弟科举高占龙头的光荣往事,表现出青年得志的充满自信的心态,也从侧面反映出元朝实行科举后对汉族士人的振奋作用和对其仕进心态的影响,表明一些士人已从内心认可了异族的统治者,并从此甘愿走上为元庭效劳的道路。《沁园春》(四海之间)虽仍提到了"科第佳名,祠宗优秩,常奉天香降紫宸"之类有炫耀之嫌的话语,但同时也抒发了"四海之间,难弟劣兄,白头二人"的深情,尤其是词人在经历了三十九年的仕宦生涯后对人生的感悟,即"身通贵,只贫安分定,老益书亲。……任家无厚积,融融度日,诗多好句,蔼蔼回春。明月清风,交梨火枣,竹里行厨脯擘麟。吾何事,但问花携酒,专竞芳辰。"

3. 代寿词,即词人并非直接为某人祝寿,而是代替他人为某人写祝寿之词

该形式是诗歌中代拟之风习在寿词中的延伸。寿词本来就易写得凡俗,而代寿词其写作动机又非来自初衷,因此即使其内容表面上与一般寿词并无多大差别,但如无真情实意,就难免带有游戏笔墨的性质。所以这种形式的寿词很少。如陈栎《水调歌头·代寿朱子

章》、陈栎《沁园春·代寿张起斋四月十一日》。张雨《水龙吟·代玄览和东泉学士自寿之作》也是一首代寿词,且还是一首代人和寿主的自寿词的和词。可见"代寿"这种形式确实太过于随意了,至少是不值得提倡的。

（三）元代寿词的表现手法

从寿词创作的具体表现手法来看,元代寿词对于宋代寿词的各种比兴寄托传统既有继承也有发展。比如说,宋代寿词中常以龟鹤、松竹、椿桧、梅菊、蟠桃、桃花等象征着长寿的意象祝福寿主,这个传统在元代寿词中得到了继续发扬。如程文海的寿词就多以梅的形象来祝寿,寿词格调因之显得清雅庄重。如《摸鱼儿·寿燕五峰右丞》:

> 记江梅、向来轻别,相逢今又平楚。东风小试南枝暖,早已千林烟雨。春几许。向五老仙家,移下琼瑶树。溪桥驿路。更月晓堤沙,霜清野水,疏影自容与。　平生事,几度含章殿宇。隔花么凤能语。苔枝夭矫苍龙瘦,谁把冰须细数。千万缕。簇一点芳心,待与和羹去。移宫换羽。且度曲传觞,主人花下,今日庆初度。

该词在祝寿中注重描绘南方春景,巧用林逋《山园小梅》中咏梅的名句,刻画了梅花清疏脱俗的形象,并以梅枝之苍劲夭矫加以衬托,这就从内外两方面比喻和勾勒出寿主的外在形象与内在精神,最后运用梅能和羹的典故,既颂美了燕五峰治理国事的才干,又在词末点明了梅花下"度曲传觞"之盛宴原来是一场庆祝主人生辰的寿宴。然而,元代寿词在具体的表现手法方面又有自身的特点:如喜欢渲染环境、往往借景抒情而能情景交融;善于勾勒人物,传达其气质品格;抒情真挚婉曲、想象丰富、比喻新奇,具有清新的田园气质等特点。

在创作内容上,宋、元寿词基本上都没有脱离寿词之题材所规定的祝颂内容,同时因为各自时代背景与社会文化环境的不同,两代寿词也有很多方面的不同。其实,宋代的寿词就不是一味谀佞、颂美的,当代寿词研究者们对宋代寿词从祝颂到抒情言志的发展过程基本取得了一致认识。如贺慧宇说:"寿词由单纯的颂祝发展为既可以抒发金戈铁马的英雄壮志,陶情山水的隐逸情怀,亦可以寄托幽微曲折的国事之慨的词作,成为整个诗词创作中的一大品类。其由祝颂走向抒情甚而言志的全部历史流程,恰恰说明,寿词也和宋词一样,其发展趋势与其内在底蕴,是和社会历史的变化发展及其内在机制密切相关。"[①]沿着宋代寿词既定的创作路线,元代寿词由祝颂继续向着抒情言志的道路开辟,并表现出更鲜明的创作个性、更强烈的主体抒情特征与更深长的生命哲思,并普遍张扬着一种追求闲适随性的人生美学。

---

① 贺慧宇:《略论宋代寿词的历史流程》,《船山学刊》,1999年第1期,第41页。

参考文献

一、古代典籍

1 〔汉〕司马迁撰,〔宋〕裴骃集解,〔唐〕司马贞索隐,〔唐〕张守义正义:《史记》,北京:中华书局,1959年。

2 〔汉〕班固撰,〔唐〕颜师古注:《汉书》,北京:中华书局,1962年。

3 〔唐〕欧阳询,汪绍楹校:《艺文类聚》,上海:上海古籍出版社,1982年新一版。

4 〔宋〕叶梦得撰,宇文绍奕考异,侯忠义点校:《石林燕语》(唐宋史料笔记丛刊),北京:中华书局,1984年。

5 〔宋〕刘斧撰辑,王友怀、王晓勇注:《青琐高议》,西安:三秦出版社,2004年。

6 〔宋〕张君房编,李永晟点校:《云笈七签》,北京:中华书局,2003年。

7 (元)脱脱等撰:《金史》,中华书局,北京:1975年。

8 〔元〕陶宗仪撰:《南村辍耕录》(元明史料笔记),北京:中华书局,1959年。

9 〔元〕孔齐撰,庄敏、顾新点校:《静斋至正直记》(宋元笔记丛书),上海:上海古籍出版社,1987年。

10〔元〕邵亨贞著,〔明〕汪稷校:《蚁术诗选》(清阮元辑《宛委别藏》本),南京:江苏古籍出版社,1988年。

11〔元〕顾瑛辑,杨镰、祁学明、张颐青整理:《草堂雅集》(全三册),北京:中华书局,2008年。

12〔元〕顾瑛辑,杨镰、叶爱欣整理:《玉山名胜集》(上册),北京:中华书局,2008年

13〔元〕张昱撰:《张光弼诗集》,上海:商务印书馆,民国二十三年(1934年)再版。

14〔元〕王恽撰:《秋涧集》,《影印摛藻堂四库全书荟要》(集部第53册别集类),世界书局印行。

15(元)胡存善选辑:《元人小令七百首》,长春:吉林人民出版社,1999年。

16〔元〕张铉撰:《至大金陵新志》,《文渊阁四库全书》第492册,台北:商务印书馆,1983年(下同)。

17〔元〕曹伯启撰:《曹文贞公诗集》,《文渊阁四库全书》1202册。

18〔元〕张之翰撰:《西岩集》,《文渊阁四库全书》1204册。

19〔元〕刘岳申撰:《申斋集》,《文渊阁四库全书》第1204册。

20〔元〕黄玠撰:《弁山小隐吟录》,《文渊阁四库全书》第1205册。

21〔元〕许有壬撰:《至正集》,《文渊阁四库全书》第1211册。

22〔元〕李存撰:《俟庵集》,《文渊阁四库全书》第1213册。

23〔元〕卢琦撰:《圭峰集》,《文渊阁四库全书》第1214册。

24〔元〕陈镒撰:《午溪集》,《文渊阁四库全书》第1215册。

25〔元〕李孝光撰:《五峰集》,《文渊阁四库全书》第1215册。

26〔元〕张翥撰:《蜕庵集》,《文渊阁四库全书》第1215册。

27 〔元〕乃贤撰:《金台集》,《文渊阁四库全书》第 1215 册。

28 〔元〕张雨撰:《句曲外史集》,《文渊阁四库全书》第 1216 册。

29 〔元〕陈樵撰:《鹿皮子集》,《文渊阁四库全书》第 1216 册。

30 〔元〕钱惟善撰:《江月松风集》,《文渊阁四库全书》第 1217 册。

31 〔元〕王逢撰:《梧溪集》,《文渊阁四库全书》第 1218 册。

32 〔元〕倪瓒撰:《清閟阁全集》,《文渊阁四库全书》第 1220 册。

33 〔元〕周巽撰:《性情集》,《文渊阁四库全书》第 1221 册。

34 〔元〕沈梦麟撰:《花溪集》,《文渊阁四库全书》第 1221 册。

35 〔元〕杨维桢撰:《复古诗集》,《文渊阁四库全书》第 1222 册。

36 〔元〕虞集撰(王云五主编):《道园学古录》(共 6 册),上海:商务印书馆,民国二十六年(1937 年)。

37 〔元〕许有壬等撰:《圭塘欸乃集》,《文渊阁四库全书》第 1366 册。

38 〔元〕朱德润撰:《存复斋续集》,《续修四库全书》第 1324 册,上海:上海古籍出版社,影印涵芬楼秘芨本,2002 年。

39 〔元〕萨都拉撰:《雁门集》,上海:上海古籍出版社,1982 年。

40 〔明〕叶子奇撰:《草木子》(元明史料笔记丛刊),北京:中华书局,1959 年。

41 〔明〕赵琦美编:《赵氏铁网珊瑚》,《文渊阁四库全书》第 815 册。

42 〔明〕宋濂撰:《文宪集》,《文渊阁四库全书》第 1223 册。

43 〔明〕宋濂撰:《文宪集》,《文渊阁四库全书》第 1224 册。

44 〔明〕朱右撰:《白云稿》,《文渊阁四库全书》第 1228 册。

45 〔明〕杨慎撰:《升庵集》,《文渊阁四库全书》第 1270 册。

46 〔明〕文徵明著,陆晓冬点校:《甫田集》(中国古代书画家诗文集丛书),杭州:西泠印社出版社,2012 年。

47〔明〕宋濂等撰:《元史》,北京:中华书局,1976 年。

48〔明〕偶桓编:《乾坤清气》,《文渊阁四库全书》第 1370 册。

49〔明〕孙原理汇辑:《元音》,《文渊阁四库全书》第 1370 册。

50〔明〕刘仔肩编:《雅颂正音》,《文渊阁四库全书》第 1370 册。

51〔明〕钱穀撰:《吴都文粹续集》,《文渊阁四库全书》1385 册。

52〔明〕瞿佑著:《归田诗话》,上海:商务印书馆,1936 年。

53〔明〕田汝成撰:《西湖游览志》,武林掌故丛编,光绪廿二年丙申(1896)四月钱塘丁氏嘉惠堂重刊。

54〔明〕田汝成撰:《西湖游览志余》,杭州:浙江人民出版社,1980 年。

55〔清〕姚之骃撰:《元明事类钞》,《文渊阁四库全书》第 884 册。

56〔清〕毛奇龄撰:《西河集》,《景印文渊阁四库全书》第 1320 册。

57〔清〕陈焯撰:《宋元诗会》,《文渊阁四库全书》第 1463 册。

58（清）张豫章等编纂:《御选宋金元明四朝诗》,《文渊阁四库全书》第 1440 册。

59〔清〕永瑢等撰:《四库全书总目》,北京:中华书局,1965 年。

60〔清〕吴升辑:《大观录》,《六府文藏》子部艺术类,1920 年(民国九年),武进李氏圣译廎铅印本。

61〔清〕倪涛撰:《六艺之一录》(影印本),上海:商务印书馆,1935 年。

62〔清〕赵翼撰:《二十二史札记附补遗》,上海:商务印书馆,民国 26 年(1937 年)。

63〔清〕黄宗羲编:《明文海》影印本,北京:中华书局,1987 年。

64〔清〕顾嗣立编:《元诗选》(初集三册、二集二册、三集一册),北京:中华书局,1987 年。

65〔清〕顾嗣立、席世臣编,吴申扬点校:《元诗选》(癸集),中华书局,2001年。

66 〔清〕张廷玉等撰:《明史》,北京:中华书局,1974年。

67 〔清〕朱彝尊、汪森编,李庆甲校点:《词综》(全二册),上海古籍出版社,1978年。

68 〔清〕况周颐原著、孙克强辑考:《蕙风词话·广蕙风词话》,郑州:中州古籍出版社,2003年。

69 〔清〕孙星衍、邢澍撰:《寰宇访碑录》,《丛书集成初编》,艺术类,新文丰出版公司印行,1985年。

70 〔清〕莫友芝撰:《藏园订补郘亭知见传本书目》,北京:中华书局,2009年。

71 〔清〕顾复撰、林虞生校点:《平生壮观》,上海:上海古籍出版社,2011年。

72 〔清〕卞永誉撰:《式古堂书画汇考》,北京:国家图书馆出版社,2013年。

73 〔清〕严观辑:《江宁金石志》,《六府文藏》金石部、地方类,江苏。

74 〔清〕吴式芬撰:《金石汇目分编》,《六府文藏》金石部、目录序跋类。

75 〔清〕阮元撰:《石渠随笔》,阮亨扬州珠湖草堂刻本。

76 柯劭忞编撰:《新元史》,上海:开明书店出版,民国24年(1935年)。

二、地方志

77 〔唐〕李吉甫撰,贺次君点校:《元和郡县图志》,北京:中华书局,1983年。

78 〔元〕张铉纂修:《至正金陵新志》,元至正四年刊本影印本,《宋元珍稀地方志丛刊》乙编之《至正金陵新志》(二),成都:四川大学出版社,2009年。

79〔明〕卢熊纂修:《洪武苏州府志》,明洪武十二年刊本,中国地方志江苏省苏州市。

80〔明〕汪心等纂修:《嘉靖尉氏县志》,明嘉靖二十七年刻本,上海古籍书店,1963年,宁波天一阁藏明代方志选刊,影印原书。

81〔明〕费寀纂修:《嘉靖铅山县志》,明嘉靖四年刻本;《天一阁藏明代方志选刊续编》,上海书店,1990年影印本。

82〔明〕谢庭桂编次:《嘉靖隆庆志》,明嘉靖刻本,中国地方志,北京市延庆区。

83〔明〕黄承昊撰:《崇祯嘉兴县志》(日本藏中国罕见地方志丛刊),北京:书目文献出版社,1991年。

84〔清〕梁碧海修,刘应祁纂:《康熙宝庆府志》,康熙二十三年刻本。

85〔清〕田文镜等撰:《河南通志》,乾隆刊本。

86〔清〕邓澐修、邵晋涵撰:《乾隆杭州府志》,乾隆四十九年刻本。

87〔清〕李景峄修、史炳纂:《嘉庆溧阳县志》,清嘉庆十八年修,光绪二十二年重刻本,中国地方志。

88（清）郝玉麟等监修,曾鲁煜等编纂:《广东通志》,《文渊阁四库全书》第564册。

89〔清〕汪心等纂修:《嘉靖尉氏县志》,明嘉靖刻本,中国地方志。

90〔清〕黄宅中、张镇南修,邓显鹤纂:《道光宝庆府志》,清道光二十九刻本,长沙:岳麓书社,2009年影印本。

91〔清〕江峰青修,顾福仁撰:《光绪重修嘉兴县志》,清光绪二十年刊本。

92 中国人民政治协商会议邵阳市委员会文史资料研究委员会:《邵阳文史》第16辑,1991年。

93 杭州市园林文物管理局编,施奠东主编:《西湖志》,上海:上海古籍出版社,1995 年。

94 王国平主编:《西湖文献集成》(第 11 册),《民国史志西湖文献专辑》,杭州:杭州出版社,2004 年。

95 孔佾主编,曲阜市地名志编纂委员会编:《曲阜市地名志》,济南:山东友谊出版社,1998 年。

96 中国人民政治协商会议无锡市锡山区委员会编:《锡山名景》,南京:凤凰出版社,2009 年。

三、现当代著作

97 陈高华、张帆、刘晓著:《元代文化史》,广州:广东教育出版社,2009 年。

98 陈序经:《文化学概观》,长沙:岳麓书社,2010 年。

99 陈学明、吴松、远东编:《让日常生活成为艺术品——列菲伏尔/赫勒论日常生活》,昆明:云南人民出版社,1998 年。

100 陈垣撰:《元西域人华化考》,上海:上海世纪出版集团/上海古籍出版社,2008 年。

101 韩儒林主编:《元朝史》,(人民文库),北京:人民出版社,2008 年第 2 版。

102 江灏、钱宗武译注,周秉钧审校:《今古文尚书全译》,贵阳:贵州人民出版社,1993 年第 2 版。

103 李罗力等编著:《中华历史通鉴》(第 2 部民族与民族文化史卷),北京:国际文化出版公司,1997 年。

104 李修生主编:《全元文》(共 60 册),南京:江苏古籍出版社/凤凰出版社,各册出版年不同,依次为 1998 年、1999 年、2000 年、2001 年、2004 年。

105 刘成纪著:《青山道场——庄禅与中国诗学精神》,北京:东方出版社,2005 年。

106 刘晓:《耶律希逸生平杂考》,原载《暨大史学》第 2 辑,广州:暨南大学出版社,2003 年。

107 骆兆平著:《天一阁丛谈》,北京:中华书局,1993 年。

108 饶宗颐初纂,张璋总纂:《全明词》(全六册),北京:中华书局,2004 年。

109 申万里著:《元代教育研究》,武汉:武汉大学出版社,2007 年。

110 唐圭璋编:《全金元词》(上下册),北京:中华书局,1979 年。

111 唐圭璋主编:《词话丛编》(全五册),北京:中华书局,1986 年。

112 陶然著:《金元词通论》,上海古籍出版社,2001 年。

113 王叔磐等编:《元代少数民族诗选》,呼和浩特:内蒙古人民出版社,1981 年。

114 闻一多著,闻立雕编:《大家国学·闻一多卷》,天津:天津人民出版社,2008 年。

115 徐朔方著:《小说考信编·瞿佑年谱》,上海:上海古籍出版社,1997 年。

116 杨海明著:《唐宋词风格论》,《杨海明词学文集》(全八册),镇江:江苏大学出版社,2010 年。

117 杨镰著:《元代文学编年史》,太原:山西教育出版社,2005 年。

118 杨维桢著,邹志方点校:《杨维桢诗集》,杭州:浙江古籍出版社,2010 年。

119 叶嘉莹著:《词学新诠》,北京:北京大学出版社,2008 年。

120 张元济著:《校史随笔》(影印民国本),北京:商务印书馆,1990 年。

121 赵志辉主编:《满族文学史》(一),沈阳:沈阳出版社,1989 年。

122 卢辅圣主编,中国书画全书编纂委员会编:《中国书画全册》

第八册《大观录》,上海:上海书画出版社,1994年。

123 钟陵编著:《金元词纪事会评》,合肥:黄山书社,1995年。

124 周茜著:《映梦窗灵乱碧——吴文英及其词研究》,广州:广东教育出版社,2006年。

125 朱崇才编纂:《词话丛编续编》(全五册),北京:人民文学出版社,2010年。

126 朱建军、孙新兰著:《梦:内心的声音——梦与心理健康》,京华出版社,1996年。

127 曾枣庄著:《中国古代文体学·附卷四·清代文体资料集成(二)》,上海:上海人民出版社/上海书店出版社,2012年。

四、外国译著

128 〔奥〕弗洛伊德著,丹宁译:《梦的解析》,北京:国际文化出版公司,2002年。

129 〔瑞士〕卡尔·古斯塔夫·荣格著,徐德林译:《原型与集体无意识》(荣格文集第五卷),北京:国际文化出版公司,2011年。

130 〔英〕哈夫洛克埃利斯著,陈维政等译,陈维政校译:《性心理学》,贵阳:贵州人民出版社,2004年第2版。

131 马可·波罗口述,鲁思梯谦笔录,曼纽尔·科姆罗夫英译:《马可波罗游记》,陈开俊、戴树英、林贞琼、林键 合译,福州:福建科学技术出版社,1981年。

五、期刊论文

132 傅瑛:《许有壬年表》,《信阳师范学院学报》,1998年第2期。

133 郭学利:《张翥〈蜕岩词〉的诗化特征》,《内蒙古师范大学学报》,2012年第2期。

134 贺慧宇:《略论宋代寿词的历史流程》,《船山学刊》,1999年第1期。

135 李红霞:《从文化学角度解读南宋寿词的勃兴》,《江淮论坛》,2004 年第 3 期。

136 李扬:《生命与才情的咏叹——宋代寿词创作的审美描述》,《名作欣赏》,1995 年第 6 期。

137 刘海峰:《重评科举制度——废科举百年反思》,《厦门大学学报》(哲学社会科学版),2005 年第 2 期。

138 罗海燕《契丹人石抹宜孙与元末浙东文坛》,《民族文学研究》,2011 年第 5 期。

139 孟乃昌:《道家内丹术(气功)理论概念的由来和运用》,《中国道教》,1990 年第 1 期。

140 施常州:《元代诗词大家张翥生平事迹琐考》,《南京审计学院学报》,2004 年第 1 期。

141 王定勇:《金代寿词论纲》,《山东青年政治学院学报》,2011 年第 3 期。

142 王力春:《元代奎章阁鉴书博士杜秉彝考》,《社会科学辑刊》,2004 年第 3 期。

143 吴永江:《宋代寿词初论》,《中国韵文学刊》,1996 年第 2 期。

144 谢思炜:《梦窗情词考索》,《文学遗产》,1992 年第 3 期。

145 晏选军:《从延祐开科看宋元之际理学消长与士风变迁》,《湘潭大学学报》(哲学社会科学版),2004 年第 2 期。

六、学位论文

146 纪晓华:《张翥及其词研究》,山东师范大学硕士学位论文,2008 年。

147 李妍:《张翥年谱》,中南大学硕士学位论文,2009 年。

148 刘扬:《论张翥词的以词为史》,山西大学硕士学位论文,2007 年。

149 孟露芳:《宋代寿词浅论》,曲阜师范大学硕士论文,2010 年。

后 记

我的博士论文《元顺帝词坛词风的建构与嬗变》近六十万字,这本小书来自其中的附录部分,兼及近年发表的论文。因为可自成系统,故单独抽出,冀望能为元代词史和词学文献,奉献一点绵薄之力。

上篇编年部分,梳理了元顺帝在位三十六年间所有词人的交游,考证了该时段所有可考之词作,内容虽嫌单薄,却耗费了近三年之力。下篇考论部分,虽仅两章,但关系到元顺帝词坛的重要词人张翥的生平和创作,与顺帝时期政局的演变和词坛的动向,对于全面展开对元顺帝词坛的考察和论述,具有十分重要的意义。附录部分,是本人读博士期间确立选题时所写作的系列论文,其中一些已经发表。

本人的博士论文在 2014 年教育部盲评中获得全优,答辩时亦全优通过,获得了专家的一致好评。2015 年,又获得湖北省优秀博士论文。这对我继续沿着这条寂寞的学术道路前进,是一个很大的鼓励。回首读博士期间我所经历的一切煎熬,似乎还在眼前:每天起床刷牙后,第一件事情就是打开电脑,边吃边工作,洗脸总是从中午开始的,或者到了晚上睡前。无数次的睡梦中,我还在思考着论文中涉及的人物:张翥、许有壬、邵亨贞、谢应芳、倪瓒、兀颜思忠……他们都那么鲜活地与我同在。我们一起坐在元末明初的观景台上,看硝烟弥漫,看义军蜂起,感受众生之痛楚,感受词人心灵之怅惘。

如今,我又重新走上教师岗位。但在那条已经走过的学术之路上,我曾经留下的深深的脚印将继续蜿蜒向前。尽管因为攻读博士学位,我失去了很多,但那些最艰难的日子,回头去看,冥冥之中,已经指引着我未来的方向。如果说,过去,我总是向命运抗争,那么,今日之我,只想轻轻握住命运的手,一起向前走去,珍藏人世间一切悲欢离合。

已经去了天国的父亲,多年来对我的殷殷期望,对我的切切眷顾,仍将继续陪伴着我。万分地感激您——为了等到我博士毕业,竟然拖着重病之躯,以人世间最坚韧最顽强的忍耐力,熬过了四年无比痛苦的日日夜夜,直到我的毕业答辩结束以后。今生今世,我再也无法报答您的恩情,若有来生来世,我只愿还是您的孩子。

我还要无比地感谢我最亲爱最知心的朋友——我的母亲!您的善良、乐观、豁达、坚韧、牺牲的品格,深深感染着我。多年来,您常在电话里耐心地听我诉说,无条件地支持我,给予我世间最深沉的爱和力量。没有想到,就在父亲去世一年半后,您也永远地离开了我们!那晚,滂沱大雨,和父亲走的夜里一模一样,怎不令人肝肠寸断!但失去与拥有,存在于互为转化之中。我知道,天国的父母仍然守护着我,我会平静而坚强地走下去。但愿这部著作,能够告慰父亲母亲的在天之灵。

2010年8月底,那是一个秋高气爽的好日子。在火车站广场,我和自己三岁的女儿告别。她是那么文静懂事,拉着我手说:"妈妈,你要好好读书,锻炼身体。"她把最甜最美的笑容,长久地印在了我心上。而我的眼泪,此后,暗流在对她长久的思念中。深深感谢——我最亲爱的女儿。以后,我永远不会再离开你。

最后，我还要感谢恩师戴建业先生，感谢衡阳师院文学院的领导和老师们，以及在我的奋斗之路上所有帮助过我的老师和朋友们！

父亲常说：不以成败论英雄，而以奋斗论人生。

我想，我的人生，是一个当之无愧的奋斗者的人生。

彭曙蓉

2015 年 6 月 28 日夜